谨以此书献给
德高望重的已逝老领导陈素芝

百姓心中的好人好官

追忆老领导陈素芝

韩学军 著

中央党校出版集团
国家行政学院出版社
NATIONAL ACADEMY OF GOVERNANCE PRESS
·北京·

图书在版编目（CIP）数据

百姓心中的好人好官：追忆老领导陈素芝 / 韩学军著 . -- 北京：国家行政学院出版社，2025.3. -- ISBN 978-7-5150-3022-7

Ⅰ . K827=7

中国国家版本馆 CIP 数据核字第 20253JV145 号

书　　名	百姓心中的好人好官——追忆老领导陈素芝 BAIXING XINZHONG DE HAOREN HAOGUAN—— ZHUIYI LAOLINGDAO CHEN SUZHI
作　　者	韩学军　著
责任编辑	刘韫劼
责任校对	许海利
责任印制	吴　霞
出版发行	国家行政学院出版社 （北京市海淀区长春桥路 6 号　100089）
综 合 办	（010）68928887
发 行 部	（010）68928866
经　　销	新华书店
印　　刷	中煤（北京）印务有限公司
版　　次	2025 年 3 月北京第 1 版
印　　次	2025 年 3 月北京第 1 次印刷
开　　本	170 毫米 ×240 毫米　16 开
印　　张	21.75
字　　数	289 千字
定　　价	128.00 元

本书如有印装质量问题，可随时调换，联系电话：（010）68929022

有名人说过：人的一生共有三次死亡。第一次是生理上的，即生命体征的消失；第二次是葬礼上的，即告别仪式上的诀别；第三次是被世界上最后一个人所忘记，即姓名符号的彻底湮灭。

古今中外，能够跨越时代，被人们永远铭记的，一定是德高望重、贡献卓越或丰碑永驻、风范长存的极不平凡的人。

·本书中追忆的我的老领导陈素芝，就是一位大爱无疆、素心芝兰、德高行远、众口皆碑、永垂不朽的党的好女儿……

作者手记

陈素芝同志生平[1]

中国共产党优秀党员、忠诚的共产主义战士、辽宁省人大常委会原党组副书记、副主任陈素芝同志,因病医治无效,于2021年8月25日5时03分在沈阳逝世,享年90岁。

陈素芝同志,满族,1931年3月16日出生于辽宁省沈阳市,1948年11月参加革命工作,1949年12月加入中国共产党。1948年11月至1950年7月,先后为沈阳五三工厂工人、班长,并在东北工人政治大学学习;1950年7月至1958年9月,先后任沈阳五三工厂工段长,厂党委宣传部干事、副部长;1958年9月至1960年11月,在辽宁大学哲学系学习;1960年11月至1966年11月,先后任沈阳五三工厂党委常委、宣传部部长、政治部副主任;1966年11月至1971年1月,在"文化大革命"中受到冲击;1971年1月至1973年7月,任沈阳五三工厂政工组副组长;1973年7月至1977年10月,先后任援南也门中国专家组副组长、组长;1977年10月至1978年5月,任沈阳五三工厂党委常委、政治部副主任;1978年5月至1982年3月,任中共辽宁省委常委,沈阳五三工厂党委副书记、厂长;1982年3月至1983年5月,任中共辽宁省委常委、省人民政府副省长;1983年5月至1988年1月,任中共辽宁省委常委、省总工会主席;1988年1月至1990年8月,任中共辽宁省委常委、省人民政府副省长;1990年8月至1992年3月,任辽宁省人民政府副省长;1992年3月至1998年2月,任辽宁省人大常委会副主任、党组副书记;1998年后先后担任

---

[1]《陈素芝同志生平》由辽宁省政府办公厅2021年8月27日起草。

百姓心中的好人好官——追忆老领导陈素芝

辽宁省法学会会长、辽宁省老龄委顾问、辽宁省老年体协名誉主席、第六届中国法学会常务理事等职务；1979年获"全国三八红旗手"称号。中共第十二、十三届中央候补委员，第八届全国人大内务司法委员会委员、第九届全国人大民族委员会委员。第八、第九届全国人大代表。

2003年12月，陈素芝同志离职休养后，仍然保持强烈的事业心和责任感，继续关心党和国家大事，关心辽宁省经济社会发展和改革开放，关心支持人大各项工作，继续发挥余热，提出很多宝贵的意见和建议，体现出一名老干部对党、对国家、对人民、对工作认真负责的高贵品质。陈素芝同志作为一名解放前参加工作的优秀党员，参加工作70多年来，忠于党、忠于共产主义事业，一生追求真理，坚持实事求是，在大是大非面前立场坚定，旗帜鲜明。无论是社会主义建设时期，还是在改革开放新时期，都始终坚持共产主义理想信念，政治敏锐，认真执行党的路线、方针、政策，在思想上、政治上自觉与党中央保持高度一致。时刻顾全大局，不计个人利益得失，对党和人民的事业鞠躬尽瘁。她勤政廉洁，淡泊名利，严于律己，对家人和身边工作人员严格要求，从不搞特殊化。她工作务实，作风深入，处事果断，坚持原则，敢抓敢管。她襟怀坦白，刚直不阿，光明磊落，为人豁达，平易近人，关心爱护同志。她德高望重，群众观念强，密切联系群众，关心群众疾苦，真心诚意为群众办实事、办好事。她的高尚品质、革命精神和优良作风赢得广大干部群众的好评，深受大家爱戴。

陈素芝同志的一生，是为共产主义事业奋斗的一生，是全心全意为人民服务的一生，是对党和人民无私奉献的一生，是永葆本色、不忘初心的一生，是清正廉洁、光明磊落的一生。

陈素芝同志的逝世，是我们党的事业的重大损失，使我们失去了一位好党员、好同志、好干部。让我们化悲痛为力量，学习她的革命风范、高尚情操和优秀品德，以习近平新时代中国特色社会主义思想为指导，全面贯彻党的十九大和十九届二中、三中、四中、五中全会精神，深入落实习近平总书记关于东北、辽宁振兴发展的重要讲话和指示精神，增强"四个意识"、坚定"四个自信"、做到"两个维护"，践行"五个坚持"，牢记初心使命，勇于担当作为，为确保"十四五"开好局、起好步，加快推进新时代辽宁全面振兴、全方位振兴作出更大贡献。

永远的楷模
（代序）

陈素芝大姐与我们永别了！对于这一天的到来，虽然我有足够的思想准备，但是，自从她病危开始，那无言的悲痛、无比的眷恋、无限的崇敬、无尽的思念交织在我的心头，此伏彼起……与病魔一千多个日日夜夜的勇敢较量，以87岁的高龄面对胃切除大手术，实现了术后近三年闯过了90周岁大关的人生赛点，素芝大姐是老而不衰的、当之无愧的人生"马拉松"的"冠军"。

社会上经常评选的什么"超女"，那都是年轻的女歌手，如果让我们来评选高质量、高品质的老年"超女"，陈素芝大姐名副其实！老大姐那种公认的好品德、好名声、好人缘、好口碑是众多熟悉她的人所真心佩服的，她是难得的好官、好人、好大姐！

如果说毛泽东主席所倡导的做一个"高尚的人，一个纯粹的人，一个有道德的人，一个脱离了低级趣味的人，一个有益于人民的人"是一种普遍号召，那么，素芝大姐就是一位践行这个口号的活生生的楷模。她用她的一生，实现和证明了这不是高不可攀的人生境界。

一位拥有热血奔涌的"大心脏"、精神丰满的"大格局"、乐观豁达的"大胸怀"、超凡脱俗的"大气场"，通达智慧、光明正大、勇敢坚韧、纯粹自在、超凡脱俗的大写的完美的老大姐，难道不是"超女"吗？

30年来，素芝大姐给予我的政治关怀、精神引领、人格熏陶和情感交流，让我受益终身。

百姓心中的好人好官——追忆老领导陈素芝

本来，素芝大姐的年龄比我的妈妈还大一岁，按辈分论，她是我敬仰的、敬爱的、亲切的阿姨，可是，由于是在职场上相识，况且素芝大姐从我认识她那天起，就是一种与同龄人完全不同的年轻状态，她也不希望尊己卑人，因此，像过去革命队伍中的惯例称呼一样，"老大姐"就成了大家普通习惯的"尊称"，而素芝大姐从不以长者自居，总是说"我们是好友"。这之于我，是何等的缘分、何等的幸运！

作为20世纪60年代就担任国营大厂的厂长、"援外"专家组的组长，80年代初就进入省级领导班子的"工人领袖"、分管政法工作的政府副省长、省人大常委会副主任，连续两届的中共中央候补委员、全国人大专委会委员，素芝大姐有许多可以炫耀的光环，可是她却一辈子如一日地朴素如初、低调如初、平和如初，永远保持着一颗金子般的平常心。

素芝大姐在职场上忠于职守，敬业创业，务实开拓，成就斐然！几十年在工作舞台上叱咤风云、正气凛然、刚柔并济、与人为善，这种大家都从内心折服的优秀的女性高级干部的形象，已深深地定格在所有熟悉她的人的脑海中。我这里要记录的点滴是素芝大姐非工作岗位上的，更多的是她进入人生暮年的美德佳话。

从未忘本　从善如流

记得2003年夏季，我以全国人大代表的身份曾有一次列席全国人大常委会的机会，会下时间，我去所住的皇城根宾馆负一层的理发室理发，两名年轻的女理发员一听说我来自辽宁，立刻就格外热情，急急地询问："陈素芝主任还好吗？"她们说："这位老领导对我们太好了，每次来理发，都和我们唠家常，一点儿也没有架子。她有时还自掏腰包给我们买小礼物，我们不好意思收，老领导就说留个纪念吧！后来，我们说：'那您再来理发我们就不收钱了。'她说，那万万不行！有时候，她还多给我们一些零头。这位老大姐太可亲可敬了，一点儿也不小瞧人，拿我们当小朋友。"

政声人去后，民意闲谈中。特别是在独立的、不为人知的个体活动中，一个人的本色会充分真实地显示出来。素芝大姐连任两届全国人大专委会委员，和她一同去开会的时任全国人大常委、辽宁省民盟主任委员、省政协副主席张毓茂先生不仅成了她的好朋友，还成了由衷敬佩素芝大姐的党外的"传声筒"。毓茂主席经常和我说："老太太在会上的发言从来都是经过认真调研的，有分量、有水平，代表了辽宁的形象。"他还开玩笑地说："老太太就像'老母鸡'一样，把你们这些'鸡崽子'护得严严实实的，对哪个她都喜欢。"

素芝大姐交了不少各行各业的好朋友，如老劳模王云峰、残疾人劳模孙淑君等，并和他们相处了一辈子。有几次我陪她出国，她走到哪里，都想着为她秘书的家属精心挑选纪念品。每次我去她家，她总是想着我的司机小张，不管东西多少，哪怕是几个水果、一瓶水，她都要给小张带一些。这样的事，谁能不感动！这样的人，谁能不敬重！

清廉律己　不失小节

"人敬她一尺，她敬人一丈！"这是许多与素芝大姐有过交往的人的共同评价："你给她拿一样，她给你拿十样！"和素芝大姐相处，你从来别想"一头热"！

素芝大姐讲感情、讲情谊，有时她和好朋友餐叙，她总是事先安排好地方，提前就安排好了她"买单"的事。有几个清真特色小餐馆，如果不是她带我们去，我们还真不知道。她的老伴是回族人，她告诉我们这是她们全家来过的。她去过的餐馆，就一定想着让好友也去分享。

2018年11月，素芝大姐准备到北京做手术，我拿出一点钱让她买点自己爱吃的水果。这本是人之常情，可是素芝大姐就是在这种情况下，对好朋友也坚决不开这个"口子"。她总说："我是离休干部，我挣得比你们多，共产党给我的待遇，咱们大家享受。"其实她和现任的同级干部相比，即便是离休，收入也差了一大截。可是，从来没听她抱怨、计较过诸如物质待遇之类的问题。

素芝大姐住在高层的三楼，每天上下楼确实吃力，一些朋友都跟着着急，说应该给这个老楼安装电梯，但是她从不自寻烦恼，说"就当锻炼了！"

领导干部无小节，小节当中见大节。在素芝大姐那里，没有一点儿让人瞧不起的地方。她的老伴去世，就连我们这些她所谓的"好友"，她都没有告诉。事后一次会上，她和我说："老耶头走了。"我大吃一惊："这么大的事为什么连我都不告诉？"她说："告诉你们没用，他走也回不来了！"

"宁可天下人负我，我不负天下人。"这就是素芝大姐一生的品行！

终生勤学　永不落伍

2021年7月9日，我去看望病重的素芝大姐，那天她在家中用药，聊起她家楼下那个报箱，我说："您现在还订了十几份报纸杂志呢！"她就历数都订了哪些哪类，全都记得。她说："一天不看报，就聋耳朵。一天不看新闻，你就不知道国家和辽宁都有哪些大事。"在医院治疗，她最盼的就是早点回家看报纸。

当年，我请素芝大姐给女干部讲课，她从来都是一字一句地亲笔写在纸上，每次都认真地修改充实。从省人大女常委联谊会成立至今20多年，每年每次活动她都亲自讲课，时事政治、法制建设、两会精神等，她脑袋里装的都是国家大事、人民所需所求。2019年春天，她刚做完手术不到半年，就亲自带队，组织女常委去大东区考察，对大东区人大女主任白实给予热情鼓励和高度评价。谁也不相信这是一位刚做完大手术的88岁的省级老领导。

2021年七一党的百年华诞，素芝大姐虽然重病缠身，但是依然满怀激情地观看电视。当家人将"光荣在党50年"纪念章交给她时，她发自内心地笑了。一定要拍个照。我对她说："大姐是光荣在党70年啊！"

乐观豁达　宠辱不惊

素芝大姐的大气、敞亮、洒脱、爽朗、幽默，一般的女同志真的是很难具备。工作中，她的雷厉风行、果断磊落人人皆知；生活中，她的这种极其刚毅、坚强的性格能十足地感染到接触过她的任何人。

一般人，即使再强，在疾病面前往往也会突破心理防线，背地里显露出慌张的弱点。而素芝大姐，即使在2018年底检查出胃部疾患时，她也从来不往坏处想。即使是马上要做手术，她依然是那样平静镇定，看不出任何紧张情绪。术后近3年，素芝大姐认真配合治疗，该治病治病，该找老友聊天就打电话聊天，能参加活动就参加活动，从来不提病的话题。远在湖南、湖北、四川的老朋友，有的去世了，她虽然难过，但不过度悲伤，知道后立即给家属打电话问候。老同志中谁家有喜事，她跟着高兴，跟着祝福。"不怕死，不想死"在病中的素芝大姐身上体现得十分具体，没有悲伤，没有愁苦，只想好事，不想坏事，拿得起来放得下！这种心理状态没有两重性，这种情绪管理，没有掩饰伪装，在素芝大姐身上，我清清楚楚地看到了，是真的不服不行！正因为如此，素芝大姐虽患重病，但精神从来没被击倒，既赢得了生命的长度，也赢得了生命的质量。

热爱生活　践行美德

素芝大姐一辈子风风火火地干事业，大多数时间和精力没用在家庭上，但恰恰是她营造出的良好的家庭环境，造就了她事业的成功和一生的幸福。

百姓心中的好人好官——追忆老领导陈素芝

每当给一些女干部分享体会，素芝大姐总是感怀她的婆婆帮她带大了3个孩子，总是感恩老伴对她的理解和对家务的分担，总是用亲身经历告诫大家："在外面工作，在台上，你就好好表演；回到家里，你可不能当官，得好好表现。"2016年，为了千方百计给老伴治病，在盛夏酷暑，85岁高龄的她，去天津陪伴了老伴一个多月。她和我说："老耶头一辈子都理解我，帮我照顾好了这个家，现在他病了，咱不得好好陪陪人家啊！"老伴去世后，她有时还深情地与我回忆70年前与老伴相识相恋的一幕幕。其实，多大的官也是人，过人的日子和过官的日子是不同的。在外面当个好官，在家当个好儿媳、好女儿、好妻子、好母亲，确实需要"艺术"。素芝大姐完美的家庭生活也是她一辈子高超的"经营艺术"创造出来的。

素芝大姐这一辈子，活得通络通达，活得超脱超然，活得高尚高明，活得坦诚坦荡，活得荣耀荣光！

素芝大姐虽然离开了这个世界，但她的精神不朽！回想起30年来与素芝大姐相识相知相处的一幕幕往事，我由衷地庆幸，庆幸此生能走进老大姐的精神世界并得到其"真传"。唯有时时刻刻地将老大姐为人为官、为师为友的"真经"学到十之一二，才不辜负素芝大姐的信任和厚爱！

素芝大姐，我们永远的楷模！

高鹏

辽宁省政协原副主席、辽宁省委统战部原部长

2021年8月25日

目 录

引　子		001
第 一 章	疫情下的真情送别	009
第 二 章	属羊女向命运抗争	035
第 三 章	辽宁首位女省长	059
第 四 章	享誉全国的工运女杰	071
第 五 章	李长春省长的好搭档	109
第 六 章	"拥军省长""军人母亲"	159
第 七 章	在人大工作舞台上绽放异彩	185
第 八 章	开创辽宁法学研究事业新局面	199
第 九 章	助推辽宁公安司法管理干部学院创新发展	213
第 十 章	关爱老年人和下一代	233
第十一章	在对外交流中展现风采	243
第十二章	为人大女委员站好最后一班岗	253
第十三章	对身边工作人员的特殊关爱	261
第十四章	完美的人生角色	293
后　记		328

引　子

　　称呼陈素芝为老领导，是因为我于1985年10月至1990年初给她担任秘书期间，她先后担任辽宁省委常委、省总工会主席和省委常委、省政府副省长。我离开她后，她又担任省人大常委会副主任及省法学会会长，而且几十年来我们一直保持密切联系。所以为了方便，我便一直称呼她为老领导。

　　在辽宁，凡是熟悉老领导的人，无不称赞她豁达、开朗、乐观，其精神状态和身体状况在同时期的省级领导中一直是令人羡慕的。她自己也引以为豪，说争取活到120岁带拐弯。她年轻时因为工作繁忙，经常起早贪黑饮食不规律，造成胃口不好。但到了晚年也只是血糖稍高、听力有些下降，每次体检都没有查出什么大病，好像同医院无缘。

　　意外的事情发生在2018年11月下旬，老领导发现自己食欲不好、胃部有些不舒服，以为是胃病复发，便到辽宁省金秋医院做胃肠镜检查，不料发现胃部长有恶性肿瘤。金秋医院领导不敢马虎，立即组织中国医科大学、辽宁省肿瘤医院等专家进行会诊，最后大家形成共识，一致建议她尽快到北京301医院进行手术治疗。

医生在没有完全透露病情的情况下征求了老领导的意见，一向开朗豁达的她坦然接受。于是11月底，在省卫生厅副厅长兼省委保健办主任高明宇和金秋医院指派的医生李越及护士苑文的陪伴下，老领导住进了北京301医院。12月2日上午，手术由301医院权威专家黄医生主刀，总共进行了三个多小时。术后先被安排在特护病房，一切都由医院指派护士护理。

据黄医生事后介绍，手术很成功，术后不会有太大的风险。但对于未来的期望，他给出的结论并不乐观：因为肿瘤发现较晚，加之病人年龄较大，病灶并没有完全切除，等于留有隐患，所以还需要随时诊察、治疗。在家人的一再询问下，黄医生给出的最后生命时间是半年至一年……

老领导突然在北京301医院做了胃部切除大手术，让曾经为她服务过的身边工作人员倍感震惊。老领导离开沈阳五三工厂到省里工作后，先后有过七位秘书和五位司机。秘书依次为赵福荣、我、于俊东、杨军、王献耀、郝昕和赵凤民；司机依次为纪希彬、张国军、刘嘉新、高洋和小王。多年来，除了赵福荣和纪希彬因为年龄偏大后期鲜有来往外，其他人都与老领导保持着密切联系，逢年过节都要前往家中看望。老领导喜欢热闹，离休后大家便争先恐后地轮流坐庄，几乎每两三个月就要欢聚一次。这些曾经的秘书、司机，虽然年龄不一、性格各异，又来自不同单位和部门，但是大家都以老领导为榜样，严以律己，宽以待人，互相尊重，相处得其乐融融，如同家人。近年来还赶时髦，建立了"欢乐一家亲"微信群，而我也顺位成了群中的"大师兄"。

老领导手术之后，子女们按照母亲的叮嘱，严守秘密，但是这些曾经的秘书、司机，还是通过各种渠道得知了消息，大家都想立刻到北京看望。但由于301医院管理特别严格，很难自由进入，所以大家就只能同常驻301医院的高洋保持联系，随时了解老领导的康复情况。

命运往往是可以改变的。由于301医院专家高超的医术、金秋医院选派的年轻护士苑文的精心护理、省卫生厅领导的协调帮助，以及家人和身边工作人员的深情关爱，一向乐观、豁达和刚强的老领导在手术几天后便离开了特护病房，一个月后便走出301医院，回到辽宁省金秋医院。由于她精气神好，所以康复效果非常明显，她很快就能自由行动了，子女和医护人员惊喜地看到，这位耄耋老人似乎胜利地越过了那道被世人视为不可逾越的死亡线。

2019年7月5日，也就是手术后的第八个月，老领导以名誉会长身份出席了辽宁省关工委召开的"纪念辽宁省关心下一代工作委员会成立30周年会议"，并向获得荣誉称号的人员颁发奖状。

接着，她又和辽宁省人大女委员联谊会的同志一起参观考察了沈阳汽车工业园、沈阳造币博物馆和沈阳老龙口酒厂。很多女委员见老领导神采奕奕，根本没有想到她尚在术后康复之中。

此后，从死亡线上挣脱出来的老领导喜事连连：2019年9月20日，她喜获"庆祝中华人民共和国成立70周年"纪念章；2019年10月15日，根据中共中央组织部通知，辽宁省委下发文件，明确陈素芝等31名老同志按省（部）长级标准报销医疗费。老领导一生不为名不为利，始终把党和人民的利益放在第一位，现在享受正省（部）级医疗待遇，体现了党组织对她的政治关爱和精神褒奖，使她备受鼓舞。

愉悦的日子总是过得很快。转眼到了2020年7月15日，适逢辽宁省人大女委员联谊会换届。这个联谊会是老领导于1997年亲手创建的，并担任第一届、第二届会长。换届是件大事，所以她亲自到会并作了热情洋溢的讲话，勉励新一届联谊会领导要与时俱进，开拓创新，带领女委员老有所学、老有所为、老有所乐。她的讲话思维敏捷，声音洪亮，铿锵有力，底气十足，极大地鼓舞了在座的女委员。

然而病魔并没有因为老领导的坚毅、刚强而停止肆虐。2020年8月初，她的身体再度出现不适，不得不住进金秋医院进行治疗。国庆节期间，子女将她接回家中。想不到10月2日病情进一步加重，甚至一度出现高烧和昏迷的症状，只好重新住进医院。也是天无绝人之路，这时杨军推荐了一位世代祖传的中医名家，经过他独特的药物调理，老领导的病情大有好转，再次挣脱了死亡的魔爪。

2021年2月12日，是农历大年初一，在小儿子耶永涛的帮助下，老领导通过"欢乐一家亲"微信群，以视频方式给曾经的身边工作人员拜年。听到她洪亮的嗓音，看着她红润的脸庞，我们这些她过去的秘书、司机，也都向尊敬的老领导、慈爱的老妈妈致以新春佳节最真挚、美好的祝福！

2021年，对老领导而言是一生中最为重要的年份：农历三月十六日（公历4月27日），是她90周岁生日；7月1日，是中国共产党成立100周年，也是她"光荣在党"72周年。所以她非常看重这两个日子，特意让女儿耶永华替她从银行里取出一万元钱，准备到时候请大家欢聚。

由于沈阳的新冠疫情反反复复，原本想在春节后举行的"欢乐一家亲"聚会一直推迟到3月中旬才举行。受疫情影响，大家已经很长时间没有见面了，所以那天晚上大家都悉数出席。已经调任铁岭市纪委书记的王献耀，还把远在北京工作的女儿带来了。见到隔辈人，老领导更是喜上眉梢。

席间，老领导异常高兴，腰板挺直发表了一番热情洋溢的祝酒词，赢得大家一阵阵热烈的掌声。

我作为老秘书也代表"师弟"们祝愿敬爱的老领导、慈祥的老妈妈健康长寿，带领我们向着三个一百年奋进：2021年7月1日，庆祝建党一百年；2031年农历三月十六日，庆祝老领导一百岁生日；2049年10月1日，庆祝新中国成立一百年。

老人家神采奕奕，高兴道："我争取活到120岁带拐弯！"

接下来的日子里，老领导又参加了省人大女委员联谊会理事会会议并讲话。

看到老领导精神状态不错，我们一度紧张的心情放松下来。但是由于新冠疫情反复，她的90岁生日聚会几经张罗最终也没能如期举办，大家不免有些遗憾。

五一国际劳动节过后，老领导再次住进金秋医院，主要是想调理身体，增强免疫力。5月9日，原省委书记张文岳到医院探望她，说："咱们是老战友，金秋医院照顾得这么好，你要好好配合，战胜疾病，早日康复！"

老领导高兴地说："我90岁了，比你大6岁。我是一有毛病就到金秋医院，他们从院长到医生、护士都非常好！"从她说话的声音和底气看，还真不像一个身患重病的人。

打了几天点滴，老领导就急着出院了。正赶上大连市总工会原主席高姿到沈阳看望她，老朋友相见，她心情大好，特意打电话让我出来作陪，她亲自请高姿吃了一顿许久没有品尝的美味火锅。可能是心情好的原因，一直不想吃东西的她那天也有了一些食欲，我们都很开心。

此后的一段时间里，我几次到家里看望老领导，她每次都跟我说，还有两件事没有办：一是请辽宁省委原副书记孙奇夫妇吃顿饭，这是春节期间孙奇夫妇到家看望她时就承诺过的，后来由于她的身体状况以及新冠疫情的反复，一直没有实现；二是要请我们这些秘书、司机聚会，共同庆祝中国共产党成立100周年，这也是她早就酝酿过的，并且已经准备了一万元钱。由于上了年纪，同样的话，她要反复说上几次。耶永华就在一旁笑话她，老领导却全然不顾。

看着她认真的样子，我开玩笑道："您别着急，好饭不怕晚，您那一万元钱我们早晚给您花出去。"

她一听乐了，然后便同我商量，实在不行，就把这两件事放到一起办。我说这样也行，就是不知道孙奇书记是否方便，因为我们这边秘书、司机人比较多。

她说："孙奇书记愿意热闹。他特别羡慕我们这伙人。"

然后便一个一个地念叨着该来的人的名字，计算着人数，说："如果没有掉头的话，总共不超过20人。"

我说："您放心吧，这件事我和耶永华去落实。"

但是考虑到老领导的身体情况，我私下和耶永华商量，吃饭的事情还是缓一缓再说吧！

2021年6月中旬，老领导感到浑身无力，进食有些困难，便再次住进金秋医院。应该说，她对这次住院并没有太多考虑，只是想在医院调理几天，恢复一下体力，然后"七一"之前便出院，好抓紧落实那两件"大事"。

一天，杨军到金秋医院看望她，老人家再次向他提起请孙奇书记夫妇吃饭一事。

孙奇书记是杨军的姑父，春节过后杨军也一直想宴请他们夫妇，也是因为疫情原因，一直没有成行，所以当即提议，由他做东，我和被老领导称作"编外秘书"的王相国作陪，请老人家和孙奇书记夫妇先小聚一次。她欣然接受，并将时间定在6月24日晚上。

聚餐那天，杨军、王相国和我都提前来到酒店，准备迎接两位老领导，不料却接到耶永华从金秋医院打来的电话，说老人家突然发烧，不能参加聚会了。我们仨的心里立刻产生了不祥的感觉，孙奇书记也为此感到担忧。

我心里着急,便于6月26日上午和爱人孙洪敏到金秋医院探视,我知道老领导喜欢花,特意到花市买了个大花篮。可到了医院发现老领导面容憔悴,正在昏睡。或许是听到了我们和耶永华说话的声音,过了一会儿,老领导睁开了眼睛,看到我和孙洪敏,脸上露出了笑容,她吃力地说:"这次真的觉得有点扛不住了。"

我和孙洪敏安慰了她一番,怕她说话多了劳累,便起身告辞了。由于当时新冠疫情复发,医院对探视病人作出更加严格的规定,而且必须提供72小时内的核酸检测证明,我们不便常去,想不到这竟然成了我同老省长进行的最后一次对话。

2021年7月1日,是党的百年华诞。这一天,老领导突然精神焕发,不到9点便让女儿耶永华扶她起来,半躺在床上观看庆祝中国共产党成立一百周年大会的电视直播。当耶永华将党组织提前送来的"光荣在党50年"纪念章交给她时,她发自内心地笑了。

过完党的百年华诞,老领导在北部战区总医院做了胃肠支架手术,7月6日出院回家,杨军请的那位中医名家专门到家看望。术后最初的一段时间老人家感觉不错,可以适当进食了,儿女们都非常高兴。

7月9日,辽宁省政协原副主席高鹏到家中探视,老领导面色红润,笑容可掬,正在自己端着碗吃流食。

老领导看到高鹏,非常高兴,让耶永华拿出"光荣在党50年"纪念章给她看,高鹏无不羡慕地说:"大姐是光荣在党70年啊!"

老领导自豪地点点头:"我是光荣在党72年!"然后双手捧着纪念章,让高鹏给她拍照留念。当我们从微信群里看到这张照片时都很高兴,以为老人家又闯过了一关,并祈祷她再次创造新的奇迹。

然而这次却没能梦想成真。7月下旬,老领导进入了生命的最后时光。

7月末，老领导曾经有过一段短暂的清醒，一向廉洁自律的她，向子女们作出了明确交代：现在正值新冠疫情期间，我走后丧事一定要从简，家中不设灵堂；告别仪式只在家人和秘书、司机的小范围中举行；绝对不可以收钱。

从8月初起，老领导就完全不能进食了，只能靠输液补充营养，维持生命，我们每次去医院探视，她都处于昏迷状态。

2021年8月25日凌晨。大雨过后的沈阳城，乌云散尽，浑河上空夜色朦胧，繁星点点，宛若星河……突然，一颗流星划空而过，刹那间消失在天的尽头。

现代医学再发达、再进步，也总是赶不上病魔肆无忌惮的脚步，从而给人世间留下无奈的痛楚。凌晨5点03分，老领导以顽强的毅力，在同病魔苦苦抗争了1000多个日日夜夜，并幸福地庆祝中国共产党百年华诞之后，终因现代医学技术所限，没能挣脱死神的魔爪，于辽宁省金秋医院与世长辞，生命永远定格在90周岁。

而高鹏主席手机中保存的照片、视频，也就成为老领导留给我们最后的纪念。

第一章
疫情下的真情送别

2021年8月25日上午9点左右,护送老领导遗体到回龙岗的人都回到了老领导家中。遵照老领导生前关于丧事一定要从简,家中不设灵堂,告别仪式只在家人和秘书、司机的小范围中举行,绝对不可以收钱的临终遗愿,为了方便家人祭拜和守灵,赵凤民和高洋在客厅正面墙的一侧,悬挂上老领导的遗像,两旁摆放着儿女和身边工作人员敬献的两个大花篮,遗像下方的方桌上按照民间习俗供奉了一些水果和点心,但是没有摆放传统意义上的香碗。

由于老领导有言在先,所以得知这个噩耗前来吊唁的人并不多,来的都是老人家生前的至爱亲朋。

来得最早的是辽宁省政协原副主席高鹏。这是老领导离休后接触最为密切,也是在老领导手术后到家里和医院探望最为频繁的副省级女领导干部。我过去曾经多次私下里说过,高鹏主席身上具有老领导的气质和风范。

高鹏同我们简单寒暄之后,便进到里屋去安慰已经悲痛欲绝的耶永华，结果话没说上几句，她自己也泣不成声。而我们这些待在客厅里的男人们，则是眼含热泪在静默之中怀念老人家的离去。

许久，高鹏红着眼睛从里屋走出来，我们起身与她告别，她边走边说："我要回去写写德高望重的老大姐……"

上午，辽宁省人民政府办公厅通过明传电报向各市和省直各单位发布了老领导逝世的讣告，上面写道：

"中国共产党党员，辽宁省人大常委会原副主任陈素芝同志，因病医治无效，于2021年8月25日5时03分在沈阳逝世，享年90岁。

尊其生前遗愿，丧事从简。定于2021年8月27日（星期五）8时，在沈阳市回龙岗革命公墓回龙厅举行遗体告别仪式。"

从下午2点起，前来家里吊唁的人开始多了起来，而且来自各个方面，几个子女忙得不可开交，我们几个曾经的秘书，便开始帮助接待客人，并与各自相熟的人追思起老领导的一些往事，越说越为这样一位德高望重的好领导的离去倍感痛惜。

当晚，我没有参加守灵，而是回到家中起草悼词。这是8月19日和22日我到金秋医院时耶永华和耶永涛分别对我的嘱托，当时老领导已经完全处于昏迷状态，他们姐弟俩分别向我讲述了老人家在清醒时所作的最后交代，还特别嘱托我代表老人家身边工作人员提前起草悼词，以作最后的准备。

尽管知道这一刻迟早会到来，但我心里还是很难接受，并安慰他们说："相信老太太还会创造奇迹的！"

他们都无奈地摇摇头。

我提醒道："副省级领导的悼词和生平应该由省委或省政府办公厅组织撰写吧？因为他们掌握的情况更完整，评价更权威啊！"

姐弟俩当时几乎说出了同样的话："按照老太太的意思办吧！现在处于疫情期间，就别麻烦组织了。"

也就是从那天起，我开始整理过去收藏的一些有关老领导的生平与工作资料，搜索着过往的记忆，脑海里不时闪现出我在老领导身边工作时的一些鲜活的影像，眼泪不由自主地从眼角流淌出来。面对电脑屏幕，我始终无法敲击出那令人心痛的字眼……

现在老领导已经离我们而去，我必须把这个任务完成。当晚，在沉痛的思念之中，我噙着泪水，在电脑键盘上敲打到第二天凌晨4点，伴着窗外噼里啪啦的雨声，终于写就了2000字的《沉痛悼念敬爱的老领导陈素芝同志》。

那一夜，沈阳市上空阴云密布，大雨倾盆，一直下到第二天上午。苍天似乎都为中国共产党失去了一位忠贞不贰的好女儿，辽宁省党政军群机关失去了一位德高望重的好领导，她的儿女们失去了一位慈祥善良的好母亲而洒泪同悲……

8月26日上午9点，我来到老领导家中，将写好的悼词交给耶永华，请她审阅、修改。

正在这时，省政府办公厅老干部处处长胡广宇来到家中，带来了他们起草的《陈素芝同志生平》，见此情景，我瞬间感受到党组织对党的老干部的敬重与关爱。

耶永华也没有想到，她眼里闪烁着泪花，将《陈素芝同志生平》交给我先看，我认真看过之后，感觉生平写得很详细，对老领导的评价也很恰如其分，只是个别词语需要再斟酌一下，心里悬着的一块石头终于落地了。

我将《陈素芝同志生平》交给杨军、王献耀等人，让他们传阅，大家看后都非常满意，只是对个别史实和事件提出了一些订正和补充。

正在这时，曾经在省政府和省人大期间为老领导服务过的省法制办原主任孙桂真主动请缨，负责对《陈素芝同志生平》草稿作进一步的修改。

随后，省委办公厅不断打来电话，询问有哪些人需要在遗体告别仪式上送花圈，至此，老领导的治丧活动由家人私下自理开始转为由省委、省政府办公厅负责组织了。

我的心里顿时涌上了一股暖流。

临近中午，雨过天晴，更多的从各个渠道得知老领导去世信息的人们陆续来到家中吊唁和慰问。其中省级领导同志有：

中共辽宁省委常委、省委秘书长王健；

辽宁省人大常委会副主任孙铁、崔枫林、张铁民；

曾经在老领导在职期间成长起来的中青年干部，现在也已经退出现职的辽宁省人大常委会原副主任赵国红、王专；

与老领导在省政府一个领导班子共过事的辽宁省政协原主席肖作福；

老领导在省政府和省人大工作期间曾经分管过的辽宁省高级法院原院长肖声；

……

此外还有很多老领导生前的同志、邻居、部下，其中不乏一些我看着眼熟但是已经叫不上名字的耄耋老者……

在我熟悉的人中，路途最远的是原营口市委常委、市总工会主席韩宝桐，这是老领导任省委常委、省总工会主席期间的"小朋友"，如今也已经70多岁。由于新冠疫情防控很严，她没能在老领导生前到医院探视，感到非常遗憾，这次她让丈夫开车，从营口赶到沈阳，向尊敬的老大姐鞠了最后一躬。

受新冠疫情防控的影响，前来吊唁和慰问的人们虽然戴着防疫口罩，但是眼角的泪痕和悲痛的面容还是清晰可见。

这种突如其来的吊唁场面，既令老领导的子女们措手不及，又让他们为自己的母亲有如此好的口碑而感到欣慰。

那一天，从早到晚，前来吊唁和慰问的人络绎不绝……

2021年8月27日，清晨。

雨后的沈阳，旭日初升，天空格外晴朗。

通往沈阳回龙岗革命公墓的公路上，突然排起了轿车长龙，从车牌号上看，除了沈阳当地的"辽A"外，还有"辽B""辽C""辽D""辽E"等省内其他城市的车牌，偶尔还能看到外省市的车号……

不到早晨8点，公墓最大的回龙厅门外，前来参加遗体告别仪式的人流已经排起了长队，身穿安全防护服的医务人员和工作人员，按照防疫要求，有条不紊地测试人们的体温，被测试的人，有老者也有少年……

告别大厅的过道上，摆放着一张长条桌，后面站着几名年轻的身穿黑制服的男女工作人员，引导前来参加遗体告别仪式的各级领导，依次领取封面上印着"深切怀念陈素芝同志"黑体大字的《陈素芝同志生平》和白花，然后在签名簿上签名……

签到处旁边的贵宾休息厅里，一些久未谋面的省级老领导们，表情肃穆，互致问候，感慨人生。

与老领导同龄的辽宁省政协原副主席林声，在女儿的搀扶下走进来，先到的一些同志起身相迎，关心地询问他的身体状况。林声眼含热泪，悲痛地对大家说："我身体不好，别人走了可以不来，但是素芝走了，我必须来！"

辽宁省委原副书记，后来调任黑龙江省政协主席和全国政协副秘书长的王巨禄，专程从北京赶来。因为他是当年我在团省委工作时的老领导，所以我便迎上前去问候。他对我和周围的人动情地说："素芝同志是我敬重的老大姐，我无论如何也要回来为她送行！"

我离开贵宾休息厅，向远处望去，只见已经年过八十的本溪市总工会原主席程盛忠也远道前来，在门外排队接受体温检测，队伍里还有我陪同老领导在省总工会、省政府工作时的老熟人，由于来人太多，不便前去一一打招呼。

此时，告别大厅里，却是另一番忙碌的景象，一些工作人员依次将中共中央总书记习近平，时任国务院总理李克强，曾经在辽宁与老领导共过事的李长春、孙春兰等党和国家领导人，以及中共辽宁省委、辽宁省人大、辽宁省政府、辽宁省政协、中国人民解放军北部战区、辽宁省军区和国家有关部委、省直机关各厅局，还有离退休省部级领导同志送的花圈、挽联，密密麻麻地摆满了大厅四周。这时还不断有工作人员急匆匆地拿着新写的挽联进来，很多花圈上都悬挂着多个人的名字，放在后面的花圈只能重叠着摆放……

上午9时整，告别大厅的大门徐徐打开，在悲壮的哀乐声中，老领导的遗体告别仪式正式举行。

只见大厅正前方悬挂的电子屏上，闪烁着黑体大字："陈素芝同志遗体告别仪式"。

下方正中摆放着老领导的遗像。

遗像的前方，老领导的遗体被安放在鲜艳的鲜花丛中，遗体上覆盖着鲜红的中国共产党党旗。

最先走进告别大厅的是王怀远、王巨禄、张行湘、林声等省委、省政府、省人大、省政协四大领导班子的离退休老领导；随后是老领导生前工作过的省总工会，以及在省政府和省人大期间分管过的省直有关部门的厅局长和普通干部、省法学会的工作人员；走在最后的是自发前来的普通群众。我粗略估算了一下，总计超过500人，他们人人胸佩白花，个个眼含热泪，毕恭毕敬地在老领导遗体面前三鞠躬。

我们几个老领导曾经的秘书和司机，站在亲属后面，亲眼目睹了庄严、隆重、悲壮的遗体告别场面，心中不时地涌动起一股股暖流。

走在人群后面的四名中年妇女，引起我的格外注意。因为前来的大多数人我都认识或熟悉，但我对她们却没有一丝印象。她们不仅长相普通、穿着普通，而且非常悲伤。事后我从省人大常委会原副秘书长李慧贞那里得知她们是省人大常委会机关的保洁员，分别是赵秀云、汤海波、孙丽梅、朱洁新。由于机关发布通知时特别强调"根据陈素芝同志的遗愿丧事从简"，她们的身份不属于"机关干部"，但又非常想送送陈素芝这位在她们心目中比自己母亲还亲的好领导，所以便偷偷向曾经担任过省人大常委会副秘书长的李慧贞求助，最后在李慧贞的鼓励下，她们"贸然"乘坐私家车赶来参加遗体告别仪式。

仪式结束后，在等待遗体火化的间隙，我独自站在告别大厅外面的广场上，脑海里不时闪现出我为老领导服务期间的一些情景，偶然间，听到一些前来为亲人送葬的市民的议论之声。

有个年轻人疑惑：刚才里面送的陈素芝是谁呀？怎么来了这么多人啊？

另一个人猜测道：那肯定是个大官了，不然在疫情期间谁会冒着风险来这里啊！

旁边的中年人不屑道：现在这年头，人的心里都明亮着呢！官再大，人品不好，走了也没有人送；如果是个大贪官，老百姓恨不得他早死呢！

有个老者似乎知情，只听他感叹道：这个陈素芝可不简单，当年她当过省委常委、省总工会主席、副省长、省人大常委会副主任，可是个

百姓心中的好人好官——追忆老领导陈素芝

巾帼女杰、大好人啊!

一个年龄较大的妇女接茬道:过去的五六十年代,咱辽宁有著名的全国劳动模范尉凤英和李素文;八九十年代有女领导干部陈素芝,这可是给我们女同胞增光添彩的人物啊!

正在负责测试体温的工作人员也情不自禁地跟着赞扬道:咱这回龙厅里送走的都是大官,但是在疫情期间能来这么多人送行的,还真是头一次,可见这位陈素芝是一位得人心的好领导……

常言道:政声人去后,民意闲谈中。"金杯银杯不如老百姓的口碑",听到这些素不相识的百姓对老领导的赞颂,窝在我心底的痛楚一下子缓解了许多。

从2021年8月25日下午开始,在老领导病重期间一度沉寂的"欢乐一家亲"微信群突然火爆起来。首先是大连市总工会原主席高姿发来怀念文章——《沉痛悼念素芝大姐》,里面写道:

> 听到素芝大姐因病逝世的噩耗,我心里十分难过。她手术后我去看望她,她瘦了,但精神还很好,还带着病躯请我去饭店吃了顿饭,令我十分感动。看她的饭量和说话的气息都很好,我很受安慰。她第二次手术后(我)想再去看望她,无奈疫情阻隔,没有见到她最后一面,使我心痛不已。
>
> 我和素芝大姐在省委同一届班子里工作了五年,对她的正直、勤政、很强的领导能力和勇于担当的精神十分佩服。她在班子里以敢于说真话受到郭峰书记和我们大家的好评。素芝大姐特别关心同志,特别是对我和刘俊文、白玉祥、刘学成几位年轻人更是关怀备至,尤其是当我走了弯路仕途受挫之后,她不但没有疏远我,而且热心帮助我总结经验教训,鼓励我振作起来做好新的工作。我们在

省市政府和省市总工会工作的年轻同志都视她为亲姐姐，称呼她素芝大姐！

亲爱的素芝大姐走了，我们都沉浸于悲痛之中。愿素芝大姐一路走好，我们会永远记着您！素芝大姐永垂不朽！

紧接着，是1990年2月接替我给老领导担任秘书的于俊东写的一首长诗——《心中熄灭了一盏灯——沉痛悼念素芝老省长逝世》：

如果，
可以把人生比喻作一场盛大的演出；
如果，
可要重新选择一次来时的路。
我知道，
您是永远的主角。
我知道，
我会依然的义无反顾。

是的，
您是省长，
我是秘书。
是的，
您是母亲，
我像刚开始的人之初。
教导，
呵护，
成长，

进步。
在您的身边工作，
是一种偏得和幸福。

您当过厂长，
您去过非洲专家组，
您是全国三八红旗手，
您被收入中央候补委员的名录。
这还不是您的全部。
您还是军人爱戴的拥军省长，
您还是百姓信赖的同甘共苦，
您还是人们认可的有口皆碑，
您还是晚辈难得的明灯指路。

呵，敬爱的素芝省长，
请放慢您西去的脚步。
呵，敬爱的素芝省长，
请接收我们的世纪之哭。
我的心中，
又熄灭了一盏灯；
我的生命，
又燃起一抹苦。
这是我，
彻夜难眠写下的悲情诗；
这是我，
殚精竭虑种下的常青树。

素芝老省长一路走好呵！

您的音容永远光辉永驻……

随后的一段日子里，好多网站和朋友圈陆续转发一些自发怀念老领导的文章，其中影响力最大的是辽宁省政协原副主席高鹏发表于中外网的文章——《永远的楷模——怀念敬爱的陈素芝老大姐》。高鹏的文章洋洋洒洒，饱含深情，回顾了30年来老领导给予她受益终身的政治关怀、精神引领、人格熏陶和情感交流。这篇充满深情的文章很快被今日头条等几家网站转发，一石激起千层浪，跟帖、点赞者接连不断，对老领导的思念、颂扬之声不绝于耳。

省委原副秘书长耿军：高鹏主席悼念陈素芝大姐的文章，真切、感人，有情感、有亮点、有深度，是一篇充满正直、弘扬传统、激励人们积极向上的好文章。沉痛悼念陈素芝老省长！向事业上的强者、做人的楷模素芝大姐学习，致敬！她的风范和精神永存！愿她一路走好！

省政协原副主席李国忠：我一直视素芝为人生的楷模。她不忘初心、牢记使命，为辽宁和我国的国防工业作出重要贡献！素芝是一位充满人格魅力、有感染力和影响力、德行厚重的好大姐！愿素芝大姐一路走好！

省委党史研究室原副主任高峰：叱咤风云、正气凛然、刚柔并济、与人为善的评价，非常符合她在许多人脑海中的形象。

原省文化厅副厅长张春雨：感谢中外网推出高鹏主席《永远的楷模——怀念敬爱的陈素芝老大姐》的文章，让我们在品读文章中缅怀老大姐、好领导、"拥军省长"，感悟她的平民情怀、朋友情感、党员情操，学习她高超的领导艺术、高贵的人品官德、高尚的思想境界。素芝大姐是我敬重的省领导、心目中的好大姐。我在朝阳军分区任政委时曾和省委常委、省军区政委高殿成一起陪大姐去大草原度过几天美好时光。高

百姓心中的好人好官——追忆老领导陈素芝

鹏主席的文章写得真实、真切、真挚。不仅文笔好、文风好，更重要的是写出了老大姐的精神风貌、思想情怀、崇高境界。与此同时，写出了她们的友好情谊、姐妹情感、家国情怀。

省博物馆原馆长张峰：人去政声在，花开有谢时。敬爱陈大姐，楷模让人识。

省作家协会原主席刘文艳：陈素芝大姐一路走好！高鹏主席的文章情真意切，感人至深！用许多生动感人的细节，展现了陈素芝大姐的高尚品格和不凡境界，也让我们感受到了高鹏主席对大姐美德的景仰和传承。

省直机关工委纪委原书记贾仲敏：读罢高主席感人肺腑的追忆好文，细腻含情，不禁潸然泪下。您写出了众多熟知大姐人的心声，给我们带来了无尽的思念。寄千思，大姐驾鹤西归去；怀百感，群朋湿眸夜坐悲。天堂无病痛，愿大姐一路走好！

曾经担任过抚顺市委常委、市总工会主席的杨桂荣书写藏头诗——《哀送素芝老领导》：

素淡质朴呈本色，
芝兰宜人唯忘我。
大爱无疆胸若谷，
姐慈如母情似火！
一生清廉步履正，
路遥马力奏凯歌。
走过人生九十载，
好评如潮赞巾帼！

留言栏中还有一些我不认识的人。比如：

吴秋华：读过高鹏主席饱含深情的追忆文章，热泪盈眶，心情难以平静！做人要做这样的人！素芝大姐是我们永远的楷模。她的精神永远鼓舞着我们不断前行！祝大姐一路走好！我们永远怀念您！

刘丽娟：虽说"自古人生谁无死"，但惊悉尊敬的老领导、亲爱的素芝大姐去世的噩耗还是难以接受！伴着沉痛的心情拜读了高鹏主席饱含深情的追忆文章，一位职场上叱咤风云、大义凛然、刚柔并济、成就斐然的优秀高级女性领导干部在我眼前成像，生活中清廉律己、乐观豁达、和蔼可亲、善待他人、可亲可敬的老大姐走入了我的心田。素芝大姐对于我们来说既是领导又是亲人，亦师亦友亦姐妹，她老人家的离去给我们带来了不尽的思念！祝大姐一路走好！

网友"蓝天"：看过高主席饱含泪水和深情怀念陈素芝大姐的文章，让我们心情久久不能平静。素芝大姐对于我们而言既伟大又平凡，既可敬又可亲，既是高官又是我们的亲人。在我们成长的路上大姐给予的关心爱护，传递的正能量影响了我们整个人生。特别是大姐对妇联和妇女群众的感情让我们永远不忘。妇联机关每年的新年晚会，大姐总是备好各样糖果让司机送到机关，年年不忘；每当全省妇女干部培训，大姐都认真准备好讲稿，和妇女干部共同分享学习工作的心得；每当重大妇女活动，大姐为我们站台助力；每当女干部成长进步，大姐总是如期送来鼓励……多年来我们妇联干部早已把大姐当成主心骨、知心姐姐。岁月无情，人都会老去，但大姐的崇高精神早已经长在辽宁大地，长在我们辽宁妇女的心中，是一棵长青树长在天地之间。今天大姐安详地离开了人世驾鹤西行，但大姐精神永存，大姐永远活在我们心中！祝大姐一路走好！

网友"秋水"：高鹏主席感怀老省长的文章写得太好了！老人家的音容笑貌、高风亮节、卓越品质，特别是重情重义、律己达人、乐观好学、坚忍顽强等高贵品格跃然纸上！令人垂泪！令人心疼！令人缅怀！高主

百姓心中的好人好官——追忆老领导陈素芝

席表达的不仅是她个人对老人家的感情，也完全能代表所有受过老人家关怀和影响的人们共同的心声！谢谢高主席，你让我们对老人家的怀念更加理性和深沉！

微信群里面甚至还有一些外省同志的留言……

看到各界人士对陈素芝大姐如潮的好评，我们更坚信历史是人民写的，辽宁人民不会忘记任何一个为辽宁付出心血的好官；更明确做人是一辈子的，只有好好做人，才能好好做官；更坚信只有初心不变方得始终。

随后，女企业家、沈阳麦金利食品制造有限公司总经理许慕侠发表了题为《那个叫我20年"丫头"的父母官走了》的文章，里面写道：

> 闻听陈素芝大姐的辞世，我泪如珍珠断线，无法控制情感思念的宣泄……20年的相识，大姐高风亮节的品格，让我亲眼见证了"一个高尚的人，一个纯粹的人，一个有道德的人，一个脱离了低级趣味的人"。
>
> 大姐对我在创新创业路上的人文关怀，我历历在目，她那20年叫我"丫头"的称呼使我备感慈母的大爱。
>
> 我的思念不只是因为您曾是辽宁省副省长、辽宁省人大常委会副主任、中共中央候补委员、全国人大专门委员会委员……最让我思念的是：您在位从政期间，风清气正，敢于担当，为老百姓负责的理政思维——您是永不褪色的"超女"。
>
> 您是一位既有大情又有大爱的人，和您交往20年，您用您做人的大格局时刻感染着我。在疫情期间，您在病榻上用电话激励我："丫头，挺住别趴下，把苹果醋的品牌扛下去！"
>
> 在和您交往的20年中，您在精神上引领我，在创新创业上鼓励我，当国家领导人来辽宁视察时，您把我当作辽宁创业女性典型介

绍给他们。您对我最大的期望是，把苹果醋的产业做大！当您听说我参与制定了苹果醋国家标准后，您自掏腰包为我庆祝……

敬爱的陈素芝大姐，昨天沈阳突降倾盆大雨，苍天也在哭泣，此时此地，我们多么需要您这样的领导啊！

1997年，老领导与时俱进，亲手创建了辽宁省人大女委员联谊会并担任会长，此后的20多年里一直与她如影随形的联谊会秘书长李慧贞，在老会长病危期间，组织几个女委员精心挑选了上百张照片，含泪制作了《老会长和我们在一起的日子》的有声相册。得知老会长逝世的消息后，便在第一时间将其发送到人大女委员和人大退休干部微信群，以表达对老领导的无限怀念和难以割舍的深厚感情。

收到这条微信的人大女委员和离退休干部，听着那悠扬的乐曲，看着那一张张慈爱可亲的面容，无不热泪盈眶……

现任辽宁省人大女委员联谊会会长杨淑清在无比悲痛之中，含泪写下一首长诗——《怀念德高望重的老会长——陈素芝大姐》：

> 惊闻您离开了我们，
> 姐妹们心痛的泪水直淌。
> 今年3月理事会上的讲课，
> 您的鸿音还在耳边回响，
> 您和蔼可亲的笑容，
> 永远刻在我们的心上。
> 女委员联谊会走过了24个春秋，
> 每一个春秋都留下了您讲课的篇章。
> 我们和您在一起的日子，
> 是那样的快乐令人向往。

您是女委员联谊会的核心，
您时刻为联谊会的工作导航。
您用人格的魅力，
把全省的女委员、女代表培养。
您当过辽宁省人大的副主任，
您当过辽宁省委常委、副省长，
可您把根扎在人民心中。
您亲民、爱民、为民，
不论是卫生保洁员、车站机场服务员，
还是司机、小保安、理发员，
您经常和他们谈论家常，
倾听他们的疾苦冷暖，
给他们奋斗向上的力量。
建设新中国您是劳动模范，
长期在法制战线上呕心沥血冲锋在前撰写文章。
您一生兢兢业业清廉律己，
您是新时代领导的榜样。
您虽然离开了我们，
但您给我们留下了宝贵的精神食粮。
我们定像您那样工作生活，
初心不忘紧跟党中央。
用热血和汗水，
铸就新的辉煌！

辽宁军旅诗人王鸣久，惊悉老领导与世长辞，怀着一腔敬意与思念，浓墨重彩地撰写了一副挽联：

素心长存，当好官做好事好老太太千古；
芝兰永在，怀人情得人心人亦念念百年！

2021年8月27日，《辽宁日报》第一版右下方刊登了印有老领导黑框照片的讣告，似乎此事就此了结。然而时间一天天过去，人们对老领导的怀念之情却没有丝毫减退。

老领导逝世时，因为手臂骨折远在北京治疗的沈阳市残疾人联合会原党组副书记、副理事长孙淑君，听闻噩耗，悲痛欲绝。由于不能返回沈阳给老人家送别，她更是痛惜不已。9月1日，绑在手臂上的石膏刚一拆除，她就急切地打开电脑，敲响键盘，连夜赶写了《在党70年，初心永不变——献给优雅老去的陈素芝老省长》一文，里面深情写道：

8月25日早晨6点，女儿跑到我的房间对我说："妈妈，陈姥姥没有了，刚刚的事情……"我看着女儿半天没有说话，那一整天，我的脑海里什么都装不下，老省长陈素芝谈笑风生，一声声叫我"丫蛋""丫崽子"的声音总在我耳边萦绕。那一夜，我任思绪乱飞，无法入睡。怀念过去，留恋回忆，感慨疾病无情，无奈人在生死分离面前的无能。在这个世上最悲痛的事莫过于生离死别，阴阳相隔，从此不再相见。那几天，我半夜坐起来一遍遍地阅读高鹏主席写的怀念文章，除了哭泣，别无他法，因为我的手臂骨折。

孙淑君深情回忆了老领导对她个人的关爱：

陈省长对我一生影响都非常大。早在1980年代，我作为辽宁省"新长征突击手"，参加由共青团辽宁省委召开的"新长征突击手"

活动表彰大会，我在大会上发言，陈省长是被请来参加会议的省级领导。会议结束时，陈省长到会场台口等我，给我买了一根冰棍，说："丫蛋，讲得好，做得好，吃了吧，凉快凉快。"1990年代我参加由中宣部、中央军委、团中央、中国残联举办的"热爱祖国、自强不息"报告团赴全国各地巡回报告，当报告团来到辽宁时，陈省长到友谊宾馆看望全体成员，并向邓朴方单独介绍了我创业等情况，又亲自到我的房间嘱咐我："丫蛋，我在电视里听了你们的报告了，非常感人，但是语速快，听众反应不过来，再慢一点。这次来家乡作报告，你要拿出主人的姿态，展示辽宁，待好客人，有什么事直接找我。"

40多年来，陈省长那种"坚持真理、坚守理想，践行初心、担当使命，对党忠诚、不负人民"的伟大精神和殷切嘱托，一直激励着我，引领着我，哺育我成长，使我这个普通的残疾人做人有镜子，做事有榜样，走路有方向。

陈省长听说我结婚了，爱人还是身体健全人，非常高兴，她让秘书给我送来了一对枕巾，并给我写了个纸条，上面写着："我原来想去给你买把暖壶，实在没有时间出去，就在家里找了一对枕巾，祝福你们。"我非常感动，在那个年代结婚有人送一对枕巾已经是不薄的礼物了，何况是省长在百忙的工作中想着我们这些小小的老百姓，而且这礼物里有期待、祝福和鼓励，意义是远大的、深刻的。

有一次，我拿出陈省长送我的这对枕巾给同事们看，没有想到，有人用不屑的语气说："你肯定给了她一个被面，才能换回一对枕巾，否则她怎么能送你枕巾？"我气得涨红了脸，觉得她们是"以小人之心度君子之腹"，是对美好情感的亵渎。为了那份洁净、没有一丝瑕疵的情感不受丝毫玷污，40年来我再没有向任何人提起过枕巾的事情。

陈省长对我找一个身体健全的丈夫有高兴，也有担忧，经常打听我们的生活情况，对我爱人刘厚明更是厚爱一层。每次我们去她家，她都会拿出一瓶酒，或者一些水果给刘厚明，她总说：小刘不容易，顶着家里压力和你结婚，又和你一起创办幼儿园，吃苦耐劳，应该得到大家的尊重。但是，我们给陈省长什么她都不要，她把我当小朋友，每次出国都给我们带回礼物，哪怕是一张明信片、一支笔。那个时候，陈省长还经常给我女儿送些水果和好吃的。

我女儿结婚时，陈省长特别高兴，她不顾自己年事已高，亲自去商店购买了一条金项链，并写下了祝福的词句。在我的心里，总觉得欠老省长的，不能总这样一头热乎。我就想等她的外孙子结婚时找个机会还一还，甚至托人帮我盯着，但还是没有盯住。等我知道她外孙子已经结婚时，我特意去陈省长家"表示"，她却淡淡地说他们没有在沈阳结婚，都完事了，说什么也不让我"表示"。

陈省长每次参加全国的党代会、人代会，都会给我寄一份首日封或明信片。有一次，党代会都闭幕了，我也没有收到首日封。我知道这是让集邮爱好者给截留了。后来见到陈省长，我说没有收到这次的首日封，可能是丢了。她第二天便让司机给我送来了一个首日封，并嘱咐司机到邮局盖上章。这一点一滴都体现了一位党的高级领导干部对老百姓初心不变的关怀。

她是离休的高级干部，老资格，可是从来都看不出她的"身价"：平时唠嗑，她就是邻居大姨，和蔼可亲，让你无拘无束，向她一吐为快；当你遇到困难，她就是妈妈，用爱的纯净情愫，让你抛开一切琐碎、无聊、丑陋、平庸，生命得到升华；当你遇到不公，她就是导师，用博大的胸怀，为你撑起一片蓝天。

陈省长在1997年创办了省人大女委员联谊会，并担任会长。她经常组织一些活动，自掏腰包请大家聚餐。参加活动的绝大部分是省里的领导，而我在2003年只是沈阳市的干部，但每次活动陈省长都叫我一起去参加。有一次我提前到达活动地点，一名省里的女干部也提前到了，我一进屋，她惊讶地脱口而出："你怎么来了？今天来参加活动的都是正厅级领导啊！"我心里咯噔一下，告诉她我接到陈省长的通知了。这名女干部也觉得自己说话冒失了一点，表情有所变化。活动结束后，我把这件事告诉了陈省长，说以后我不参加这个活动了。陈省长十分坚定地说："以后不邀请她参加了，你去你的。我们党内就是有很多干部，把自己的位置太当回事，她不在乎自己为党干了多少事情，却十分在乎自己是什么级别，和什么级别的人在一起。"以后每次活动，陈省长都把我叫到她的跟前，让我挨着她坐。活动结束后，她握着我的手先把我送上车，然后她再走。她的每一个言行都蕴藏着良好的涵养，不仅是在给我以尊重和自信，而且用行动给其他党员领导干部作出了榜样，教会他们如何去对待弱势群体和身体有残疾的人。

……

五年前，我申请提前从岗位上退下来，到北京去给女儿带孩子。陈省长知道后，赞扬我的勇气和情怀，鼓励我：你的女儿、女婿值得你这样奉献，但是你不能脱离社会，要经常看书学习，不断地丰富自己。我到北京后，陈省长经常打电话询问我在北京的情况，关心我女儿一家的生活，托人给我们带水果；我每次回沈阳，她都会安排我和大家见个面。她对我是不变的牵挂，永恒的祝福。

……

政声人去后，民意闲谈中。她无论是在副省长或是在省人大常委会副主任的位置上，还是退休后做一个普通的公民，都体现了共产党人的人格力量，赢得了民心。明大德、守公德、严私德，清清白白做人，干干净净做事，做到克己奉公、以俭修身，永葆清正廉洁的政治本色，永远是我们做官、做事、做人的榜样！

第一章 疫情下的真情送别

……

2021年7月9日,我回沈阳去陈省长家看望她,她非要坐起来跟我说话。因为在床上,后边没有倚靠的东西,大华姐①就让妈妈倚着她的后背坐起来。老太太坐起来后,两次伸手拿起盘子里的杏递到我的手里,非让我吃。我认识陈省长40年来多次去她家,这是她唯一一次没有出来接我,是我唯一一次走进她的卧室,也是我见她的最后一面。

每个人都会变老,但是,如果我们都像陈省长那样越老越优雅,有坦然面对衰老的勇气,不畏惧,不退缩,何尝不是一种幸福?

2021年9月10日,年逾八旬的沈阳市政协原主席赵金城发表文章——《深切怀念陈素芝大姐》,里面写道:

在陈大姐住院的最后一段时间里,我一直和陈大姐女儿大华保持着联系,想等医院疫情防控要求和陈大姐病情稍缓的时候,能到医院病房看看陈大姐。等啊等,突然在8月27日《辽宁日报》上,见到报纸第一版右下方有陈大姐的黑框照片,我的眼睛顿时模糊了,双手颤抖了。我和老伴两人的泪珠吧嗒吧嗒掉在《辽宁日报》上,两人半天无语。

赵金城在无比自豪地回忆了20世纪80年代中后期,辽宁省工会工作在陈素芝主席的领导下取得辉煌成就之后,深情地写道:

陈大姐是我特别崇敬的好领导、好老师和永生不会忘记的恩人。在深情悼念陈大姐的悲痛时刻,她在辽宁工会火红年代工作时的音

---

① 指陈素芝的女儿耶永华。

容笑貌，那些令我和我们家感人至深的温暖瞬间，一幕幕浮现在我们的眼前。

人们常说："行善无痕。"陈大姐就是这样一个不声不语、"润物细无声"地为一个又一个有困难的干部职工办实事的人。我敢说，全省不论哪个市总工会中，都会有干部职工被她关心、呵护的令人动容的故事。我就是其中之一。

1985年的时候，我家3口人，住房面积19.5平方米，两家共用一个厕所。也不知陈大姐是怎么知道我们家住房情况的，她就把情况直接告诉了时任沈阳市委书记李长春。长春书记知道后，对这件事很重视。有一天上午，快要上班的时候，他专程来我家实地查看。看过后，他诙谐地对我说："真有点委屈了工人运动领袖。"

不久，市委就给我解决了一处独立单元的住房。从那时至今，每当我想起这件事，内心总是特别温暖，仿佛有一种鞭策的声音，不时在耳边响起：你一定要严格要求自己，把工作做得更好些；否则，你真对不起组织上对你的厚爱，对不起素芝主席、长春书记对你的关怀。

2018年4月，我收到了陈大姐寄来的一封信。信中写道："金城主席：您好！听说你从三亚回来了，休息得很不错。祝你们两位永远幸福。我收拾书，发现有你一张照片，我看很好看，送给你自己保存吧！陈素芝 2018/4/9"。我忙翻看信封，里面有一张杂志的封面和封二。在封二有一组照片，其中有我的一张照片，是在参加一项活动时拍的。这时，我感动得泪水夺眶而出，立即给陈大姐打了电话，用有些沙哑的声音对她说："陈大姐，信和照片我都收到了。谢谢您！您还称呼我'主席'，这怎么行？！一张照片，这点儿小事，您还想着我……"陈大姐似乎听出来我哭了，她说："照片收到就好，要保存好。"

我，这辈子，遇上陈大姐这样一位我特别崇敬的好领导、好老师和永生不会忘记的恩人，真乃无上幸运！

赵金城的文章，引发了沈阳市直机关退休干部的共鸣。

网友"泉水"：看到沈阳市政协原主席赵金城写的这篇文章后，我非常感谢！他已经是近80岁高龄的老人了，一笔一笔地写出陈素芝老省长在工会当领导时对事业的推动、对工会干部的关怀等行善无痕令人动容的真实故事。其实，金城主席也是这样的领导，也是这样的人。

似乎言未尤尽，不久"泉水"又再次发文感怀：

重温赵金城主席的怀念文章，还是心潮澎湃，热血沸腾！总有想流泪的感觉！

我在想，一位德高望重的领导干部能受到这么多人的怀念，究竟是什么巨大的魅力令人敬仰、令人难忘呢？！从您们的回忆录中我找到了答案！

不忘初心，牢记使命。

陈主任无论担任何种职务，都是不忘初心、牢记使命的践行者！注重理论指导工作，注重调查研究，注重密切联系群众！真正把人民群众放在心上，心贴心，心连心！大到领导干部，小到工人群众，她都是以大姐的姿态去关爱他们。这种亲民、爱民的初心，怎能不让人感动！怎能不让人迸发出爱党爱国的忠心和力量呢！

凡是直接或间接得到陈主任的领导和帮助的同志们，无不感叹老人家身上的无穷无尽的魅力！她是辽宁人的骄傲！她是妇女干部的领袖！她是领导干部的楷模！她是永远活在我们心中的好大姐！

随着高鹏等人的文章在网上广泛流传，对老领导的怀念也扩展到社会各界。

沈阳善缘寺主持盖成师傅将老领导担任省人大常委会副主任期间来寺视察《宗教事务条例》落实情况时的多张合影照片整理收集起来，以示怀念，并且回顾了当时两个人对话的生动情景。

似乎觉得发文章怀念仍不足以表达对老领导的热爱与怀念之情，盘锦市人大常委会原副主任马淑清还将徐恩志作词、刘青作曲的歌曲《妈妈，您快留步》，改编成纪念老领导的歌曲《永远的楷模》：

> 走一步泪双目，
> 朦胧中望向花团锦簇。
> 惜别中悲痛把心蒙住，
> 追思过往，
> 历历在目，
> 音容仿佛。
> 永远的楷模，
> 师友手足。
> 峥嵘岁月几十载，
> 风雨同舟共甘苦。
> 永远的楷模，
> 师友手足。
> 披荆斩棘手挽手，
> 幸得您引路。
> 天地人间，
> 您是旗帜在心中永驻。
>
> 走一步泪凝固，

呜咽中回眸铮铮铁骨。

春风里您伴我们一带一路。

羽化涅槃，

扬帆再闯，

百年征途。

永远的楷模，

师友手足。

为党为国不忘初心，

衣钵植沃土。

永远的楷模，

师友手足。

天地人间您是旗帜，

在心中永驻。

2021年10月14日上午，福建省总工会原主席韦立专程来到沈阳，在耶永涛、杨军、赵凤民和高洋的陪同下到回龙岗革命公墓祭拜老领导。

20世纪80年代，全国工会系统有"女中四杰"，其中包括辽宁省总工会主席陈素芝、湖南省总工会主席刘玉娥、陕西省工会主席薛昭鋆和武汉市工会主席李梅芳。韦立是1987年至1995年担任福建省总工会主席的，一直将"女中四杰"视为自己的学习榜样。

2014年10月22日，李梅芳不幸因病去世，年事已高的老领导和刘玉娥、韦立都专门送去挽联表示悼念。

韦立是个重情重义之人。她丈夫卢叨是1932年参加革命的老同志，革命战争年代，经受过地下斗争和游击战争的考验，解放后曾先后担任福建漳州地委书记、福建省委党校党委书记、福州大学党委书记、福建省政协副主席。卢叨在"文化大革命"中遭受"左"倾错误路线的审查批判，历经磨难，被撤销党内外一切职务，党的十一届三中全会后才得以平反昭雪。在政治境遇十分困难的情况下，韦立保存了2080封卢叨同她及女儿的书信，记录了他们初心不改、风雨同舟的革命意志和深厚情谊，改革开放后还正式出版了一本书信集。

1986年10月，我随同老领导到福建考察工会工作，当时的省总工会主席是林顷。那时韦立还没有到省总工会工作，所以我同她不认识，但是从老领导那里我对她的名字早已耳熟能详。

老领导晚年时，曾经几次同我念叨起她在工会系统工作时结识的这几位老朋友，特别痛惜地说："李梅芳、薛昭鋆她们都走了，只有我、刘玉娥和韦立了。"可是如今她也不在了。

俗话说：物以类聚，人以群分。韦立能够专程从福建来到辽宁悼念老领导，足以见得，她们都是不忘初心和使命的党的优秀高级领导干部。

网上络绎不绝的怀念文章、诗词以及歌曲，引发很多熟悉和不熟悉老领导的人们的深思，也更加促使我们这些曾经在她身边工作过的秘书们思考：一位已经离开领导岗位多年的副省级女领导干部逝世，为什么能在那么多人心中掀起如此之大的情感波澜？他们迫切地希望从对陈素芝的更多了解中，进一步走近陈素芝，以便透过她的人生轨迹和内心世界，弄清楚她身上的光芒和魅力究竟来自哪里，人们对她如此敬仰和怀念的动因到底是什么，进而将陈素芝留给后人的宝贵精神财富，不断发扬光大⋯⋯

而我作为陈素芝曾经的老秘书，有幸与她结识36年，有责任和义务将我所熟悉的真实的老领导，展现给所有关心、关爱、关注她的人，用饱蘸浓情的笔，写好、讲好陈素芝的故事。借用杨军的话说：仙人西去，众人怀念，故出文传，以泽后人。

第二章
属羊女向命运抗争

1931年初春。春风乍起，杨柳吐绿。

黎明时分，沈阳市东陵区①汪家乡刘富屯村一间简陋的民房里，传出一声清脆的婴儿的啼哭。

这一天是农历辛未羊年三月十六日，老领导出生在村里一户贫苦的满族家庭中。

旧时，中国民间有一种说法：属羊的女孩命苦，特别是三月羊，因为这时青黄不接。不管这是不是迷信，但老领导的童年确实是苦难的。

老领导的父母都是老实巴交、本本分分的农民，老领导出生时，她的上面还有6个哥哥、姐姐。

由于家境困难，老领导出生后，母亲的奶水不足，只能给她喂一些米糊糊充饥。再长大一点，母亲就将煮熟的高粱米饭嚼碎喂给她吃。由于先天不足加营养不良，老领导小时候长得非常瘦弱。

自从认识了老领导，特别是后来有幸在她身边工作后，我一直对她

---

① 2014年6月17日，经国务院批准正式更名为浑南区。

的名字有一种好奇。按说她出生的那个年代，农村贫苦人家给女孩起名都是很随意的，大都以"兰""珍""花""草"作名，乡土气十足。起名"素芝"，虽然也很朴实，但含义很不一般。如果文雅一些探究，可形容为"素心芝兰"。"素心兰"是中国兰花中的一类。常见的素心兰，花瓣颜色纯，花色可以为任何颜色，但必须是同一颜色，没有其他颜色的条纹或斑点。素心兰自古被视为兰中珍品，如果同时具有梅瓣、水仙瓣、荷花瓣或奇花变异，则为极品。有道是人如其名。当初父母给她起名"素芝"，不管是出于何种考虑，对她后来的成长都是意义非凡的。

当然这都是后话。老领导的童年和少年时期都是在贫苦和劳作中度过的，没有一点雅致和浪漫。

老领导长到一岁半时，家里发生了大变故：父亲在给地主扛活时劳累过度，得了肺病，由于无钱医治，不久便去世了。父亲是家里的顶梁柱。老领导曾经说过，她小时候还没有来得及记住父亲的模样，就永远地失去了父亲对她的疼爱。此后家里只能靠三个稍微大一点的哥哥给地主扛活来维持生计。

老领导慢慢开始长大后，虽然身体瘦弱，但是头脑聪明，心气很高。尽管家境贫寒，生活困难，但是阻挡不住她求知好学的劲头。那时的她，凡是走到有文字的地方，虽然自己不认识，却总要停下脚步，认真观看，然后便拿起树枝或者石块在土地上一笔一笔地摩画下来；平时路过村里的学校，也总要停住脚步，倾听里面发出的琅琅读书声，心里暗暗期盼：一定要想办法到学校学习读书写字。

当时，看到妹妹对读书写字如痴如醉的样子，哥哥姐姐们都劝她：女孩子，认命吧！

但老领导就是不认命。经过努力，她在10岁那年终于实现了上学的愿望。

但是读书的费用，并不是靠家里的资助，而是靠她自己冬天到火柴厂打工、夏天在路边卖香瓜挣来的。

尽管这样的学习又苦又累，但她还是咬着牙坚持读完了高小，而且学习成绩很好，每个学期都考第一，还因此担任了年级长。

后来，单靠她柔弱的身躯挣来的钱，已经无法满足学费的要求，她只好含泪辍学。

当时，哥哥姐姐们都为她因交不起学费不能继续升学而感到惋惜。

老领导小时候就有一股不屈不挠的犟劲。不能到学校里面读书，她就像从前一样，从农村的大墙、商家的店铺等有字的地方自学。20世纪80年代中期，我开始给老领导当秘书，那时她将住在抚顺的三姐接来帮助照顾家务，我与耶永伟、耶永华年龄相仿，也称她为"三姨"。三姨平常很愿意和我唠嗑，我一去她就同我谈起过去家里面的事情，总是夸奖她的这个妹妹从小聪明、爱学习。一说到这里，她便感叹道：那时家里太穷了，耽误了素芝的学习，不然她会更有出息！

我也总是同她开玩笑：你妹妹现在都当副省长了，难道还不算出息吗？

她听完就笑了，然后道：那时候要能多学习点，现在就不用这么累了。你看她，每天很晚才回家，放下饭碗，就又得读书看报……

1945年8月15日，在中国共产党的领导下，中华民族万众一心，在艰难困苦中取得了抗日战争的伟大胜利，老领导家里也迎来了一段安稳的日子。

但是好景不长。由于国民党背信弃义，不久又悍然发动内战，千千万万的劳苦大众，只能忍气吞声继续生活在水深火热之中。

1947年初，国民党为了适应内战的需要，指令沈阳兵工署第九十工厂招收工人。为了养家糊口，老领导在还没满16岁的年纪进了其中的枪弹厂当徒工。

百姓心中的好人好官——追忆老领导陈素芝

国民党第九十兵工厂的前身，是1926年由奉系军阀张作霖建造的奉天迫击炮厂。据史料记载，张作霖统治东北时期，为了发展军事，壮大防御力量，于1922年在沈阳北大营成立了修械司，聘用英国人沙敦专门负责制造迫击炮。1926年，张作霖将修械司改建成奉天迫击炮厂，下面分设炮弹厂、翻砂厂、制造厂，企图通过扩大生产规模来夯实自己的东北王地位。但是时运不济，1928年6月，震惊中外的"皇姑屯事件"爆发，张作霖惨遭日本人杀害，他的"军工梦"也就此完结。

此后，少帅张学良子承父业，执掌了东北的军政大权。少帅比他父亲大帅更有魄力。1929年1月11日，在张作霖去世仅半年，张学良便枪毙了桀骜不驯、势大欺主的杨宇霆和常荫槐。肃清政敌后，张学良于2月宣布"东北易帜"，同蒋介石领导的国民党南京政府实现"统一"。至此，少帅也终成"大帅"。

张学良主政东北后，大力主张发展民族工业，指令奉天迫击炮厂自主生产汽车。1931年5月31日，我国第一辆国产汽车——民生牌75型载货汽车在奉天迫击炮厂下线。这辆汽车除了发动机曲轴等少数部件是委托国外厂家依照本厂设计图样代为制造外，其余部件都是由本厂所制，开创了民族工业自力更生的先河。

就在张学良雄心勃勃，准备依托奉天迫击炮厂发展民族军事工业时，1931年九一八事变爆发，被称霸世界的野心冲昏头脑的日本关东军，迅速占领了奉天迫击炮厂，然后在此基础上先后建立了伪满实业部和同和自动车工业株式会社，奉天迫击炮厂也因此成为迫害中华民族儿女的基地。

1945年8月15日，抗日战争胜利后，国民党政府将奉天迫击炮厂改建为沈阳兵工署第九十工厂，不幸的是，它的攻击目标同日本人一样，仍然是中华民族的优秀子孙，因而成为国民党发动反动内战的工具。

老领导回忆说，她入厂后，由于年小体弱、个子又矮，所以干起活来特别吃力，时不时地遭到工头的训斥和打骂。但是倔强的她硬是咬着牙，忍着泪，含着恨，一天天顽强地挺了下来。

抗日战争胜利后，中国人民面临着两种命运、两种前途的选择。为了争取人民革命的成功，实现人民的解放，中共中央及时作出"向北发展，向南防御"的重要战略决策，明确指出："只要我能控制东北及热察两省，并有全国各解放区及全国人民配合斗争，即能保障中国人民的胜利。"

9月14日，中共中央政治局在延安决定成立中共中央东北局。9月15日，彭真、陈云、叶季壮、伍修权、段子俊和莫春和等六位同志乘坐飞机离开延安赶赴东北。9月18日，他们从山海关抵达沈阳，随后成立了由彭真任书记，陈云、程子华、伍修权、林枫为委员的东北局。此后为加强北满广大地区的党政与军队工作，中央又决定成立北满分局和北满军区。11月16日，中共北满分局在哈尔滨成立，陈云任书记兼北满军区政委，高岗任副书记兼北满军区司令员。分局委员有张闻天、张秀山、李兆麟。北满分局领导松江省委、黑龙江省委、嫩江省委、合江省委、牡丹江省委和哈尔滨市委。

这时，坚持要独占全东北的国民党反动派，在美国的援助下，分海陆空三路向东北大举运兵，攻占了已被人民解放军解放的山海关、锦州等要地。东北的军事斗争已经不可避免。毛泽东主席预见到了这一斗争对于全国局势具有特别重大的意义，12月28日，他在为中共中央起草的给中共中央东北局的指示中，再次明确提出"建立巩固的东北革命根据地"的战略目标，确定了中国共产党在东北的任务是在距离国民党占领中心较远的城市和广大乡村，建立巩固的根据地，发动群众，逐步积蓄力量，准备在将来转入反攻。根据毛泽东主席的指示，中共中央陆续派遣大批干部和部队进入东北，与东北抗日联军会合，领导东北人民消灭日军和伪满的残余，肃清汉奸，同时剿除土匪，建立各级地方民主政府。

由于东北局有效地实现了党中央确定的战略方针，从而在三年之后陆续取得了解放全东北的伟大胜利。

1948年11月2日，沈阳的大街小巷敲锣打鼓，鞭炮齐鸣，市民们载歌载舞，热烈欢庆沈阳的解放。

11月3日，已经接管了第九十兵工厂的东北军区军工部给每个工人发放了一袋高粱米和10元钱。当老领导将这些东西拿回家时，全家人别提多高兴了，因为终于结束了常年为吃饭而发愁的日子。老领导和全家人都从心里感谢共产党和解放军。

2022年春节前夕，在一次友人聚餐中，我见到了辽宁社会科学院原副院长、著名文学家彭定安老先生，无意中同他谈起了老领导陈素芝。彭院长激动地说，20世纪80年代初，他夫人在辽宁日报工作，采访过时任沈阳五三工厂厂长的陈素芝，其中对陈素芝谈起沈阳解放时她扛着一袋高粱米回家的这段往事记忆犹新，感慨万分。

不久，东北军区军工部在第九十兵工厂的基础上重新组建七个兵工厂，老领导所在的枪弹厂为沈阳兵工总厂第三兵工厂，老领导也因此成为兵工厂里第一批女兵工，被分配到四车间，从此便参加了革命工作。

最初，工厂由解放军派来的军代表领导，当时叫监委，后来改为政委，第一任政委兼副厂长是莫文祥。说起这个莫文祥，可是个老革命。他1923年10月出生于山东省夏津县，1938年15岁时在家乡参加了革命，同年7月加入中国共产党，此后历任八路军一二九师津浦支队通讯员，河北抗战学院十五队指导员，八路军一二〇师政治部宣传干事、秘书、巡视团副团长，晋绥军区连长，东北民主联军总政治部干事。

解放军接管后的第一项任务，是将工厂搬迁到沈阳市政府附近。那时，老领导虽然仅有17岁，但是和老师傅们一样，不管白天黑夜，拼命地抢建厂房，维修设备，有时还要冒着国民党飞机轰炸的危险，经过一个多月的大干、苦干，终于顺利完成了搬迁任务，工厂随后便投入了试生产和生产。当上级下达的第一批枪弹生产任务胜利完成时，工厂召开了庆功大会，莫文祥等厂领导为先进生产者颁发奖状并佩戴大红花。此情此景让老领导和工友们真正感受到新中国工人阶级的使命和荣光。

在以后的日子里，为了更好地掌握生产技术，提高思想觉悟，老领导每天早来晚走，积极向老师傅拜师学艺，虚心求教。她在生产中不怕脏、不怕累，虽然年纪小、个子矮，又是女孩子，但是生产质量和数量一点也不比别人差。

从此，老领导这位属羊女的命运，在悄然中慢慢开始了翻天覆地的变化。

1949年9月，第三兵工厂正式定名为国营五三工厂，对内代号321厂。由于当时沈阳刚解放，共产党组织还处于地下，但老领导的优异表现早已被党组织看得一清二楚。

1949年10月1日，中华人民共和国成立，劳动人民从此当家做主，成为国家的主人。金秋里的一天晚上，名叫于凤进和徐静文的两位师傅偷偷找到年仅18岁的老领导，把她带到一个僻静处，神秘地对她说："我们是工厂党组织的代表，这段时间里我们一直在暗中考察你，发现你响应党和毛主席的号召，工作积极，好学上进，尊重师傅，团结群众，遵守纪律。根据你的表现以及对你家庭、个人的审查，党组织决定接收你为中国共产党预备党员。"说完便将一份"入党志愿书"递给她。

老领导那时年轻，见此情景，傻愣愣地站在那里，半天没有说话，然后竟激动地哭了起来。

在两位师傅的抚慰下，老领导用颤抖的手郑重地在"入党志愿书"上写下自己的名字。

百姓心中的好人好官——追忆老领导陈素芝

1949年12月，老领导被上级党组织正式批准加入中国共产党，预备期三个月。

这时，党组织已经完全公开，在鲜红的党旗下，老领导和其他新党员一起，郑重地举起右手，向伟大的中国共产党庄严宣誓：

"我志愿加入中国共产党，承认党纲党章，执行党的决议，遵守党的纪律，保守党的秘密，随时准备牺牲个人的一切，为全人类彻底解放奋斗终身。"

三个月过后，经过党组织的考察，老领导如期转正。

成为光荣的中国共产党党员后，老领导变得更加开朗、热情和积极了，各项工作都走在工友们前头。1950年7月，她被提拔为四车间工段长，成为工人的带头人。

1950年6月，美国军队从仁川登陆，朝鲜战争爆发。10月19日，为了保家卫国，中国人民志愿军在司令员兼政治委员彭德怀的率领下，雄赳赳、气昂昂地从祖国东北边境城市安东（也就是现在的丹东），跨过鸭绿江，开赴抗美援朝最前线。

不久，为了支援前线，工厂开展了"创造生产新纪录竞赛"。老领导带领工段工友24小时吃住在车间里，主动提出"前线要多少，就保证生产多少；前线什么时候要，保证一分一秒不差准时送到"的口号。他们"歇人不歇马"，生产连轴转，大家倒班干，困了就躺在机床旁的地上迷糊一会儿，饿了就到食堂吃口饭。最后，老领导个人以及她所带领的工段，都获得了"创造生产新纪录竞赛奖"。

政治觉悟能够提升人的品质，科学文化可以改变人的命运。此后，党组织为了提高老领导的政治觉悟和文化水平，将她送到东北工人政治大学学习。结业时，老领导所作的学习总结，在全队大会上受到表扬。

在生产和工作实践中，老领导的才华不断显露，党组织对她培养的步伐也加快了。1951年7月，老领导离开生产车间，担任厂党委宣传部干事。

第二章 属羊女向命运抗争

在那段激情燃烧的岁月里，老领导不仅在政治上、思想上、工作上不断进步，而且还在党组织的关怀和帮助下，于1952年组建了自己幸福的小家庭。

老领导的丈夫名叫耶林，也是一名中共党员。促成这桩婚姻的大媒人，是工厂的军代表、政委莫文祥。

如果从世俗观念说，耶林当时的条件要好于老领导。

耶林生于1929年农历腊月三十，也就是大年三十，年长老领导一岁。老家是丹东凤城，本姓"回"，回族人。1947年参加革命工作后改姓"耶"，起名耶林。

与老领导出身贫苦不同，耶林生于当地有名的中医世家，从小识文断字，长大后"国高"毕业，参加革命后又被党组织送到东北军政大学辽东分校学习。由于学历高、文笔好，东北解放后被分配到辽宁省第二机械工会（后合并到省总工会）工作。

据老领导后来给我讲述说：尽管耶林的条件很好，但当时她还有些犹豫，主要是因为耶林家是回族，有很多风俗禁忌，她担心以后生活在一起出矛盾。但是耶林却不以为然，他非常诚恳地对老领导说，自己已经参加革命多年，在生活上早没有了禁忌，所以请她不必担心。只要尊重一下父母的民族习惯就可以了。

老领导是个通情达理的人，话只要说开了，事情就好办了。结婚后两人相亲相爱、举案齐眉，老领导把公公婆婆视为自己的父母，

→陈素芝与耶林的结婚照

所以和丈夫和和睦睦地生活了一辈子，此是后话。

20世纪50年代，是第二次世界大战后世界两极格局对峙最为激烈的时期。

随着以苏联为首的社会主义阵营与以美国为首的资本主义阵营之间的矛盾不断激化，两大阵营不仅在政治制度与军事实力上展开全方位的竞争，还在两种不同的经济发展道路上展开了激烈的较量。

当时，身处社会主义阵营的中国，在对外关系上采取"一边倒"政策。资本主义阵营因此对中国采取政治孤立、经济制裁与军事封锁的战略、策略。特别是朝鲜战争的爆发，更加剧了东北亚地区的紧张局势，中国面临周边战争的严重威胁。如何快速发展经济特别是重工业和军事工业，巩固新生的社会主义政权，成为当时党和国家的首要任务。

解放前，我国现代工业在国民经济中占比很小，而且主要是轻工业，还多半集中在东南沿海地区，所以依托苏联和东欧社会主义国家的资金与技术援助，在抗日战争和解放战争遗留的废墟上建立东北重工业基地，便显得尤为重要。

面对严峻的国际国内形势，时任五三工厂党委书记的莫文祥和厂长高方启，以安全生产为中心，创造了紧紧依靠工人阶级、加强党的领导、实行厂长负责制与民主管理相结合的先进经验，同时带领干部职工制定了一系列推动生产改革的措施，通过开展社会主义劳动竞赛，使管理水平和生产效率不断提高，1951年五三工厂生产的各种枪弹比1950年增加了4倍，1953年的产量又在1952年的基础上翻了一番，而且极大地降低了成本，从而走出了一条依靠工人阶级管理工厂的新路子。五三工厂的做法，受到国家相关部门的高度重视和充分肯定。

1952年12月24日，根据中共中央和周恩来总理的指示，政务院财政经济委员会和中华全国总工会联合决定，授予沈阳五三工厂"全国模范工厂"称号，五三工厂也因此成为东北重工业基地建设的典型。而这个称号，直至今日也只有五三工厂一个企业获得，成为全国唯一。

1953年1月，五三工厂再获殊荣，中央人民政府副主席、中国人民解放军总司令朱德亲临工厂视察。他走到机修车间时，主动同定额组组长郭成邦握手，和蔼地问道："你认识我吗？"由于当时朱老总戴着一个大黑口罩，郭成邦注视了好一阵，摇摇头憨厚地说："有些面熟，不认识。"朱老总摘下口罩，郭成邦脱口而出："朱老总！朱总司令！"旁边的工友闻听此声，立刻停止了工作，欢呼起来。

朱总司令参观结束后，亲笔为五三工厂题词："你们是依靠工人阶级搞好工厂企业的模范"，并亲手赠送了一面锦旗。这个殊荣，令全厂职工备受鼓舞。现在这面锦旗已经成为国家一级文物，收藏于丹东抗美援朝纪念馆。

在这些殊荣中，当然也有老领导的一份功劳。

从1953年起，我国开始学习苏联经验，以五年为一个时间段来制定国家中短期发展规划，从此进入第一个"五年计划"时期，简称"一五"时期。

第一个五年计划的主要任务，一是集中力量进行工业化建设，二是加快推进各经济领域的社会主义改造。在工业化建设方面，我国的战略重点是优先发展重工业，借以建立起现代化的钢铁工业、基本化学工业等，为先进的社会主义制度奠定坚实的物质基础。而实现这个战略目标，辽宁居于首要地位。当时在苏联的援助下，国家确定了156个重点项目，辽宁的鞍钢、本钢、抚顺煤矿、阜新煤矿，以及沈阳的一些大型国营企业都参与其中，"共和国的长子"由此诞生并逐渐成长起来。而其中的43个军工项目，兵器部承担了16项，当时的主要骨干企业大部分在辽宁，比如沈阳的五三工厂、七二四厂，辽阳的三七五厂等。

在那火红的年代和激情燃烧的岁月里，五三工厂的干部工人以强烈的主人翁责任感和忘我的奉献精神，投入到大干快干的热潮中，工人孙

百姓心中的好人好官——追忆老领导陈素芝

兆增完成了自动涂漆机、包装真空封闭自动化等多项技术革新。经过全厂各部门的共同努力，1956年五三工厂完成了"五三式"7.62mm普通弹的试制和定型工作。这是新中国生产的第一批制式子弹，为推动军工企业发展，胜利完成第一个五年计划，作出了特殊贡献。

新中国军工企业的发展，急需广大干部职工努力提高自己的政治觉悟和技术水平。

在亲身参与五三工厂搬迁、创业的过程中，慢慢成熟起来的老领导越发察觉到自己文化知识的不足。为了紧跟时代步伐，一贯积极上进的她不甘落后，在繁重的工作之余，报名参加了工厂夜校，开始学习初中和高中课程。1953年，大儿子耶永伟出生，在给她带来无比喜悦的同时也给她的工作和学习增加了新的困难。一向要强的老领导知难而进，孩子刚满月她就投入到工作和学习中来。一年半之后，女儿耶永华出生。老领导仍然像生完大儿子时一样，硬是咬着牙克服了生育、哺乳等诸多特殊困难，从来也没有休满56天产假，终于在不影响正常工作的情况下，读完了初中和高中的全部课程，并在毕业时被工厂夜校评为"优秀学员"。

陈素芝与东北工人政治大学同学合影

学无止境。不断攀登知识高峰，从此成为老领导一生的追求。随着两个孩子慢慢长大，她又在东北工学院读了三年夜大，进修了企业管理课程。接着又在中国人民大学函授学习了两年党史专业。

老领导原本只有小学文化，但她竟然在养育两个年幼孩子的情况下，用业余时间攻读了大学的企业管理和党史专业，这其中究竟吃了多少苦、遭了多少罪，只有她自己知道。

30年后，当老领导走上副省级领导岗位时，很多人以为她出身工人，肯定是个大老粗，只不过是靠着先进人物的光环，借着少数民族和女同志的特殊身份上来的。其实这是一个天大的误解。

有付出必有回报。

1955年，老领导被工厂党委提拔为车间党支部书记。在车间一线工作了两年多，1958年初，她再次被提拔为厂党委宣传部副部长。

当时，沈阳市委常委、宣传部部长霍遇吾在五三工厂蹲点，发现老领导不仅学习刻苦，而且能学以致用，便提议同她编写一本《宣传员手册》，以提高全厂宣传干部的理论水平和业务能力。工人出身的干部要著书立说，这是老领导做梦都想不到的，所以最初她还有些犹豫，担心自己能力有限，后来在霍遇吾的鼓励、指导下，终于顺利完成了这项看似不可能完成的任务。

通过这件事，老领导进一步品尝到了"知识就是力量"的甜头，她对业余学习的劲头也越来越大。1958年，为了加快国家工业自动化发展速度，北京工业学院自动化系面向全国军工企业招生，老领导再次报考并被录取。但沈阳市委宣传部考虑到她在工厂从事的是思想政治工作，便建议工厂党委送她到新开办的辽宁大学哲学系毛泽东思想研究班学习。工厂党委接受了沈阳市委宣传部的建议。

已经对学习如饥似渴、如醉如痴的老领导，一进入辽宁大学哲学系就一头扎进浩瀚的知识海洋。

白天，她坐在教室里认真听取各位专业老师的授课，恨不得把老师的每一句话都记录在笔记本上，并随时进行复习，遇到不懂的地方，便大胆向老师求教。

晚饭后，她总是第一个走进图书馆，仔细查阅资料，整理笔记，撰写论文，时常忘了闭馆时间。

由于老领导当时是一名具有8年党龄的"老"共产党员，所以在辽宁大学学习期间，她还担任了哲学系党总支副书记和毛泽东思想研究班党支部书记。

当时的辽宁大学代校长是陈放。他于1914年出生于辽宁省盖县，早年曾在日本东京法政大学学习，后回国参加革命，1938年加入中国共产党，后来担任过延安马列学院研究员、中央党校教员、吉林省辽源市市长。新中国成立后，他历任中共中央东北局宣传部理论教育处处长，东北财经学院副院长，辽宁大学副校长、代校长，是一位具有很高理论素养的学者型领导。

陈放对哲学系新开办的毛泽东思想研究班非常重视，一有时间就去听课或者亲自参加学员讨论。由于老领导学习刻苦钻研，政治理论水平提高很快，而且语言表达能力很强，所以很受陈放校长的赏识。

在辽宁大学哲学系学习期间，老领导在陈放校长和班主任马云老师的帮助指导下，与其他7名同学共同编写了《毛泽东思想研究》一书，并公开出版发行。

如果说在工厂时编写的《宣传员手册》是通俗读物，那么

——陈素芝与辽宁大学哲学系同学合影

《毛泽东思想研究》则是学术著作了。

我在给老领导当秘书之后，曾经听到辽宁社会科学院的老同志介绍说，当年陈放曾经一度想让陈素芝担任自己的秘书。由于陈素芝更钟情于企业，所以没能如愿。此事是否准确，我没有做过考证。但是经过辽宁大学的知识熏陶和政治淬炼，老领导后来的成长进步幅度越来越大却是事实。

1960年11月，老领导被厂党委任命为厂党委常委、政治部副主任兼宣传部部长，从而进入了大型军工企业的最高领导层。此时的她年仅35岁。

当时她的大儿子耶永伟7岁、女儿耶永华6岁，都是需要父母照看的年龄。可是丈夫耶林工作很繁忙，她自己又刚刚走上工厂领导岗位。为了不辜负党组织对自己的培养，更加全身心地投入工作，老领导几经考虑，并得到丈夫的支持，最后下决心将婆婆从凤城接到沈阳帮助照看两个孩子。正是因为有了婆婆的无私帮助，才使她心无旁骛地在这个新的岗位上脚踏实地地工作了6年。

当时，正值国家实施第二个五年计划时期，辽宁的工人阶级发扬大干苦干加巧干的精神，大搞技术革命和技术革新，进行社会主义劳动竞赛，涌现出了孟泰、王凤恩、吴家柱、尉凤英等一大批闻名全国的劳动模范，成为中国工人阶级的先进代表。老领导以这些劳动模范为榜样，在五三工厂内，大力加强职工队伍的思想政治工作，掀起了"比学赶帮超"的竞赛热潮。

20世纪五六十年代，是五三工厂最为辉煌的时期，除了朱德总司令外，周恩来总理、彭德怀元帅、陈毅元帅、陈赓大将、罗瑞卿大将，以及李立三等老一辈无产阶级革命家都先后前来视察过。

天有不测风云。

就在老领导准备将学到的政治理论知识付诸生产实践，引领干部工人为胜利完成第三个五年计划大踏步前进时，1966年春"文化大革命"开始了。在那个是非颠倒、黑白混淆的年代里，一些所谓的"革命造反派"，以崇尚极左为荣，以造反夺权为乐，打着"革命"的旗号，把斗争的矛头指向了工厂领导和一些专家。他们的第一支毒箭就直接射向了担任厂党委常委、政治部副主任兼宣传部部长的老领导，将她定性为"执行资产阶级反动路线，镇压群众运动的刽子手"，不仅罢了她的官，还声言要开除她的党籍。随后不久，工厂党委班子里的其他7名成员也都被造反派"拉下马"，并用大卡车将他们拉到工厂外面进行"游街批斗"，振臂高呼要将他们"批倒斗臭"，"再踏上一万支脚"，让他们"永世不得翻身"。

耿直的老领导，坚决不承认造反派给她罗织的罪名，还给第五机械工业部（简称五机部）、省委组织部和沈阳市委写信控告造反派的胡作非为。但在那个特殊的年代里，这封信又被转回工厂，再次落到造反派手里。造反派当然不能臣服于一个弱女子，对老领导的批判不断升级，把批判她的大字报和大标语由工厂里搬到工厂外，由内部职工批判转到联合一些高校师生共同批判；从批判她执行资产阶级反动路线转到批判她推行反革命修正主义路线；从批判她是国民党特务转到批判她是反军黑干将……尽管造反派对老领导的批判愈演愈烈，但是批来斗去他们也没有挖到老领导的所谓"罪证"，最后只能给她扣上一顶"资产阶级保皇派"的帽子，将她下放到车间劳动改造。

不久，在省总工会机关工作的丈夫耶林，也被下放到昭乌达盟喀喇沁旗红旗公社进行劳动改造。婆婆带着不满6岁的耶永涛跟随前往，而稍大一点的耶永伟和耶永华则和妈妈留在沈阳。一家六口人从此被迫分隔两地。

在那段特殊的日子里，老领导清扫过院子，收拾过厕所，抢修过设备，搞过基建，各种脏活、累活干个遍。尽管受到非人的对待，但是老领导坚信"道路是曲折的，前途是光明的"。她始终相信群众，相信党，每天怀揣一本当时最为时髦的精装合订本《毛泽东选集》，一有时间就拿出来学习，并且写下读书笔记。很多人对此不理解，她甚至还受到造反派的讽刺打击。

在劳动改造期间，老领导由于拒不交代所谓的问题，被"造反派"视为"认罪态度不好"，所以直到1971年1月才成为最后一名被"解放"的对象。但是造反派仍然给她留了一个"尾巴"，随时抓住不放。

老领导获得"解放"后不久，便又重新走上了领导工作岗位，担任五三工厂革委会政工组副组长。在派系斗争仍然持续进行的情况下，老领导尽其所能，为恢复工厂秩序，确保"抓革命，促生产"顺利进行，付出了极大努力。

1973年7月，根据五机部的指示，沈阳五三工厂承担了援建南也门项目任务。厂长李子敏被部党组任命为专家组组长，但是在副组长的人选上却出了问题。当时工厂处于军管时期，在位的革委会成员没有人愿意去，军管会就想到了老领导。她因此临危受命，被任命为专家组副组长。而此时，丈夫耶林带着小儿子耶永涛刚从昭乌达盟回到沈阳，一家人团聚的愿望又破灭了。从此，全部家务都落在了婆婆一人身上。

这本来是一项无人愿意承担的艰巨任务，但是造反派却认为老领导想借机逃避革命。直到老领导已经出国，造反派还在给她写大字报，批判她"走资派还在走，走到国外去了！"

南也门是旧称，全称也门民主人民共和国，1967年成立。与它相对应的还有北也门，全称阿拉伯也门共和国，1962年成立。

阿拉伯也门共和国和也门民主人民共和国在历史上曾经是一个国家，地处亚洲阿拉伯半岛西南部。

在也门萨巴王朝时期，马里卜古坝曾创造过盛极一时的阿拉伯文明，被称为绿色的也门和阿拉伯文明的摇篮。16世纪初，也门沦为土耳其奥斯曼帝国的属地。1839年，英国殖民主义者占领亚丁。1914年，英国与土耳其签订《英土条约》，将也门分隔成南北两部分。

1918年，北也门摆脱土耳其统治，宣布独立，建立了穆塔瓦基利亚王国。1962年，也门"自由军官"集团推翻巴德尔王朝，建立阿拉伯也门共和国。

南也门受北也门独立的影响，于1963年爆发了反英武装斗争。1967年英国被迫同意南也门独立，也门人民共和国成立，1970年改称也门民主人民共和国，对外宣布走社会主义道路。

正是在这个历史背景下，中国才派专家组支援南也门的社会主义建设。

专家组来到南也门后，立刻遇到了严峻考验：南也门地处非洲南部，天气极为炎热，令人难以忍受；专家组成员来自全国各地，思想问题比较多；项目经理是总统的外甥，自带光环，高傲自大；援建项目属于军工，技术标准要求高，保密性强，当地工人的文化水平低，很难适应。所有这些问题，哪一方面处理不好，都会造成恶劣影响。特别是八个月后，组长李子敏因为身体不适被批准提前回国，老领导接任专家组组长，所有压力便都集中在她一个人身上。更为严重的是，当时部里曾经明确，专家组组长、副组长工作期限二年，期满后进行人员轮换。但是两年工作期限到了，其他组员均按时回国，五三工厂却没有派人前来替换组长一职，老领导只能坚守岗位，继续留任。

在那个特殊年代里，老领导忍辱负重，无怨无悔，敢于担当，体现出坚强的党性原则和忘我的牺牲奉献精神。就这样，老领导整整在南也门工作了四年，参与了援建项目从土建到设备安装，从生产调试到正式生产的全过程。

四年期间，老领导在南也门苦中作乐，与官方和民间组织的关系处理得非常融洽，还成为南也门总统家的贵客。老领导在中国驻南也门大使馆党委的领导下，通过不懈的思想政治工作和科学管理，将专家组逐步建设成为一个团结坚强的战斗集体，与南也门项目经理及工人也结下了深厚的友谊，经过双方通力合作，终于提前一年胜利完成了任务，受到了大使馆、五机部和外经贸部的表扬。

四年前临危受命，在生活和工作条件极其艰苦的南也门，老领导率先垂范，以自己的模范作用和人格魅力影响和团结专家组成员，严格遵守各项外事纪律，同南也门政府建立了良好关系，并且同总统夫人及总统母亲成为亲密朋友。

四年后载誉而归，离开南也门时，中国大使馆赠送给老领导一枚精致的金笔。总统的母亲按照南也门最尊贵的礼节，亲自牵着一头大肥羊送给老领导，让她带回中国给家人和朋友品尝。在工作中朝夕相处的南也门项目经理，带着自己的好朋友赶到机场，为老领导及中国专家组成员送行。大家恋恋不舍，依依惜别，那个场面让老领导一辈子都难以忘怀。

1990年5月22日，阿拉伯也门共和国和也门民主人民共和国正式宣布统一，成立也门共和国。南也门也因此成为历史。

——陈素芝与援南也门专家组同志合影（前排站立者右二为陈素芝，右一为欧学成）

百姓心中的好人好官——追忆老领导陈素芝

1977年10月，胜利完成援外任务后，老领导回到五三工厂后开始担任党委常委、政治部副主任。1978年初，在外经贸部召开的"全国援外工作经验交流会"上，老领导代表五三工厂专家组介绍了援建南也门项目的经验。

1978年5月，老领导被五机部党组任命为五三工厂党委副书记、厂长。

信任意味着使命、责任和担当。拨乱反正后的五三工厂面临着两大困难：一是因受"文化大革命"影响和派系斗争干扰，企业经营管理混乱，产品质量低下，生产效率不高，甚至一度出现了完不成国家任务的情况；二是根据国家经济建设的发展，需要大力压缩军品生产，增加民品开发，顺利实现"军转民"，但当时工厂还没有找到出路。

面临新形势、新任务、新考验，老领导再次发扬"泰山压顶腰不弯"的革命精神，在五机部和厂党委的领导下，组织全厂干部和工程技术人员一手抓制度建设，实行严格管理，一手抓技术攻关改造，开发研制新型产品。在那段艰苦的日子里，老领导常常是夜以继日，废寝忘食，吃住在工厂。

功夫不负有心人。经过全厂职工几年的不懈努力，终于开发出45个民品项目，占工厂全年生产总值的三分之一以上，工厂迅速扭亏为盈。听到这个消息，时任五机部部长张珍亲自带队前来检查指导，并在随后召开的"全国军工企业'军转民'工作会议"上，大力推广了五三工厂的经验。

1976年金秋十月，党中央一举粉碎"四人帮"，彻底结束了十年"文化大革命"。辽宁人民在欢庆胜利的同时，深入开展揭批查运动、处理打砸抢和清理"三种人"的工作，清查冤假错案，彻底为受害者平反昭雪，整顿各级领导班子，落实党的各项政策。在这个新的时代大背景下，命运再一次垂青了老领导。1978年5月，老领导被中共中央组织部任命为

>——陈素芝出席五三工厂党代会

中共辽宁省委常委，同时继续担任沈阳五三工厂党委副书记、厂长。

1978年7月，老领导在辽宁大学哲学系学习时的伯乐、时任辽宁大学代校长的陈放，出任辽宁社会科学院院长、党组书记，随后不久又担任辽宁省政协副主席。师生两人几乎在同一时间段被提升为副省级领导干部，也算是一段佳话。只可惜，陈放于1983年因病医治无效去世，没能见证老领导后来的成长进步。

1978年12月18日，党的十一届三中全会在首都北京隆重召开。这次会议，实现了新中国成立以来我们党历史上具有深远意义的伟大转折，开启了我国改革开放和社会主义现代化建设的新时期。

新的时代、新的征程，急需培养一大批具有"革命化、年轻化、知识化、专业化"的优秀年轻领导干部，特别是女干部，以适应新时期经济社会发展的需要。1979年8月25日至31日，中共辽宁省第五次代表大会在沈阳举行，选举产生了中共辽宁省第五届委员会。9月1日，省委五届一次会议召开，选举省委领导机构，任仲夷为省委第一书记；会议还选举徐少甫为省纪律检查委员会第一书记。在这次会议上，老领导又一次当选中共辽宁省委常委，同时仍然担任沈阳五三工厂党委副书记、厂长职务。

此后的辽宁，继续加大力度清除"四人帮"及其在辽宁的帮派体系造成的恶劣影响，在省委第一书记任仲夷和继任省委第一书记郭峰两位忠诚的政治家领导下，不断解放思想，拨乱反正，开始从阴霾中走向光明。

伴随着辽宁日益蓬勃向上的大好形势，沈阳五三工厂党委带领万名军工战士迎来了一个新的历史发展时期，党、政、工、青、妇等各项工作都走在了同行业的前列。

20世纪80年代初，五三工厂的厂区，覆盖了沈阳市政府广场和惠工广场东北部的大片地区。四层的综合办公大楼，在当时的沈阳属于高层建筑。70年代落成的"五三俱乐部"，可以同沈阳著名的"中华剧场"相媲美。整齐划一的家属宿舍、设备先进齐全的五三医院，以及实行的严格军事化企业管理和享受的优厚福利待遇，甚至连那装有电线网的高大院墙，都令沈阳市民感到新奇和眼热。

更为壮观的是，每天清晨，随着旭日东升，成千上万名身着印有"五三厂"标识工作服的职工，从南、北、西三个大门涌入厂区各个车间和部门，成为一道亮丽的风景线。五三工厂也因此成为当年知识青年回城和大中专院校毕业生最为羡慕和向往的地方。那时，成为一名军工战士是除了应征入伍之外所有青年男女追求的最高就业目标。

五三工厂所取得的成就，是全厂职工在历届厂党委正确领导下共同努力的成果，因此在它辉煌的历程中，也涌现出一大批优秀的领导干部，比如，第一任厂党委书记莫文祥，后来成为共和国航空工业部部长和第三机械工业部部长。技工出身的厂工会副主席崔连胜，后来任重庆市委常委、重庆市人大常委会副主任。而紧随其后的便是时任党委副书记兼厂长的老领导。由于她带领五三工厂在改革开放初期所作的特殊贡献，1979年全国妇联授予其"全国三八红旗手"荣誉称号。

此时的五三工厂，已经同老领导融为一体。从建厂初期的普通女工，到引领万名职工共创辉煌的行政一把手，五三工厂锻造了她终身为共产主义奋斗的初心，淬炼了她经受各种复杂考验的本领，成就了她与工厂共同引以为豪的事业。老领导决心将自己的一切无条件地奉献给五三工厂，为共和国国防事业的强大和军工企业的发展作出更大的贡献。

随着改革开放浪潮的蓬勃兴起，新的历史使命正在向老领导等新一代弄潮儿招手。

1982年3月，中共中央组织部任命老领导为辽宁省人民政府副省长，并继续担任省委常委。

自此，老领导这个属羊女的命运，发生了颠覆性的巨变。

天高任鸟飞，海阔凭鱼跃。

一个更高、更宽、更大的舞台，搭建在老领导面前，等待她上演更加光彩夺目的人生话剧……

第三章
辽宁首位女省长

1982年3月，辽宁大地冰雪消融，春意盎然。

51岁的老领导怀着依依不舍的心情，离开了曾经培养她成长进步34年的沈阳五三工厂，迈着矫健的步伐走进当时在沈阳老百姓心目中极具神秘色彩的"东北局大院"，以中共辽宁省委常委、辽宁省人民政府副省长的身份，开启了人生新的一页。

东北局大院是沈阳老百姓对它的俗称，源于1960年9月中共中央决定重新成立东北局。1960年11月，在东北局成立的第一次会议上，研究确定东北局机关所在地，大家建议设在长春，后来上报中央，周恩来总理考虑到沈阳在历史上一直是东北地区的政治、经济中心，遂决定将东北局机关所在地设在沈阳，由此便有了这个东北局大院。1966年东北局被撤销后，这里成为辽宁省人民政府所在地。

东北局大院的中心，是省长们办公的"小白楼"。那是一个独立小院，因院里有一座二层白楼而得名。当时的办公条件有限，老领导上任后，同从五三工厂带来的秘书赵福荣一起被安排到一楼104办公室，赵

百姓心中的好人好官——追忆老领导陈素芝

福荣在外间,老领导在里间。

当时的省长是陈璞如,副省长有张正德、工光中、朱川、刘昇云、王纪元、谈立人、张铁军等在抗日战争乃至红军时期参加革命的老同志。老领导是省政府领导班子中唯一的女同志,也是最年轻的。

我一直没有问过老领导以前是否来过省政府,因为五三工厂属于中央部委直属企业,平时同地方政府接触较少,但是不管如何,即使她过去来过也是客人,而从今往后,她是这里的主人。

这里是老领导人生中又一个重要的启航站。

新中国成立后,辽宁涌现出许多优秀的女领导干部,著名的有杨克冰、章岩,她们俩分别是1933年和1937年参加革命的老前辈,在世时分别担任辽宁省人大常委会副主任和辽宁省政协副主席,所以老领导是新中国成立后辽宁的第一位女副省长。

从普通女工到车间干部、工厂领导,从经受政治运动考验到承担援外任务,老领导向来有一种不服输、不怕难和敢碰硬的精神。尽管如此,副省长毕竟是个新岗位,一切需要从头学起、做起。

按照当时省政府领导成员的分工,老领导协助副省长谈立人分管工业交通工作。

谈立人副省长是位老革命,1916年11月出生于天津宁河,比老领导年长15岁。1940年在延安参加革命,1941年加入中国共产党。1946年从延安转入东北,参与了东北根据地建设。1954年从东北局政策研究室组长和秘书岗位上调任辽宁省委工业部副部长,此后担任过中共辽宁省委副秘书长、省经济委员会主任、省煤矿建设局革委会主任、省科委主任、省革委会副主任兼经委主任、省政府副省长兼经委主任。谈立人能文能武,既懂政治又懂经济,而且实事求是,坚持真理,清廉守正,顾全大局，对老领导而言，他既是一位可亲可敬的长者，更是一位厚德载物的师长。

当时，全省正围绕着提高经济效益，争创优质产品，上品种、上水平，大搞技术革新和技术革命。面对新的工作环境和任务，老领导再次从"学徒工"做起，虚心向谈立人副省长学习、求教，谈立人副省长对身为省委常委的老领导也是格外尊重，全力支持。这期间两位省长先后抓了六件大事：一是创优质产品，争全国金牌；二是上品种、上水平；三是技术改造从外延扩大再生产转向内涵扩大再生产；四是开展企业整顿；五是学习推广北京首钢经验，实行生产责任制；六是强化职工文化技术培训，全面提高职工素质。

由于两位省长彼此互相关心，紧密配合，各项工作也就如火如荼地开展起来了。

陈素芝到工厂调研时与炊事员合影

百姓心中的好人好官——追忆老领导陈素芝

1982年9月,也就是老领导来到省政府半年后,在党的第十二次全国代表大会上,她以高票当选中央候补委员。进入党的中央委员会,一般只有各省、自治区和直辖市的书记、省(市)长,中央和国家机关的部长,以及省会城市的书记才具备资格,作为副省级领导干部能够获得这份殊荣,是极为难得的。所以,老领导非常珍惜党和人民对她的信任,每每谈及,都情不自禁地流露出对党组织的感恩之情。

我同老领导的第一次见面,是在她参加完党的十二大之后不久,缘于我在团省委青工部时的一段工作经历。

改革开放之初,全国各级共青团组织借鉴20世纪五六十年代开展"争做社会主义建设积极分子"运动的经验,陆续在工矿企业中开展社会主义劳动生产竞赛活动,后来团中央将其命名为"新长征突击手"活动,并于1979年在北京召开了第一次全国"新长征突击手"活动表彰大会。

为了响应团中央的号召,作为工业大省的辽宁,从1980年春起,在全省公交战线共青团组织中大张旗鼓地开展起"新长征突击手"活动。素有中国"鲁尔"之称的沈阳更是一马当先,各种各样的"新长征突击手"活动遍地开花。其中尤以沈阳黎明机械公司团委、沈阳重型机械厂团委和沈阳第一机床厂团委组织的活动别具特色。

团省委顺势而为,青工部作为职能部门,在部长曲长岭的领导下,我全程参与其中,先后总结了沈阳黎明机械公司团委和沈阳重型机械厂团委书记王专两个典型经验,并向团中央作了推荐。此后,沈阳黎明机械公司团委和沈阳重型机械厂团委书记王专分别被团中央授予全国"新长征突击手活动先进集体"和全国"新长征突击手"光荣称号。1982年4月,团省委又决定联合沈阳团市委,共同总结推广沈阳第一机床厂团委开展"青年工人练兵比武选状元"活动经验,并再次把这个任务交给了我。随后,我和沈阳团市委青工部副部长陶盛华在沈阳第一机床厂蹲点两个月，同厂团委书记阎世文、副书记耶永伟朝夕相处，帮助他们总结提炼了厂党委如何高度重视、厂团委怎样组织开展，以及以青年车工齐进为代表的十名青年工人通过什么方式练就各技术工种比武状元等一整套典型经验。

在蹲点期间，我从一些团干部口中得知耶永伟是女省长陈素芝的儿子，开始还有些难以置信。因为我也见过一些很优秀的领导干部子女，其父母的职位还没有达到副省级的高度，但他们在言行举止中总会自觉不自觉地显露出一些与众不同的优越感。而在耶永伟身上却看不到一点儿高干子女的影子。他为人朴实、忠厚，平时少言寡语但又不乏幽默；工作中不浮不躁、踏实肯干，下车间、进班组，不论是同工人师傅还是团员青年都能打成一片，没有丝毫距离感；在厂团委里，既对年长一点的书记阎世文非常尊重，也对比自己小的干事邢文良非常关心，他们之间相互支持，配合融洽，亲如兄弟。我记得阎世文的岳父母家在无锡，春节期间夫妻俩要到无锡探亲，那时候火车票很不好买，耶永伟总是忙前忙后帮助想办法解决，并把团委的工作安排得妥妥当当，让阎世文安心休假。同样，团委干事或者车间团干部家中有事，阎世文和耶永伟这两位书记也是鼎力相助。所以他们在团员青年中的威信都非常高。更令我想不到的是，耶永伟还有与我相同的两大爱好，一是业余时间自学英语，二是打乒乓球。但经过考察，无论是在毅力还是水平方面，我都自愧不如。当时我曾经好奇地问过阎世文：你见过耶永伟的父母吗？阎世文不以为然道：经常去，他父母对我们可热情了！也就是从那时起，我从心底里对耶永伟的父母产生了莫名的敬意。

两个多月的蹲点工作结束后，我们通过团省委文件和简报、通讯等多种形式，对沈阳第一机床厂团委开展"青年工人练兵比武选状元"活动进行了大张旗鼓的宣传，把这项经验迅速在全省推广开来，很快得到

百姓心中的好人好官——追忆老领导陈素芝

团中央的肯定,当年9月,团中央专门在沈阳召开现场经验交流会,团中央书记处书记李海峰亲自出席会议并讲话。

○ 陈素芝与全国劳动模范张成哲在一起

大概是10月的一天上午,主管青工部的副书记缪泽江通知我,说刚接到省政府办公厅的电话,下午1点副省长陈素芝要在省政府一楼小会议室听取团省委关于总结推广沈阳第一机床厂团委开展的"青年工人练兵比武选状元"活动经验的汇报,让我和他一同前往。

吃过午饭,我陪同缪泽江乘坐一辆伏尔加牌小轿车前往省政府。一上车,缪泽江便嘱咐说,到时候由我向省领导汇报,我听后心里非常紧张,一路上忐忑不安。那时候团省委位于和平区三经街附近,省政府在皇姑区北部,感觉距离很远,过了省公安厅往北走还能看到庄稼地。我无意欣赏秋后的风景,脑海里紧张地思考着一会儿见到陈素芝副省长后该如何汇报。

"伏尔加"驶过了一道护城河，便来到东北局大院。进入省政府大门后又走了一段路才来到省长们办公的小白楼。缪泽江向值班人员说明了来意，值班人员便将我们领到一楼靠东北方向的一间办公室。办公室外间坐着一个中等身材的中年人，值班人员介绍说这是陈素芝副省长的秘书赵福荣。赵秘书没有寒暄，直接将我们引领到一楼的一间会议室，只见正面沙发上坐着一男一女两位领导，我紧张地按照赵秘书指定的位置坐了下来。

坐定之后，我偷偷瞄了一眼，心想那位女领导肯定是陈素芝副省长了，只见她个子不高，面容和善，穿着普通。由于我在沈阳第一机床厂蹲点时已经知道了她和厂团委副书记耶永伟是母子关系，脑海里突然莫名其妙地闪出一个念头：这母子俩长得真像！而在那瞬间我似乎一下子找到了耶永伟身上之所以会拥有那么多优秀品质的答案！

陈素芝副省长开门见山地对缪泽江说："听说团省委在沈阳第一机床厂抓了个'青年工人练兵比武选状元'活动，反响很好，团中央还在沈阳召开了推广经验的会议。我刚到省政府半年多，协助谈省长分管工交工作，今天把你们叫来，就是想听听你们是怎么做的。因为你们的工作非常符合省政府当前对企业和职工的要求。"

陈素芝副省长说完，笑着看了一眼坐在旁边的老者："谈省长，是不是这个意思？"

这时我才知道这位老同志是大名鼎鼎的副省长谈立人。谈副省长微笑着对陈素芝说："你是省委常委，我听你的！"

陈素芝副省长看着缪泽江和我道："谈省长批准了，下面就听你们的了。"

缪泽江马上指着我说："两位省长，这位是青工部的韩学军同志，这项活动从头到尾都是他抓的，情况熟，就让他汇报吧！"

我虽说在路上作了一些准备，但毕竟是第一次直接向两位未曾谋面的省级领导汇报工作，还是有点心里发虚。

陈素芝副省长似乎看出了我的紧张，和颜悦色道："听我们家耶永伟说过，有一位团省委的同志在他们厂蹲点，很有水平，没想到你这么年轻，你就大胆说吧！"

听到陈素芝副省长这么一说，我松了一口气，问道："陈省长，我需要汇报多长时间？"

陈素芝副省长看了一眼谈立人："今天下午的时间都交给你了，你就敞开说！"

由于是我亲自抓的点，最后的经验材料也都出自我的手，情况都在心里装着呢，因此我虽然开始有点紧张，但后来就越说越放松了。记得那天我整整汇报了两个小时，两位省长听得津津有味，中间还不时地向我提出一些问题，我也对答如流。

我汇报完，谈立人副省长首先发话："听了这位小韩同志的汇报，我觉得你们的工作做得很好，这项活动对于我省工矿企业实现把党的工作重点转移到经济建设上来的目标很有现实意义。我建议以省政府的名义召开一次会议，专门推广共青团的这个经验。"然后他转向陈素芝说："素芝同志是省委常委，最后由你决定！"

陈素芝副省长幽默道："我现在是跟你学徒，你决定，我执行。"然后她看着缪泽江和我，指示道："我完全同意谈省长的意见。既然是以省政府名义开会，各市的分管市长就要参加，所以你们的经验材料还要再丰富些，比如要有工厂行政方面和工会系统如何重视、支持和配合共青团开展活动的经验，体现党政工青齐抓共管，协同作战。另外，关于在全省如何推广这个经验，你们要代省政府领导起草个讲话稿，因为你们熟悉情况。"说完，她还向我和缪泽江问道："这不能算是官僚主义吧？"

缪泽江和我都不由自主地笑了。

陈素芝副省长继续道："开会的时候我参加，请谈省长讲话。"谈立人副省长急忙摆手:"还是我作陪,你讲话。"

陈素芝副省长道:"这个到时候再说。"然后问缪泽江:"这个任务怎么样?"

缪泽江看着我说:"没问题!就让小韩写吧!"

我刚刚放松的心情又紧张起来,急忙道:"我可从来没有给省领导写过讲话材料。"

陈素芝副省长鼓励道:"别谦虚,我知道团省委的干部都是笔杆子。一会儿让赵秘书给你找点儿参考材料,你大胆写,把你们希望省领导说的话都写出来。写完后交给赵秘书。"然后转向谈立人副省长:"开会的时间初步定在明年五一前后吧,既有劳动节又有青年节。"

谈立人副省长点点头:"我同意。"

陈素芝副省长最后道:"你们还有几个月的准备时间,一定要把会议材料搞好!"

自己亲手总结的先进典型经验能够先后得到团中央和省政府的肯定,并当面向省政府两位副省长汇报,这对于我这样一名团省委的普通干部来说,当然是莫大的鼓舞和激励。

1982年12月,共青团第十二次代表大会在北京胜利召开,辽宁组成以新任团省委书记王巨禄为团长的代表团。按照大会安排,辽宁代表团配备3名工作人员,我大概是因为在宣传推广"新长征突击手"典型方面作出的贡献,所以被党组选定为其中之一,荣幸地参加了这次在历史转折时期具有重大意义的盛会。

我至今还清晰地记得,在隆重的开幕式和闭幕式上,叶剑英、邓小平、陈云等党和国家领导人以及众多老一辈无产阶级革命家出席,让与会人员受到巨大鼓舞。更令人兴奋的是,闭幕式结束后,党和国家领导人同全体与会人员在人民大会堂合影留念,辽宁代表团的位置正好在邓小平等党和国家领导人身后，这成为我们心中的永恒纪念。

这次大会选举产生了新一届团中央领导班子，王兆国为团中央第一书记，胡锦涛、刘延东等为书记处书记，这些同志后来都成为中国改革开放和社会主义建设新时期党的杰出领导人。

会议期间，大会秘书处组织会议代表参观了中南海，大家怀着十分崇敬的心情瞻仰了菊香书屋毛主席故居，参观游览了丰泽园、静谷和瀛台等古建筑及皇家园林，对这处在中国近代史上留有深刻印记的中国国家重要象征的前世今生，有了更加深刻的了解。

我参加共青团第十二次全国代表大会，尽管是以工作人员的身份，但对于我此后的成长却起到了重大的推动和激励作用。

参加完共青团第十二次全国代表大会之后，我在青工部部长曲长岭的支持下，又会同沈阳团市委青工部总结、推广了沈阳市城建系统团组织带领团员、青年义务修建公交车站"青年候车厅"的经验，受到团中央和国家城建部的好评。同时，我牢记陈素芝和谈立人两位副省长的嘱托，继续深入沈阳第一机床厂，进一步充实了工厂行政领导和工会组织如何重视、支持工厂团委开展"青年工人练兵比武选状元"活动的经验，在此基础上，深刻消化理解陈素芝副省长让赵福荣秘书提供给我的有关资料，几经修改，终于完成了省政府领导讲话材料的起草任务。

1983年5月4日，由辽宁省政府主持的，各市分管工交工作副市长和团市委书记、分管副书记、青工部部长参加的"全省青工工作会议"在沈阳安乐窝（现在的沈阳迎宾馆）召开，陈素芝副省长亲自到会。会上，当沈阳第一机床厂的典型经验介绍完毕，大会主持人宣布"下面请省委常委、省政府副省长陈素芝同志作重要讲话"时，会场内响起一片热烈的掌声。在陈素芝副省长讲话过程中，我坐在会场的一个角落里认真聆听，特别注意她在哪个地方作了修改，在哪个地方脱稿进行了补充，都一字不落地记在笔记本上。

陈素芝副省长的讲话很有激情，特别是在脱稿时讲了很多我所不了解的情况。最后她还特别强调，这次会议是她和谈立人副省长共同提议召开的，因为年龄原因，谈省长前不久改任省政府顾问，没能亲自到会。她代表谈立人副省长共同向大会表示祝贺，预祝全省各级共青团组织在争创"新长征突击手"的道路上，不断取得新的更大成绩！我听到这里，既为谈立人副省长没能亲自到会而感到遗憾，更因陈素芝副省长的细心周到而备受教益。

会议结束后，我跟随缪泽江送别陈素芝副省长，她特意转回身，走到我面前表扬道："小韩，你这个讲话稿写得不错！"

我有些不好意思："您在讲话中所做的修改和补充，我都记下了。"

她满意地点点头。

我又说："这个讲话稿可以给我留下吗？新闻单位要用。"

陈素芝副省长将已经放进文件包里的讲话稿拿出来，递给我，然后对缪泽江和我说："以后共青团再有什么好经验，别忘了到省政府告诉我，我给你们保驾护航、鸣锣开道！"

看到陈素芝副省长如此平易近人，我的心里涌起一股暖流。

陈素芝副省长的讲话，使参加会议的团干部们深受鼓舞。此后，辽宁省争当"新长征突击手"活动越搞越红火，一直走在全国前列。通过这次会议，陈素芝这位工人出身的副省长给全省共青团干部留下了美好而深刻的记忆。

此后，由我起草、陈素芝副省长亲自修改的这份讲话稿，一直被我珍藏着，随我辗转走过省总工会、省政府、省公安厅和辽宁公安司法管理干部学院等几个单位。2009年夏天，为了纪念辽宁公安司法管理干部学院建院60周年，我力主筹建学院院史馆，并将这份保留了20多年的讲话稿献给院史馆，珍藏这份历史文献。

第四章
享誉全国的工运女杰

1983年3月2日，中共中央发出《关于辽宁省领导班子配备的通知》，批准郭峰任省委第一书记，全树仁任辽宁省省长，李涛任中共辽宁省顾问委员会主任，徐少甫任中共辽宁省纪律检查委员会书记，张正德任辽宁省人大常委会主任，宋黎任政协辽宁省委员会主席。4月21日至29日，辽宁省第六届人民代表大会在沈阳举行。会议选举张正德为辽宁省人大常委会主任，全树仁为省长。

6月，根据中共中央对辽宁省领导班子配备的意见，中央组织部决定将原副省长朱川、刘异云转任省顾问委员会常委，陈素芝任省委常委、省总工会主席、省总工会党组书记。10月18日，省委发出《关于认真学习〈中共中央关于整党的决定〉》，决定成立辽宁省委整党办公室，徐少甫为主任，陈素芝为副主任。同时陈素芝还兼任省委核查小组副组长。

我给老领导当秘书后，才知道当时省委给她三个选择：一是省委组织部部长，二是即将由省工业交通部、基本建设工作部和财贸工作部合并组建的省委经济工作部部长，三是省总工会主席。老领导则主动选择

百姓心中的好人好官——追忆老领导陈素芝

了省总工会，她给出的理由也很简单：我是工人出身，对企业和工人阶级更有感情。

其实，当时省委主要领导更希望她担任省委组织部部长，因为她为人公道、正派。而且原来的省委组织部部长全树仁也是企业干部出身。但老领导以自己对辽宁干部不熟悉为由，委婉谢绝了。

我知道这件事情后，越发敬佩老领导的高尚情操和政治智慧。

○ 陈素芝在省总工会领导干部会议上讲话

辽宁省总工会，是中华全国总工会下属的省级地方工会组织。1954年8月，随着东北行政区撤销和部分地方行政区域的变更，由原来的辽东、辽西两省和沈阳、大连、鞍山、抚顺、本溪5个中央直辖市合并成立了辽宁省工会联合会，1958年改称辽宁省总工会，首任省总工会主席是张烈。十年"文化大革命"期间，工会被迫停止工作。1973年经过整建，重新恢复了工会组织。截至老领导到任之前，先后召开了四次代表大会，并进行了改选换届，李涛（代）、金直夫、魏秉奎、赵石等先后当选为省总工会主席（主任）。

老领导到任后，与省市总工会领导干部的第一次见面，是在1983年5月17日省总工会召开的各市、地工会主席会议上。其间，老领导同这些未来的战友们一起分析了当前工会工作所面临的形势，讨论了今后的发展方向和主要任务。经过五天的广泛接触，她对省、市两级工会的主要领导以及所要承担的任务，有了基本的了解。

5月21日，在会议结束前，老领导发表了热情洋溢的讲话。她首先一如既往地展现出谦虚谨慎的为人态度，诚恳地对大家说："省委派我到省总工会工作。工会工作对我来说是一个新的课题，一切都要重新学习。"接着，她根据几天来同大家一起讨论受到的启发，阐述了当前开创工会工作新局面所面临的有利因素和条件：一是中央和省委对工会工作都非常重视。二是各级工会经过几年的恢复、整顿，组织上比较健全，广大工会干部经过思想上的拨乱反正，清理了"左"的影响，思想进一步得到解放。三是全省工会工作者这支队伍力量很雄厚，既有相当数量的专职干部，又有几十万活跃在各条战线上的积极分子。特别是有一批从事工会工作30多年、具有丰富工作经验的老同志。最近按照中央的要求，又充实了一批中青年干部，实现了新老结合，使我们的干部队伍增加了新鲜血液和青春活力。四是新中国成立30多年来，各级工会组织都积累了丰富的正反两方面的经验，所有这些都是我们今后开创工会工作新局面的重要保证。在此基础上，老领导就自己学习中央书记处关于加强工会工作会议纪要的体会，以及跟大家讨论的感受，讲了几点意见：第一，纪要是今后工会工作的指导方针，也是我们党的群众工作的指导方针。第二，纪要明确指出各级工会组织必须坚定不移地替工人说话，为工人办事。第三，纪要指明了各级工会组织怎样才能代表工人阶

百姓心中的好人好官——追忆老领导陈素芝

级利益，为工人阶级说话、办事。她还对大家在讨论中提出的问题，依照纪要精神，谈了一些看法，包括"工会工作如何以'生产为中心'的问题""为职工说话、办事和依靠党的领导问题""为职工说话、办事和其他工作的关系问题"，以及如何学习、贯彻落实纪要精神的问题。老领导最后强调："为了完成工会的各项任务，必须大力加强工会组织建设。要按照干部'四化'要求，抓紧把领导班子配齐、配好，把工作机构调整整顿好。一定要认真地、妥善地安排好老同志，继续发挥老同志的作用。年轻同志要尊重老同志，虚心向老同志学习。新老同志、上级下级，要拧成一股绳，劲往一处使，以纪要为指针，努力开创工会工作的新局面，把工会工作大大提高一步！"

这次讲话，实际就是老领导主政辽宁省工会工作的就职演说和宣言。

○陈素芝在办公室批阅文件

给老领导担任秘书，是我压根儿没有想到的。

1982年底，省政府办公厅曾经到团省委选调秘书，条件是文字能力要强。组织部征求过我的意见，那时我认为省政府领导秘书一职，还是很有神秘感的，不仅要拥有很高的政治素养、理论基础，还要具备一定的文化水平。而我一直是很自卑的。基于此，我便放弃了这次机会。

1983年春，中共中央为了适应改革开放需要，提出了实现干部的革命化、知识化、年轻化和专业化的"四化"方针，决定"恢复各级党校正规化教育，大力培养党政领导干部和理论宣传骨干"。团省委选派三名年轻干部报考理论班，并决定由我带队。经过两个月的紧张备考，7月下旬我们三人都顺利考入辽宁省委党校理论部哲学班，9月1日入学，正式成为全国党校系统恢复正规化教育后的第一批脱产两年制学员。由于我的考试成绩排在理论部录取的近200名考生中的第11位，又是团省委的带队干部，所以被理论部推选为哲学班学员党支部书记。

1984年春季开学后，按照中央的统一部署，党校开始组织教工和学员边学习边整党，主题是"清除精神污染"。

一天课间休息时，我和班里的同学在所住的4号楼前面打排球，忽然觉得有人在背后拍了我一下，我一回头，立刻惊呆了：原来是陈素芝副省长！只见她衣着还是那么整洁简朴，面容还是那么和蔼可亲，便情不自禁地叫了一声"陈省长"。

只见陈素芝微笑道："小韩，你怎么在这里？"

我一惊，答非所问道："陈省长，您还记得我！"

陈素芝道："我怎么能不记得你小韩呢？倒是你把我忘了吧！你为什么一直不到省政府看我啊？"

我有些放松道："您官太大了，不好意思去打扰您。"

说着我向她汇报了在党校学习的情况，她听了连声说好，然后道："我已经调到省委这边工作了，现在协助徐少甫书记抓整党工作，办公地

百姓心中的好人好官——追忆老领导陈素芝

点就在党校2号楼,现在我们离得近了,你有空可以到我那里坐一坐。"说完还朝着2号楼的方向指了指。

同学们知道陈素芝是省委常委,见我和她那么熟络,都在旁边投来羡慕的眼光。我则在心中暗暗敬佩:这么大的领导只听了一次汇报就能记住一个普通干部,真不简单!过去只知道周恩来总理有这种本事,所以得到人们的爱戴,没想到自己竟然也遇到了这样的好领导!

尽管我嘴上答应了陈素芝,但在党校学习的两年期间我还是没有主动去见她。我总觉得那只是大领导说的一句客气话。

1985年春节过后,党校刚开学。一天,团省委书记王巨禄将我从党校叫回机关,寒暄几句之后便直奔主题:"最近素芝同志委托李国忠主席来找我,专门谈了你的事。"

我一听,心里嘀咕着:虽然总工会与团省委同属群团系统,平时多有合作,但我在党校学习,而且李国忠当时是省总工会常务副主席,并不认识我,他会谈我什么事?

王巨禄道:"素芝同志相中你了,想调你到省总工会工作。"我一愣,因为这是我从来没有想到的事情。

我沉思了一会儿说:"我来团省委9年了,由于政治环境的影响,一直没有作出什么成绩。您来这几年,团省委机关的风气好转了,我还想等从党校毕业后回机关好好工作呢,所以压根儿没有想到过转业的问题。"

王巨禄道:"你的情况这两年我也全面了解了一下,你人品好、工作能力强,头些年受大环境影响,作用没有得到很好发挥,我也想等你从党校学习回来后给你压些担子。但现在看,这个想法不现实了。"

说到这里他停顿了一下,看了我一眼:"你知道,素芝同志是省委常委,分管工青妇工作,她看中你了我们也不好硬留了,况且他们还对你很器重。"

我下意识问道："他们想让我干什么？"

王巨禄道："国忠同志跟我说他们设想了三个方案：先让你做办公室副主任，然后向着办公室主任和副秘书长的方向培养。"

我内心有些激动。

王巨禄道："所以这次我就替你作决定了，答应了国忠同志，同意你在7月份党校毕业后立刻到省总工会工作。"

我还想说点什么，王巨禄一摆手："你什么也不要说了，虽然我们也舍不得放你走，但是团干部毕竟早晚都有转业的一天，现在有人主动要你，而且职务安排很不错，所以你不仅要去，而且去了还要干好，给团省委机关其他同志开辟一条转业通道，这也是从另一方面为团省委作贡献。"

一件涉及我人生转折的重大问题，就这样轻而易举地决定下来。

在党校学习还没有毕业的情况下，新的工作岗位就确定了，这是一件非常令人羡慕的事情。当时我一直在反复思索，出现这个意想不到的结果，难道仅仅是因为我与陈素芝副省长的两次偶然相遇吗？直到很多年以后我才知道，这里面还与同时期在省委党校培训班学习的两位团省委副书记祝春林、张鸣岐的合力推荐有关。

1985年6月8日至14日，中共辽宁省第六次代表大会在沈阳召开。这次会议选举产生了中共辽宁省第六届委员会，李贵鲜为省委书记，戴苏理为省顾问委员会主任，高姿为省纪委书记。而陈素芝则再次当选省委常委，并被推选为出席全国党代表大会的代表。

我在党校听到这个消息后，既对陈素芝更加敬佩，也为自己在不久的将来能在她领导的省总工会工作而感到荣幸。

百姓心中的好人好官——追忆老领导陈素芝

1985年7月23日，是省委党校各个班次毕业的日子。在隆重的毕业大会上，当我从省委副书记兼省委党校校长孙维本手里接过了"优秀学员干部"荣誉证书时，心中充满了自豪。

7月29日，我正式到省总工会报到。过了两天，刚从外地回来的李国忠主席亲自找我谈话。这是我第一次见到他，此前我已经知道他原来是沈阳飞机制造公司的党委副书记，去年12月来到省总工会任常务副主席、党组副书记。

李国忠主席当时不到50岁，年富力强，为人非常直爽热情。他说：早就从素芝主席那里知道你了，但是没想到你这么年轻。然后介绍道："素芝主席是省委常委，主要负责群团和整党办工作，一般不在这里办公，省总工会的日常工作由我主持。关于你的工作安排，可能巨禄同志都跟你交代过了。"

我点点头。

李国忠主席继续道："目前省总工会机关回来不少五七战士，他们都是十三四级的老同志，有的还没有妥善安排，素芝主席觉得你太年轻，一下子安排太高不好，所以就先当办公室副主任吧！"

我听到这里，赶紧表态："陈主席这样想我很理解，这也是对我的关心。当初巨禄书记跟我谈话时我就说过，让我当办公室副主任就很好了！"

李国忠主席道："你有这个觉悟我很高兴。现在办公室主任是柴老，已经过了退休年龄，属于超期服役，主要负责工会重大文件的核稿工作。还有一名副主任，就是素芝主席的秘书赵福荣。你来之后暂不就位，先跟着我熟悉一下全面工作。"

那年8月初，辽南地区突发洪水，省委组织辽宁省抗洪救灾慰问团，团长是省政协主席徐少甫，李国忠任副团长，我便跟着他参加了慰问团，先后到辽阳、鞍山等地灾区查看灾情，慰问群众，总计用了一个月的时间。慰问结束前，李国忠主席让我起草慰问团工作总结，上报省委。我如期完成了任务。

回到省总工会机关不久，李国忠主席便让我在机关干部大会上介绍全省抗洪救灾情况。这是我第一次在机关全体人员面前公开亮相。由于慰问团工作总结报告是我起草的，情况已经烂熟于心，又有在灾区身临其境的切身感受，所以在会上声情并茂地脱稿讲了两个小时，一下子在工会机关引起轰动，大家好评如潮。

紧接着，我又跟随李国忠主席以及分管调研室的副主席崔文信一起到营口、鞍山等地搞了一段时间工会工作调研，对工会工作有了比较全面的了解。

调研回来后，李国忠主席再次找我谈话，郑重其事地说："上次带你参加省委抗洪救灾慰问团，还有这次安排你参加工作调研，都是素芝主席亲自交给我的任务。素芝主席对我说，小韩是我推荐来的，这个年轻同志究竟怎么样，不能光凭我说，你还要亲自考察。"

听到这里我不免有些紧张，生怕他说出对我不满意的结论。

由于这两个月的接触，我们之间已经很熟了，所以李国忠主席也没有卖关子、打官腔，而是直接说："你虽然年轻，但是很有能力。上次你在机关大会上的报告，反映很好，让大家都认识了你。这次调研，你的几次发言也很有水平，文信同志对你评价很高。这段时间以来，李凡秘书长和柴老以及办公室的同志对你反映也很好，说你谦虚、平和，对老同志很尊重，对下面同志也没有架子。所以我对你的考察是优秀！"

我听后悬着的心一下子落了下来，赶紧道："谢谢李主席的鼓励！"

李国忠主席接着说："头几天党组会对你的工作又研究了一下，我力主你当副秘书长兼办公室主任，帮我分担一下日常工作。孙乃宴和宋廷章两位老主席也没有提出异议。但是素芝主席不同意，她说：'小韩同志是我推荐来的，你们通过这一段时间考察认为他不错，说明我的眼力还行。既然你们都很认同他，那就让他给我当秘书吧！赵福荣年龄大了，让他当副秘书长兼办公室主任。'素芝主席让我再听听你的意见。"

我看着李国忠主席，不好意思道："参加工作这么多年了，一直都是服从组织安排，让我自己表态，我还真不好意思说了。"

李国忠主席道："担任省委常委秘书，需要省委组织部批准，首先要政治可靠，这不是谁都可以当的。但是今年6月李贵鲜接替郭峰同志担任省委书记后定下一个规矩：省委常委秘书不能提正处级，不能跟随领导出国。所以我的意见你还是担任副秘书长兼办公室主任。"

对于李国忠主席的坦率与诚恳，我连声感谢，但是对于如何选择我真的没有资格，因为思想一贯传统和保守的我，对待工作一向是服从组织安排，况且陈素芝主席选择我，是对我政治上的高度信任，而这一点对我比什么都重要。我甚至不知天高地厚地把陈素芝主席视为自己人生中遇到的最重要的贵人。对于这样一位淳朴正直、德高望重的高级领导干部给予我的政治信任，我只能以老老实实为人、踏踏实实工作、本本分分处事，谦虚谨慎、任劳任怨地完成本职工作加以回报！

就这样，从1985年10月起，我接替赵福荣担任陈素芝秘书，同时兼任省总工会办公室副主任，分管秘书科，并以党组秘书身份参加党组会，负责会议记录。

那个年代省领导秘书的主要任务，是服务政务、处理事务。刚开始时，我还心有余悸，担心自己性格内向、不会来事，怕影响工作。但是看到陈素芝主席平易近人，连同食堂的大师傅和车队的司机乃至打扫卫生的清洁工都相处得非常融洽，这个顾虑也就慢慢打消了。

按照陈素芝主席的要求，我担任秘书后，主要负责她的政务性工作。比如，处理好中共中央、国务院和省委、省政府的各种文件，特别是管理好密码电报和绝密文件；为她起草讲话，撰写署名文章；帮助她协调好省妇联、团省委等她作为省委常委分管的工作。而事务和服务性工作则由我分管的办公室秘书科负责。另外，省委整党办的工作，我原则上不参与。

当时，我住在团省委分配的位于和平区南五马路沈阳团市委后边的"蒙古包"，也就是日本人在伪满洲国时期建造的小别墅，里面合住三家，我住的是最小的单间。陈素芝主席住在东北局大院。由于正值整党工作后期，她多数时间在设在省委党校的整党办办公，晚上下班后再回到省总工会与我碰头。随着时间的推移，我们之间慢慢形成了一套默契的工作规律，比如：上三级文件和密码电报，每天由秘书科交通员小马到省委机要室领取，然后交给我，我全部浏览一遍，将其中重要的或与陈素芝主席分管工作相关的分送给她阅批，余下的由我详细阅读后登记处理。那时期群众来信比较多，我根据她每天阅批的文件量，适当地给她提供一两份有代表性的群众来信，其余的我直接转给省信访办处理。对于省总工会几位副主席和机关处室以及省妇联和团省委的工作请示、报告，我每天都要及时向她汇报。同时她也要把前一天审阅完毕的文件、资料和信访件退给我，再交代我一些需要处理的事情。工作交接完后，我送她到楼下上车回家，并嘱咐司机纪希彬师傅注意安全。等汽车驶出工会机关大院后，我再骑自行车回家。

1987年10月，省总工会自建的职工宿舍楼落成，机关开始分房。赵福荣从东北局大院搬到新房，我住的原属团省委的房子交省总工会机关参与分配，然后我搬进赵福荣腾出的房子。这样距离陈素芝主席家近了，我开始搭坐她的专车上下班，工作起来就更方便了。

我在给陈素芝主席担任秘书期间，耳闻目睹了她忠实践行自己就任后的诺言，带领省总工会领导班子，在辽宁省工运事业上开创的新局面和造就的新奇迹。

辽宁省总工会成立之初，就饱受政治运动的困扰。特别是首任省总

百姓心中的好人好官——追忆老领导陈素芝

工会主席张烈在1957年反右斗争中被打成"反革命",并牵涉到一大批干部。由于受历史上的政治运动以及"文化大革命"的影响,当时省总工会的历史遗留问题成堆,各种矛盾层出不穷。加之改革开放之初,国营企业受到严重冲击,工会工作遇到新的挑战,工人阶级的主人翁地位还是否存在?工会工作还有没有作为?这些都成为制约各级工会组织健康发展的大问题。

"政治路线确定之后,干部就是决定的因素。"面对千丝万缕的工作和矛盾,陈素芝主席决定从拨乱反正、加强组织建设上打开突破口:

一是解决省总工会领导班子新老交替问题。陈素芝主席刚到省总工会时,接手的是老主席赵石留下的老班底。当时正值贯彻落实中共中央书记处对工会工作的"三一四"指示精神,迎接即将召开的辽宁省工会第五次代表大会。借此机会,陈素芝主席在省委的正确领导和郭峰、徐少甫等几位老书记的亲自指导下,和省委组织部同志亲自深入全省工矿企业和大专院校,考核选调了一批优秀中青年干部,按照"老中青三结合"原则,在辽宁省工会第五次代表大会上选举产生了新一届省总工会领导班子:主席陈素芝,常务副主席李国忠,副主席孙乃宴、宋廷章、邹华满、王专、崔文信,秘书长李凡。同时充实了机关各部处室和直属单位的领导力量,使一度死气沉沉的省总工会机关迅速焕发出生机和活力。

二是强化各市总工会领导班子建设,大力推进市总工会主席进入市委常委领导班子。在省委组织部的支持下,不到一年时间,当时全省12个市的工会主席有9位担任市委常委,提高了工会组织的政治地位,在全国工会系统开创了先河。此后,全省各县区、大中型企业的工会主席也基本上按照同级党政副职配备。这一举措,既体现了各级党组织对工会工作的加强,又确保了各级工会组织紧密围绕党的中心开展工作。这个经验很快得到全国总工会的肯定,专门下发文件,要求全国各级工会组织向辽宁省总工会学习,提高工会组织的政治地位。

1983年10月,金碧辉煌的北京人民大会堂敞开怀抱,热烈欢迎来自全国各地参加中国工会第十次代表大会的代表们。这其中就包括刚刚担任辽宁省总工会主席4个月的陈素芝及她所率领的辽宁省代表团。

早在大会召开之前,陈素芝主席便先期抵达北京。10月16日一早,她亲自到北京火车站迎接辽宁代表团,当她看到几位新当选的市总工会主席精神抖擞地迎面走来时,笑得合不拢嘴。她在会议期间写给在家留守的几位副主席的信中这样描述了自己当时的心情:"站在北京站的月台上,看到我省代表一个个神采奕奕地走出车厢,特别是看到沈阳、锦州、营口、大连、辽阳、本溪的市总工会新换上来的年轻干部,可真令人高兴啊!望着这支充满朝气的工会干部队伍,我充满了信心……"

她言犹未尽,进一步抒发自己的情感:"过去,咱们一些老同志常留恋、赞叹建国初期干部队伍的年轻,充满朝气。现在,新人辈出的景象不是又出现在我们眼前了吗?"

由于那时我还没有担任陈素芝主席的秘书,为了追忆这段往事,我查阅了当年的《辽宁工人》杂志第12期,里面有李元、白墨采写的通讯《辽宁代表在北京——记工会十大辽宁代表团》,其中在"令人可喜的新一辈"中这样写道:

> 这的确令人可喜,而更可喜的是,这些年轻的工会主席们刚刚走上领导岗位不久,工作上就都很有起色。锦州的丁日忠,上任几个月,他思想解放,放手工作,带领全市职工开展了"职工之家""工人之友"活动,为工会工作打开了局面。营口的韩宝桐、沈阳的赵金城等都作出了成绩。
>
> 新一辈成长起来了,可他们没有忘记工运老前辈,更渴望得到前辈的指教。10月24日上午,辽宁代表团新走上工会领导岗位的青

百姓心中的好人好官——追忆老领导陈素芝

年干部在工会老工作者张恺、王尚武、营开五等人的带领下怀着崇敬的心情,来到了工运战线老前辈张维帧同志的家。正在患病的张老坐在沙发上,微笑地迎接来看望他的代表们。张老见到丁日忠、韩宝桐等几位年轻人格外高兴,老一辈们为工运事业后继有人而感到欣慰。工运战线上的老、中、青三代人围坐一起亲切地交谈起来,他们谈论空前的盛会、新的方针、新的一辈,……欢声笑语冲出幽静的小院,飞向高远的蓝天……

41年后,阅读这篇文章,此情此景,仿佛就在眼前。

1986年上半年,为了全面考察、了解市总工会领导班子的现状,由陈素芝主席亲自带队,除盘锦市(因市总工会领导班子尚未建立)外,对其他12个市总工会领导班子进行了全面考核。9月初,我代表省总工会党组起草了向省委组织部上报的《关于各市总工会领导班子考核情况的报告》,陈素芝主席亲自进行了修改,并于10月11日批示:"小韩同志,抄后送国忠及党组同志阅后打印,送尚文、凌云、成达同志阅批转。"这里的"尚文、凌云、成达同志",分别指省委组织部部长尚文,副部长张凌云和张成达。

报告中写道:

中共中央1983年"三一四"指示下达后的三年来,各市总工会都按干部"四化"方针,重新组建和调整了领导班子,把一批年富力强、具有较高文化和专业知识、联系群众、热爱工会工作、有一定组织领导能力、能开拓创新的优秀中青年干部选拔到领导岗位上来,为工会组织增加了新鲜血液,增强了市总工会领导班子的生机和活力。具体表现在:(一)班子结构发生明显变化,适应了新时期工会工作的需要。过去,市级工会领导班子普遍存在年龄老、资历老、文化低的问题。按照干部"四化"标准选配、调整后，这种现象有了很大改变。据12个市的统计，现在市级工会领导班子平均年龄为46岁，比上届班子平均年龄下降9.1岁。而且班子内部成员的年龄结构也拉开了档次，形成了以中青年干部为主体的梯形结构……（二）主要领导的素质明显提高，在参政议政中发挥了重要作用。目前，全省有十个市的总工会主席是市委常委。由于他们参加市委领导工作，既便于及时了解市委精神，更好地"议大事、懂全局、管本行"，发挥工会在全局性工作中的作用，又能及时为常委会反映下情，提出建议，帮助市委决策，代表工人阶级更好地行使当家做主、管理国家的权利……（三）班子成员新老合作，严格要求，共创一流。各市工会领导班子调整后，都较好地实现了新老更替，班子内部出现了新学老、老帮新、新老密切合作的新气象……

报告在充分肯定近年来在省委和各市委的领导和支持下，市级总工会领导班子建设取得很大进展和突破，出现了新中国成立以来工会战线少有的大好形势的同时，也指出了通过考核发现的一些主要问题，具体表现在：（一）班子成员群体结构不尽合理；（二）协管干部工作不够落实；（三）新干部能上能下问题还没有真正解决。在此基础上，对进一步加强市级总工会领导班子建设，提出了三点建议：（一）要加强市级总工会领导班子的调整配备和巩固提高工作；（二）要合理地改善市级总工会领导班子的群体结构；（三）要进一步完善协管制度。其中特别强调，各级工会都要与同级党委组织部门建立密切的联系、协商制度。一方面，工会组织部门要积极主动地向党委组织部门汇报干部的考核情况，及时提出有关干部的任免、提拔、调动、奖惩等方面的建议；另一方面，各级党委对工会干部的任免、提拔、调动和奖惩，也要事先主动征求上级工会的意见，只有双方主动配合、密切联系、互通情报、团结合作，才

百姓心中的好人好官——追忆老领导陈素芝

能真正使协管工作协得上、管得住。

实事求是地讲，当年辽宁省总工会在市级总工会领导班子建设上的经验和成果，在全国工会系统中，是很令人羡慕的。

陈素芝与新时期走上省市工会领导岗位的"四化"干部合影
（左一为阜新市总工会主席王尚武，左二为沈阳市总工会主席赵金城，左三为省总工会副主席崔文信，右四为省总工会副主席王专，右三为丹东市总工会主席刘励威，右二为营口市总工会主席韩宝桐，右一为省总工会女工部部长李秀君）

积极稳妥地落实党的干部政策，是陈素芝主席上任后最关注的工作。

新中国成立后，辽宁省总工会的第一任主席张烈，是一位在1932年参加中国共产党的老同志，曾经在北平做过党的地下工作，"七七事变"后，在山西参加"抗日救国同盟委员会"，担任过县长、县委书记、地委群委会主席等。解放战争期间，奔赴东北开辟新区，担任过中共辽吉地委书记、牡丹江市委书记。解放后，历任抚顺市委第一副书记、安东市委书记、辽宁省委秘书长、辽宁省总工会主席、辽宁省委常委等职。此外，还分别于1954年和1956年当选为第二届全国政协委员、中共八大代表。不幸的是，他在1957年反右斗争中被打成"反革命"，1958年含冤致死。当年受张烈所谓"反革命案件"以及后来发生的"文化大革命"的影响，省总工会机关有一大批干部先后受到政治迫害，有的被下放到企业或农村接受劳动改造，有的被打成"五类分子"受到看押、监督，在农村生活了10年、20年，不仅失去了党籍和干部身份，还被注销了城市户口，全家受到牵连。1978年，党的十一届三中全会召开后，根据邓小平同志的批示，辽宁省委为张烈平反昭雪，恢复名誉。此举大快人心，但是涉及此案的一些人员的历史遗留问题却迟迟没有得到解决，很多人到北京上访告状。

省总工会新领导班子组成后，陈素芝主席把解决这些人的历史遗留问题当作工会系统拨乱反正的一件大事来抓。按照邓小平和时任中央组织部部长尉健行的有关批示精神以及省委的要求，本着不等、不靠、不拖的原则，带领一班人实事求是地解决工会系统的历史遗留问题，力求把党的干部政策落实到每个受害者本人和家庭。

据辽宁社会科学院原院长、第十三届辽宁省政协提案委员会副主任李万军回忆，1987年夏，他从锦州师范学院毕业后被分配到省总工会人事处，他参与的第一项重要工作，就是按照陈素芝主席的要求，认真落实邓小平以及尉健行关于为张烈同志平反，彻底解决历史遗留问题的指示，陪同处长周宝金，前往北京有关部门，查找档案，寻找受迫害人员，然后逐一到家，宣布平反决定，送上政策补偿金，进行赔礼道歉，努力把党的干部政策落实到受害者的心坎上。他印象中，张烈案件，仅涉及的14级以上干部就有十三四个。为了查找这些含冤受苦的老同志，他们最远跑到黑龙江省铁力市。看到那些含冤受屈几十年的老同志，在得知党组织为他们平反昭雪时悲喜交加的场景，他至今想起来内心还很不平静。

百姓心中的好人好官——追忆老领导陈素芝

当年，为了在政治和经济上全面落实干部政策，陈素芝主席和省总工会领导班子决定，筹资兴建了15000平方米的职工住宅，顺利解决这些老同志回城后的住房困难，从而从根本上化解了矛盾，理顺了人心。

"人心齐，泰山移。"在完成省、市两级工会领导班子建设，解决了省总工会机关的历史遗留问题之后，陈素芝主席就像一只领头的大雁，以创新理论指导工会改革，带领全省各级工会干部在辽沈大地上展翅高飞。

在改革开放和拨乱反正的初期，全省工会系统面临的不仅是历次政治运动遗留下来的复杂人事问题，还有对改革开放存有不同认识的各种复杂思想问题。当时，绝大多数工会干部认为，经过新中国成立30多年的实践，中共中央确定的工会工作以"四化"为中心，反映出新时期工会工作的特点；也有少数人认为，以"四化"为中心就是以生产为中心。此外，受历史条件的影响，一些工会干部的视野狭窄，在工作中就工会论工会，几盘菜炒来炒去没有新鲜样，缺乏议大事、懂全局、务本行的精神。为了适应改革开放的新形势，陈素芝主席非常重视理论研究和宣传工作，通过《辽宁职工报》《辽宁工人》《当代工人》《工运研究》等报刊，以"如何做好新时期工会工作"为题，发动全省工会干部进行大讨论，通过总结工会工作的历史经验教训，确定了"坚持在党的领导下，服从和服务于党的中心工作，结合工会组织实际，充分发挥工人阶级的主动性、创造性，为辽宁的经济社会发展争作贡献"的工作总思路。在她的倡议下，省总工会、省妇联、团省委和辽宁省人民广播电台联合举办了"我和改革"征文活动。在活动表彰大会上，她发表了"站在时代前列，争做改革先锋"的讲话。这期间，我还根据陈素芝主席阐述的思想，归纳提炼成理论文章，分别以"深化理论研究，繁荣工运事业"和"遵循历史唯物主义基本原理，探索新时期工会工作新路"为题，在报刊上发表。

当年，陈素芝主席特别关心工人阶级的领导地位和主人翁精神。在翻阅历史资料时，我发现了一篇根据她的要求由我起草的题为《让主人翁精神发扬光大》的文章，里面还有她亲笔修改的字样。这篇文章赞颂的是一名普通建筑工人徐春芝的事迹。里面写道：

> 读了徐春芝的事迹，我很受感动。一个普通的建筑工人，能够把企业的兴衰和自己的命运结合起来，主动为企业分忧解愁，献计献策，充分显示了工人阶级高度的主人翁责任感。徐春芝同志的这种"企业兴衰我有责"的精神，是值得大加赞扬和提倡的。如果广大职工都能以主人翁的姿态关心企业，我们的经济改革就会顺利进行，"七五"计划的蓝图就会胜利实现。

在文中，她亲笔写道："有些企业的领导忽视思想政治工作，单靠经济办法管理经济，没有把行政管理同民主管理相结合。"这些问题，在一定程度上影响了生产的发展和改革的进行。

在陈素芝主席的启发动员下，我也意气风发地参加了关于工人阶级地位和主人翁精神的大讨论，撰写了《关于我国现阶段工人主人翁地位的再思考》的理论文章，并获得"优秀研究成果奖"。

除此之外，陈素芝主席和党组还决定成立辽宁省工会职工队伍状况调查办公室，先后进行了"关于改革中我省职工队伍状况的调查""进一步发挥职工主人翁作用，为推进改革，实现'七五'计划建功立业——关于职工在企业中的主人翁作用问题的调查"。还与沈阳市总工会、沈阳第三机床厂组成联合调查组，进行沈阳第三机床厂职工队伍调查，然后上报全国总工会。调查结束后，还写出了题为"情绵意长话团结"的工作总结。

百姓心中的好人好官——追忆老领导陈素芝

└─○ 陈素芝到基层与工会干部座谈

为了认真贯彻中共中央、国务院《关于加强职工教育工作的决定》和《中共中央关于教育体制改革的决定》，加强基础工会职工教育工作，在陈素芝主席的倡议下，省总工会还制定下发了《关于基层工会在职工教育工作中参政议政的几点意见》。

那时有一句常说的话，叫作"榜样的力量是无穷的"。

为了抓好先进典型，以点带面，推动工作，陈素芝主席亲自带队深入全省工厂、矿山、海港、码头，脚踏实地地进行调查研究。

陈素芝主席上任后推广的第一个先进典型经验，是锦州市总工会"创建职工之家"活动。1983年，锦州市总工会在整顿基层工会组织工作中，为使基层工会组织富有活力，密切联系群众，在全市开展了争创"职工之家"活动，受到党政领导和职工群众的一致好评。陈素芝主席决定以省总工会的名义，在全省工会系统大力推广这个经验，并得到了全国总工会的充分肯定和高度重视，很快在全国工会系统推广开来。经过后续不断努力，到1985年底，全省验收合格的"职工之家"达到15242个，占基层工会总数的68.2%，其中有1214个基层工会被评为市级"先进职工之家"。

1981年7月，中共中央、国务院批准并转发了《国营工业企业职工代表大会暂行条例》，使我国职工代表大会制度第一次有了可以遵循的具体条例，我国的民主管理向法治化、制度化方向大大推进了一步。陈素芝担任省总工会主席之后，组织全省广大工会干部认真贯彻落实条例精神，经过积极探索和大胆实践，创造出很多新鲜经验，使职代会制度日趋成熟，并逐步形成了系统的工作体系和格局，大大提高了职工民主参与和民主管理的力度和水平。

1986年上半年，为了更好地总结推广工会改革的新经验，陈素芝主席亲自带队到本溪市搞调研，市委常委、市总工会主席张春佩全程陪同。调研结束后，按照陈素芝主席的意见，我在《当代工人》第7期上发表了一篇题为《新的社会形象——本溪市总工会在改革中前进》的文章，里面写道：

>　　阳春三月，太子河两岸刚刚吐绿，而本溪市总工会机关内却已是春色满园。改革，为本溪的工会工作插上了理想的双翅……
>　　过去不知从何时起，人们对工会形成了这样一种印象："敲锣打鼓放鞭炮，困难补助发影票"，是一个难登大雅之堂的"三类科室"。而本溪市总工会通过改革，彻底改变了人们的这种偏见，现在工会的社会地位和声望都提高了，参政议政渠道已经打通，市委、市政府、市人大、市政协和各种事关本溪大事的会议，都有市总工会的一个席位，注意听取市总工会的意见。

百姓心中的好人好官——追忆老领导陈素芝

市总工会威望的提高，也使基层工会工作受到重视。长期以来，桓仁县基层小企业工会班子不健全，工作始终上不去。去年，县委书记两次到县总工会听取意见，亲自帮助解决问题。现在，班子配齐了，待遇提高了，工作大有起色。

陈素芝在鞍钢调研时与女职工亲切交谈

通过对本溪市工会工作改革成果的总结，我给他们归纳了三条经验："有作为才能有地位，有声音才能有影响，有活动才能有形象"。

后来在陈素芝主席倡议下，本溪市委和省总工会先后召开了本溪市工会工作会议和全省工会工作会议，推广了本溪市委重视工会工作和本溪市总工会立足改革创新的先进经验。陈素芝主席在这两次会议的讲话中首先表扬了本溪市委，明确指出："本溪市委重视、支持工会工作的做法，是一种明智之举，具有战略眼光，值得肯定和提倡。如果我们各级党委都能这样做,那么整个城市工会工作的经济建设,就一定会大有起色。"同时她对本溪市总工会的工作给予了很高的评价,指出:"近几年来,本溪市的工会工作,在市委、市政府及各级党委和行政的领导和支持下,经过全市广大工会干部的共同努力,开展得有声有色,在参政议政、支持改革、监督物价和后勤服务工作等方面,都有所创新和突破,有些工作达到了省内一流水平,从而在职工群众中和整个社会上,重新塑造了工会的形象,提高了工会组织的地位和声望。他们的实践深刻地说明了一条道理:事在人为。只要广大工会干部具有一种创新精神,积极作为,就一定能在改革开放的大潮中发挥出应有的作用,提高自己的社会地位。如果整天坐在屋里怨天尤人、畏难等靠,或空泛议论、坐而论道,不仅党委和行政不会重视,甚至还会失去广大职工群众的支持。"

也正是通过大力宣传推广本溪市工会工作的经验,"新时期工会工作有为才能有位"这句话也随之流行开来。

由于工会干部有了积极性,工会工作便有了创造性。此后几年,辽宁省总工会开创了很多在全国工会系统具有重大影响的活动和经验,比如,开展职工读书活动,开展职工维权活动,等等。通过这些活动,进一步加强了工会组织的自身建设,弘扬了工人阶级团结友爱精神,维护了职工的合法权益,增强了工会组织的凝聚力,提振了工人阶级的主人翁精神。在改革开放之初,一度不被看好的工会工作,从组织起来变成活跃起来。

那个时期,陈素芝主席非常重视围绕涉及职工切身利益的重大问题进行调查研究。据时任省劳动厅副厅长陈巨昌回忆,当年省内一些矿山有很多女工在井下作业,由于一些领导过分强调经济效益,而对女矿工的特殊状况及其合法权益重视不够,省劳动厅经常接到一些女职工的投诉。陈素芝主席知道这个情况后,特别指示省总工会女工部部长李秀君

百姓心中的好人好官——追忆老领导陈素芝

带领高俊析等人，与省劳动厅一起组成联合调查组，并要求他们深入井下进行实地考察。经过调查组在全省矿山的全面调研，通过亲身感受，提出了一整套维护女职工切身利益、做好"四期"防护、保护身心健康的意见和建议，并提交省政府形成制度性文件，受到全省女矿工的交口称赞，极大地提高了女职工的生产积极性。这个经验后来在全国工会系统广泛推广。

○陈素芝在基层调研时看望劳动模范和先进生产者

　　大力推广职工互助活动，是当年辽宁工会在全国工会系统影响最大的一项工作，其源头来自丹东市邓玉芝生活互助小组。

　　1959年，年仅30岁的邓玉芝是安东（今丹东）丝绸一厂工会女工委员、捻头小组组长。工友们推选邓玉芝当女工委员，除了她手巧、能干外，更重要的是她有一副乐于助人的热心肠。

由于当时国家没有实行计划生育，一个家庭养育四五个孩子是常事，多的还有七八个。孩子多、家务重，导致工厂女工三天两头请假。而像丝绸厂这样女工多的企业，长此以往势必影响生产任务的完成。但女工的情况都很特殊，基层领导又不能不准假。

邓玉芝自己也有四个孩子，她既同情姊妹们的难处，也理解车间领导的苦衷，便首先从自己带头做起。当时每名女工要照看两台织机，为了不耽误生产，工友有事，她就帮助打替班，一人照看四台织机。可是车间里的女工上百人，她一个人再累也忙不过来。

后来，邓玉芝就联合生产班的盛瑞华、杨福兰、袁淑香，四个人成立了"姐妹互助组"。她们"上班看情绪，班中看生产，班后去家访"，发现谁家有困难就主动帮助。那年冬天，邓玉芝由于独自承做的棉袄数量太多，竟然踏坏了一台缝纫机。

"火车跑得快，全靠车头带。"在邓玉芝的带动下，职工生活互助活动很快得到了全厂职工的热烈响应。生活互助的内容也从缝补浆洗逐步扩展到购买蔬菜、修房、砌灶、盘炕、修理钟表、修理自行车、送煤等生活项目，再到后来形成了由厂工会统一组织的婚丧嫁娶等"十必访"，做到了"小事不出班组，大事不出车间"。一些受感动的男职工也主动加入生活互助活动中，"姐妹互助组"随之改名为"生活互助组"。1962年，安东丝绸一厂2000多名职工中，竟有700人参加了生活互助组。

1963年11月，辽宁省委对安东丝绸一厂职工生活互助给予充分肯定，《人民日报》专门进行报道并配发评论，这项活动也因此从安东丝绸一厂迅速发展到全国。

不幸的是，后来随着"文化大革命"的开展，这项方兴未艾的生产互助活动便被扼杀了。

1973年，随着国家政治形势逐步好转，已经改为丹东丝绸一厂的职工生产互助活动，在邓玉芝的带领下又起死回生，悄悄兴起。

百姓心中的好人好官——追忆老领导陈素芝

　　1983年陈素芝担任省总工会主席后，几次到丹东丝绸一厂调研，最后决定大张旗鼓地宣传邓玉芝的先进事迹，再次把丹东丝绸一厂开展的职工生产互助活动推向全国，成为20世纪辽宁省工运事业的一面红旗，邓玉芝也光荣地当选辽宁省劳动模范。

　　1986年，邓玉芝光荣退休。1996年，丹东市爱心协会成立，闲不住的邓玉芝担任首届理事，并成为第一批志愿者。她把过去和自己一起做生活互助的20多名老劳模、老工会干部重新聚集在一起，分成3个小组，每组负责一个区域，继续开展助人帮扶事业，弘扬职工互助精神。

　　此时，陈素芝已经转任省人大常委会副主任，但她仍然一如既往地关心和支持邓玉芝。

　　2008年1月13日，邓玉芝因病医治无效去世。这位优秀的共产党员、全国职工互助运动的发起人，虽然离开了她的工友们，但是她开创的互助行善、扶贫帮困的精神，已遍洒丹东大地，乃至整个辽宁和全国。

　　在改革开放大潮的推动下，陈素芝主席积极倡导工会组织大力发展工会产业事业，为发展社会生产力服务，为职工群众服务，为工会干部和工会工作者服务。而且从省总工会机关率先做起，率先垂范，当好标杆。

　　为了加速对中青年工会干部的培养和提高劳动模范的政治文化素质，省总工会于1985年7月15日成立了辽宁工运学院，陈素芝主席亲自担任名誉院长。工运学院成立后，不仅为各级工会干部提供了学习进修的场所，还为省市劳动模范开办了大专学历教育班，极大地提升了基层工会干部和劳动模范的政治、思想和文化素质。同时，省总工会机关的一些优秀中青年干部如包玉梅、于克谦、赵福荣等，也通过担任工运学院领导工作的历练，成长为省直机关和事业单位的厅级领导干部。

　　为了改善和提高机关干部福利待遇，省总工会还创办了农场，不仅种植水稻、玉米等粮食作物，还养猪、养鸡。那几年，陈素芝主席只要在沈阳，省总工会机关组织的农场劳动她都准时参加，和大家穿一样的工作服，干一样的农活，中午吃一样的饭菜，名副其实地同机关干部打成一片。有付出必有收获，每到五一、十一、元旦和春节前夕，是省总工会机关干部最高兴的时刻，因为农场要给机关干部发放猪肉、鸡蛋和大米等各种土特产品。这种福利待遇令省直其他机关的干部非常羡慕。

在省总工会机关的带动下，从20世纪80年代末期开始，全省各级工会组织抓住发展市场经济的有利时机，大力兴办企事业，不仅为工会工作补充了经费，而且成为辽宁省工人运动不可或缺的经济基础。

说到工会产业，不能不提及辽宁工会大厦。20世纪八九十年代，沈阳市能够承接各种会议的地方很少，除了高档一点的辽宁大厦、沈阳安乐窝，就是辽宁省委党校、沈阳市招待所。省总工会每年必须召开的会议很多，比如工会代表大会、主席团会议、产业工会会议，还有机关各部门召开的会议，另外全国总工会领导下来检查工作，各市县工会干部来省里汇报工作，由于没有固定的接待地点，安排起来很不方便。为此，陈素芝主席下决心建造一座工会大厦，作为工会干部之家。

建造工会大厦，说起来容易，但真正操作起来却很难，不仅要有地皮和资金，还要有设计。但再困难的事情也难不住陈素芝主席，她以"越是艰险越向前"的精神，带领班子成员迎难而上。先是求得沈阳市政府支持，确定了皇姑区崇山东路的一块地皮；然后向全国总工会汇报，争取到一部分款项，剩下不足部分由省总工会自己解决。土地和资金问题解决了，其他事情就好办了。后来陈素芝主席离开省总工会到省政府工作后，李国忠主席等继任者们继续努力，终于在90年代初期完成了一幢6层高的辽宁工会大厦，大厦正面墙体上镶嵌着全国人大常委会委员长彭真同志亲笔书写的"辽宁工会大厦"，一度成为沈阳的标志性建筑。

辽宁工会大厦的建成，使全省工会干部有了自己的家。陈素芝主席非常关心关爱劳动模范，到省政府工作后，她每年五一或者春节前夕都要在工会大厦举行茶话会或座谈会，邀请全省各条战线的劳动模范齐聚一堂，征求他们的意见，鼓励他们在改革开放的新征程上多作贡献。

近年来，辽宁工会大厦经过几次装修、扩建，不仅扩大了使用面积，提高了为各级工会干部服务的水平，而且还因它临近北陵公园、九一八博物馆、沈阳北站、长客总站，辽宁省政府、省政协、省人大、省检察院，以及省教育厅、省司法厅、省质量技术监督局等单位的独特地理优势，成为全省党政机关干部出差和召开会议的定点饭店，也是每年辽宁省和沈阳市举行两会以及每五年一次的党代会代表驻地之一。

毫不夸张地说，辽宁工会大厦是陈素芝主席以及继任的省总工会领导班子留给后人的宝贵物质财富。

20世纪80年代中后期，陈素芝主席主持省总工会工作期间，是全省工会工作和工运事业发展最为辉煌的时期，陈素芝主席带领省总工会年富力强的领导班子，同在改革开放大潮中成长起来的各市县优秀工会干部，共同创造了辽宁工运历史发展的新时代，使辽宁工会工作在全国工会系统独领风骚。

1986年4月下旬，全国总工会书记处书记张富有专程到沈阳和大连两市进行调研，分别听取了沈阳市委常委、市总工会主席赵金城和大连市总工会主席李舒安等工会领导同志的工作汇报，一路感触颇多。4月27日下午，陈素芝主席到沈阳黎明机械厂招待所看望张富有书记。张富有见到陈素芝如同见到老朋友一般，非常高兴。他兴奋地说，临来前听陈秉权（全国总工会书记处书记）说辽宁今年的工作在原有的基础上又深化了一步。这次亲眼看了沈阳、大连两市的工会工作后心里有了底数，也感到确实是这样。辽宁的工作走在了全国的前列，而且比过去更深入了。

老领导逝世后，赵金城深情回忆道：

当时，在全国工会系统中流行一句话："过了山海关，工会工作上了天。"意思是说，关外的辽宁省，从省总工会到各市总工会，工会主席都进入了同级党委常委；工会干部有地位，工会工作必然有作为，所以辽宁的工会组织活动多，影响大，经验好。而享有这种殊荣的辽宁工会干部心里都很清楚，这种局面的取得，除了各级党委、政府的重视和支持外，同作为省总工会主席的陈素芝的辛勤努力和智慧付出是分不开的。所以那些刚走上市一级领导岗位的市总工会主席，都尊称陈素芝为"陈大姐"，并把她视为自己人生的楷模。

陈大姐注重用理论指导工作。那些年，全省工会系统理论学习气氛很浓。邓小平同志当时指出，改革是第二次革命。工会工作怎么改革？工会在提高职工队伍素质方面，如何做得更扎实？工会在维护职工合法权益方面，如何做得更有效？工会在机关去除行政化，真正成为职工之家方面，如何迈出新步子？这些课题，都需要从理论上深入研讨。省总工会先后在沈阳、大连、北镇等地召开几次理论研讨会。陈大姐、省总工会其他各位领导、各市总工会领导，都紧密联系工作实际，亲自撰写理论文章，思想认识升华了，工作思路拓宽了，极大地推动了全省工会工作实践。

陈大姐注重调查研究。那时，在陈大姐带领下，省总工会其他各位领导、省总机关各部门负责同志，都纷纷下到各市和企业，与基层工会干部和职工打成一片。各市工会与基层同志觉得，有省总工会领导在身边，工作方向更明了，工作办法更多了，一天有使不完的劲儿。我记得当时，许多企业工会都总结出了不少生动新鲜的工作经验。那真是一个激情燃烧、令人留恋的年代。

陈大姐注重用典型推动工作。无论在大会小会，还是个别接触

百姓心中的好人好官——追忆老领导陈素芝

⌐○陈素芝在工矿企业调研

中，我们都非常爱听陈大姐的讲话。可以说，她讲话"上接天线，下接地气"，生动风趣无比。典型事例，她随手拈来，经常通过一些典型事例，阐述深刻道理，让人听后为之洞彻，很快把握住要领。一次，陈大姐了解到，有一个市总工会，由于注意发挥工作能动性，主动向党委汇报，与政府沟通，工作大有起色，服务全市工作大局更加有力，一些多年未解决的难题，有许多得以化解，职工合法权益得到更实在的维护。陈大姐就这个事例，有一次对我们各市总工会主席说，我们工会工作是很重要的，但我们一定要认识到，工会工作，乃至整个群团工作，与一些"热"的部门工作不同，由于种种原因，工会工作或整个群团工作，有时不容易在市主要领导那里挂上号。在这种情况下，我们不要埋怨、泄气，要多从自身找原因。不是有那么一句话嘛，"不害臊，拉脸造，厚脸皮，往里挤"，这句话反映的是一种积极的精神状态和高度的事业责任感。有的时候，

第四章 | 享誉全国的工运女杰

为了打开工作局面，我们不妨按这几个字试做一下。

陈大姐胸襟开阔，眉宇间洋溢着善良、慈祥和亲切。她是20世纪80年代全国工会系统著名的"女中四杰"之一，在全国总工会、在全国工会系统颇有威望和影响。1983年10月，在全国工会第十次代表大会上，我和其他省会城市总工会主席一样，当选为全国总工会执行委员会委员。一次，全总执委召开全体会议，全总主席倪志福同志主持，他在讲话之后，开始讨论，会场顿时静下来了。这时，倪志福主席望着陈大姐，笑着说："素芝同志，你先发个言吧。"陈大姐听后，微笑着环顾一下左右，然后说："好，那我就说几句。"她发言时间不长，但言之有物，还对全总工作提出了几条建议。我注意到，大家都认真听她发言，有的还不时点头表示赞同。我当时就觉得，真的，谁听了她的发言，都会受到启发。这时，倪志福主席流露出满意的神情，笑着说："好哇，素芝同志带个好头。"此后，人们都会看到，无论是大会还是分组讨论，陈大姐往往都是被推举首先发言。她在哪个小组讨论，哪个小组就活跃，常常一片欢声笑语。我心里暗想，陈大姐的威望、影响，就是这么一点点积累起来的。

在赵金城主席提到的全国工会第十次代表大会期间，中央电视台特别为辽宁省工会工作作了一期专题报道，陈素芝带领几个市的总工会主席，做客央视演播厅，接受中央电视台记者的专访。这样的安排在当时是不多见的，足见陈素芝主席在全国工会系统中的影响和地位。

老领导逝世后，曾担任过河南省总工会主席的顾志平以网名"高山流水"在微信群里发文："闻素芝大姐仙逝，不胜悲哀！大姐千古！回忆我在工会工作时期与素芝主席相识，从她身上学到许多做人做事的好品德，我们河南也从辽宁学到许多宝贵的工会工作经验……大姐的一生无论从政为官还是离休为民，点点滴滴都映衬着太阳的光辉。她是一朵辽沈大地上永不凋零的鲜花。"可见老领导在全国工会系统影响力之大。

1986年10月，在出席全总执委会议之后，我随同陈素芝主席以及李国忠、宋廷章副主席等领导到福建省学习考察，从福州一路向南，途经莆田、泉州、石狮、厦门以及金门前线等地，所到之处受到福建省各级党委、政府和工会系统主要领导同志的热情接待和周密安排。这是我第一次来到改革开放前沿阵地，在亲眼目睹当地经济、社会乃至对台政策发展的巨大变化，以及闽南的秀丽风光和淳朴民风的同时，也亲身感受到兄弟省市工会领导对陈素芝主席的尊敬和对辽宁省工会工作的钦佩。

老领导在担任省委常委兼省总工会主席期间，按照省委常委分工，还分管妇联和共青团工作，时间虽然只有五年多，但是她以崇高的思想风尚、坚定的党性原则和朴实无华的作风，成为群团干部真心爱戴的贴心人。

那些年里，老领导坚持深入实际，调查研究，同共青团和妇联干部广交朋友，深受大家的爱戴。当年她为群团组织作出的最大贡献，是坚决支持并积极推进群团组织按照各自特点，独立自主地开展工作。在她的倡议下，省委首次召开了"群团工作会议"，会议作出了加强群团工作的决定，明确：省市县各级党委要切实加强对工会、共青团和妇联等群团组织的领导，并指导群团组织按照各自章程独立自主开展工作，使它们真正做到有职有权有责，成为党政依赖、团员青年和妇女欢迎、有权威的群众团体。由于群团组织有了工作自主权，极大地调动了工会干部、共青团干部和妇联干部的积极性和创造性，辽宁的群团工作实现了从组织起来向活跃起来的质的飞跃。充分发挥了党联系广大职工、团员青年和妇女群众的桥梁、纽带作用。

同工会工作在全国独占鳌头一样，当年辽宁省妇联和共青团工作也位居全国前列。比如，省妇联开展的"三八红旗竞赛"活动，省妇联同省总工会、团省委联合开展的争创"政治思想好、生产工作学习好、团结互助好、勤俭卫生好、计划生育教育子女好"的"五好"家庭评比活动,以及维护妇女儿童合法权益,成立知识界女友联谊会等;团省委开展的争当"社会主义建设新长征突击手"竞赛活动,组建"青年突击队",争创"青年文明号",争当"青年岗位能手",以及在青工战线广泛开展的"青年工人练兵比武选状元",开展"小发明、小革新、小改造、小设计、小建设"的"五小"竞赛等活动,都受到了全国妇联、团中央和中央宣传部、中央文明办等领导机关的好评与嘉奖。通过这些活动,不仅涌现出很多闻名全国的妇女和青年先进典型,也使一大批共青团和妇女干部迅速成长起来,为辽宁经济社会发展提供了人才支持。当年曾经担任过团省委书记的骆琳、鲍志强,副书记赵国红,担任省妇联主任的刘海荣,都是通过在各自岗位上作出了优异成绩,后来陆续走上了省部级领导岗位。

  出于女性的慈爱与善良,老领导对妇女干部更是高看一眼,厚爱三分。她虽然对工作的要求非常严格,但私下里却能同各级妇联干部打成一片,不论到省妇联机关还是到基层妇联组织,对那些年轻的女干部总喜欢称她们为"小丫蛋",所以慢慢地,妇联的干部不论职位高低、年龄大小,在非工作场合,也愿意称老领导为"陈大姐"。而"陈大姐"也确实有大姐样,每逢三八国际妇女节,或者出国访问回来,"陈大姐"总会到省妇联机关,给她们送点糖果或小礼物。

  老领导逝世后,前来参加遗体告别仪式和在各种微信群中发表真情感言的人,有很多是当年在她的培养下成长起来的共青团和妇联干部。他们在追忆老领导时,情不自禁地回忆起当年她对群团干部在政治上把关、在工作上支持、在生活上关心的令人难以忘怀的事情。

  在省总工会工作期间,受陈素芝主席在思想上的熏陶、政治上的影响，我的业务能力和文字水平也有很大提高。根据陈素芝主席确定的主题、观点和思路，我先后为她起草了《在本溪市委工会工作会议上的讲话》《在省总工会五届一次会议上的总结讲话》《在改革中加强职工思想政治工作的理论研究》《站在改革前列，争做改革先锋》《向孙树忠同志学习，争做两个文明建设的先锋》等文稿，既领会了陈素芝主席一贯坚持实事求是的思想，也学到了她朴实无华的文风。在这个过程中，我们之间也逐渐形成了对语言、文字风格的默契。

当年老领导以省委常委身份兼任省委整党办副主任时，按照我与老领导的约定，我作为秘书主要负责她在省总工会以及分管的妇联和共青团工作，整党办的事情我不参与。但在1986年初，中央整党办一位副主任来辽宁搞调研，徐少甫书记和陈素芝主席陪同，却让我全程跟随。这件事情至今令我印象深刻。

这位副主任姓余，非常平易近人，年纪同徐少甫书记相仿，所以我们都尊称他为"余老"。

那次调研的地点安排在丹东市，负责接待的是市委常委、秘书长陈明月（后来担任丹东市委副书记、市长）。调研期间我们先后到了黄海汽车制造厂、丰满水电站等地。当时正值数九寒冬，天气特别冷，但是余老和徐少甫书记两位老同志却工作得忘我、投入，令我们这些随行的年轻同志非常钦佩。同样，一路上，陈素芝主席对两位老同志无微不至的周到服务，以及对接待人员的体贴爱护，也让我们很受感动，从中学习到了很多有益的东西。

1987年6月23日至26日，中共辽宁省代表会议在沈阳召开。会议选举了辽宁省出席党的十三大的代表，陈素芝主席光荣当选。会议还总结了全省三年来的整党工作，这其中也饱含了作为省整党办副主任的老领导的心血。

第四章 | 享誉全国的工运女杰

○ 陈素芝与省政协主席徐少甫（左二）在丹东市调研

1987年9月，在党的第十三次全国代表大会上，老领导以她出色的工作业绩和超凡的人格魅力，再次以高票当选中央候补委员。

当时，《东北干部学刊》记者建明采写了一篇文章，题目为《女工的奉献——访十三大代表陈素芝》，里面写道：

她太普通了，甚至见过一两次面，都很难在众人中认出来；她太平易亲近了，初次相识便想把心里话掏给她。她是位好心的老大姐，更是一位精明强干的满族女干部。她，就是辽宁省工会主席陈素芝。——"请不要写我个人，我实在没干出什么成绩来。党和人民给了我这样高的荣誉，我感到受之有愧。没有二话可说，只有竭尽全力把工作做好。"别人都说，陈素芝挺能说的。可说到自己她却语塞……

105

百姓心中的好人好官——追忆老领导陈素芝

党的十三大胜利闭幕后，陈素芝主席专门同各市工会主席及部分宣传部部长进行了一次对话。她明确指出："以社会主义初级阶段为立论，充分体现'一个中心、两个基本点'的十三大报告，既是全党的行动纲领，又是工人运动的伟大指针，对我国工人运动和工会工作的发展具有重大意义。"

有些宣传部部长问道："新时期工会的任务是什么？应该如何进行改革？"

陈素芝主席明确指出："当前摆在各级工会组织面前的重要任务，就是在动员和组织广大职工投身改革的同时搞好工会的自身改革。工会改革是政治体制改革的重要组成部分，它的重点是解决好同群众的关系，克服'官'气和行政化倾向。"

陈素芝主席还特别强调："要搞好工会工作改革的理论研究和试点工作，坚持在探索中前进。"

1986年陈素芝与省总工会办公室同志在东陵公园参加五一游园活动（左一为赵福荣）

在那个火红的年代里,有一句流行语,叫作"大雁高飞头雁领"。在辽宁省工会系统,陈素芝主席就是展翅高飞的头雁。而在她的身后,当年由她亲自选拔的一批优秀中青年干部,也在工会工作从"有为才能有位"到"有位更加有为"的历史性飞跃中迅速成长起来。李国忠、王专、崔文信等佼佼者后来陆续走上了副省级领导岗位;同时期在省总工会机关工作过的年轻同志,比如包玉梅、李秀君、张征、刘野、李春晓等,被输送到省直机关其他单位,担任了厅局级领导;刘世峰、闫万达、周晓娟、刘铭、程异孝、金勇男、卞琳、李用俭、梁长山、李明、于永山、秦少异、薛临江、谷志明等人,都在省总工会机关内部提升为副厅级以上领导干部:在一个单位里成长出这么多优秀人才,是很难得的……

这些虽然不能说是老领导个人的功劳,但不可否认的是,老领导曾经对这些人给予了政治、思想、道德方面的无形影响。

第五章
李长春省长的好搭档

1987年底，省委常委会会议连续开了几天，老领导每天都得晚上8点以后才能回到省总工会同我进行工作交接。我私下里琢磨，估计是研究来年初省人大、政府和政协的换届问题。

一天晚上，老领导从省委回来后，没有同我谈工作上的问题，而是很正式地告诉我，郭峰同志已经连续找她谈了三次话，要她重新回到省政府工作。

原来，中央已经决定李长春为新一届省政府省长。李长春是在改革开放大潮中成长起来的优秀青年领导干部，曾经先后担任沈阳市市长和市委书记。1986年4月28日，中共中央决定：全树仁任中共辽宁省委书记，不再担任省长职务；提名李长春为省长候选人。7月18日，省人大举行全体委员会议，通过全树仁辞去辽宁省省长职务的请求的决议；任命李长春为辽宁省代省长。1987年3月3日至9日，辽宁省第六届人大第六次会议在沈阳召开，选举李长春为辽宁省省长。

省委考虑到在明年的省政府换届中，要组成以李长春为班长的新一

百姓心中的好人好官——追忆老领导陈素芝

届领导班子，由于李长春年轻，明年才44岁，所以在新领导班子中有一个德高望重的老同志应该更好些。当时的省委书记是全树仁，按照中央要求，在推荐省级领导干部问题上，必须征求省顾问委员会主任戴苏理，省政协主席徐少甫，以及原省领导郭峰、李涛、李荒等几位老同志的意见。经过他们反复权衡，一致认为这个人选非陈素芝莫属，所以提议陈素芝重回省政府，担任常务副省长、党组副书记，辅助年轻省长李长春工作。为了慎重起见，便委托郭峰同志亲自出面征求陈素芝的意见。

我听老领导一说，马上觉得她对这个安排没有思想准备。因为此前她不止一次跟我念叨过，当年她从省政府转到省委这边工作后，主要是协助徐少甫书记抓全省整党和核查工作，省总工会的工作主要由李国忠主持，其他几位副主席也很得力，基本不用她操心。整党结束后，她在省总工会仍然是"甩手掌柜"，主要是搞调查研究，再就是按照省委常委分工分管共青团和妇联工作。她考虑自己年龄大了，就准备在省总工会当"老太爷"，一直干到离休。

果然不出我所料，老领导告诉我，郭峰同她第一次谈话，她便非常坦诚地袒露了自己的想法。还特别强调，省委让她重新回省政府工作，确实是对她的信任，可是1982年她到省政府时才50岁，还算是"小媳妇"，而且是协助谈立人副省长工作；现在她57岁，已经是老太太了，要辅助长春省长工作，感觉压力太大，怕自己担不起来这个担子。

第一次谈话，郭峰同志没有勉强，只是让她好好考虑考虑。虽然话说得轻松，但在老领导心中，却是极有分量的。

郭峰在辽宁乃至东北地区都拥有很高的威望。他资历很老，1933年4月加入中国共产主义青年团，参加过著名的"一二·九"学生抗日救亡运动。在"西安事变"爆发期间，曾被中共北方局派到东北军做地下党工作，担任第53军第119师教导营教官。抗日战争全面爆发后，又被党派往太行山一带领导游击队开展敌后斗争，为创建和坚持冀西抗日根据地作出了重要贡献。解放战争期间，先后担任辽吉省第三地委书记兼军分区司令员，辽吉省委民运部部长、秘书长、省委常委，为坚持辽吉边区对敌斗争作出了重大贡献。1948年11月，东北全境解放，郭峰先后担任辽北省委副书记、书记和辽西省委书记、省军区政委。全国解放后，中共中央组建东北局，郭峰先后担任组织部副部长、部长、东北局委员，对如何加强党对政权工作的领导以及党的自身建设进行了积极探索，作出了具有创建性的贡献。1953年"高岗、饶漱石事件"发生后，郭峰被牵连其中，成为"高饶反党集团"的"五虎上将"之一，被撤销党内职务，下放到基层工作。面对莫须有罪名的打击，郭峰并没有一蹶不振，消沉下去，而是不计个人得失，始终相信党组织总有一天会正确对待自己。在基层工作期间，他刻苦学习企业管理知识，努力改善企业生产经营活动，对在社会主义条件下如何办好企业积累了丰富经验。由于他工作表现良好，1959年被调任大连市计委副主任，1962年又被调任辽宁省财委副主任、党组副书记。就在他满腔热情准备为发展辽宁财贸事业作出更大贡献时，"文化大革命"爆发，他再次受到迫害和"审查"，1968年被下放到省"五七干校"劳动改造，停止工作长达10年之久。尽管如此，郭峰仍然始终坚定共产主义理想信念，坚信党的事业一定会胜利。1976年10月粉碎"四人帮"后，国家开始进行拨乱反正。1978年1月，郭峰被重新恢复工作，担任辽宁省财贸办副主任、党组副书记。1978年底党的十一届三中全会胜利召开后，郭峰开始走上新的历史舞台，先后担任辽宁省委书记兼沈阳市委第一书记，辽宁省委第二书记、第一书记。也就是在这期间，老领导从沈阳五三工厂党委副书记、厂长位置上提任省委常委、副省长、省总工会主席，一直在郭峰同志领导下工作。按照老领导自己的话说，她是在郭峰书记的培养下成长起来的，所以对郭峰书记一直心怀感激与敬仰。

1985年6月，年满70岁的郭峰，高风亮节，主动向中央申请退出领导岗位。此后虽然仅仅出任全国和辽宁省党建研究会顾问、辽宁省关心下一代委员会名誉会长，以及辽宁省委老干部工作领导小组顾问等虚职，但由于他的资历、威望以及中央对他的信任，所以他在调整省级领导干部问题上是很有影响力和话语权的。因此对于郭峰的话，每个领导干部都必须认真考虑。

老领导一口气向我讲述完毕，我试探地问："您同意了？"

老领导道："其实我早就知道，不管我同不同意，都必须服从省委的决定。我之所以同郭峰同志谈了三次，主要是因为长春同志年轻，工作标准高，我怕跟不上，耽误了工作。虽然郭峰同志给我鼓了不少劲，也谈到长春同志对我的信任和期望，但我还是向郭峰同志和省委提了一个要求：现在国家以经济建设为中心，应该选一个懂经济的年轻副省长做常务副省长，我一定会很好地配合他们工作。郭峰同志答应考虑一下。"

我心里一动，再一次感受到了老领导的高风亮节和大局观。

过了两天，李国忠主席郑重其事地找我谈话，说素芝主席要回省政府工作了，她在党组会上提议让我跟着她走。但是党组其他同志都建议将我留下，由她另外选一位年轻同志做秘书，跟她到省政府。现在党组会没有做最后决定，想再听听我的意见。

还没等我表态，李国忠主席直接说："我和其他同志，包括乃宴和廷章两位老主席的意见是把你留下来，先做副秘书长兼办公室主任。"

我心里一动。

李国忠主席不等我说话，又说："你好好干，还有两年多省总工会就要换届，到时候争取提你为副主席，文信和王专都是从副秘书长岗位上提拔为副主席的。"

由于这几年已经跟李国忠主席相处得很熟了，所以我便直爽道："您和几位领导这么为我着想让我非常感动，从我个人而言，当然希望这样做了，但是陈主席肯定不能同意。"

李国忠主席道："如果你同意我的意见，我就再向素芝主席争取一下，帮助她在机关再选个秘书，她想要谁我们都放。"

这时，我突然想起头几天老领导推心置腹跟我讲的那一番话，便果断道："谢谢李主席和其他领导对我的厚爱和器重，我想还是尊重陈主席的意见吧！她年龄大了，重新回省政府工作也是很不容易的，我跟她过去或许还能帮上她点忙。如果哪天陈主席同意放我，我肯定回来，到时候您收留我就行。"

1988年元旦刚过，我就随老领导正式到省政府上班了。

1月20日至28日，辽宁省第七届人大第一次会议在沈阳召开，经过大会选举，77岁的王光中当选辽宁省人大常委会主任，44岁的李长春高票当选辽宁省人民政府省长，成为当时全国最年轻的省长。

那一届省政府领导班子，真正体现了"老中青"三结合。其中，省长李长春是年轻干部的代表；副省长陈素芝、林声和王文元，都是1931年出生，57岁，是老干部的代表；三位中年副省长朱家甄、闻世震、肖作福，都是1940年左右出生，48岁，是中年干部的代表。从党派上看，王文元副省长属于民主党派代表，其余6人都是中共党员，所以政治结构也非常合理。根据老领导的建议，省委决定分管经济工作的朱家甄为党组副书记、常务副省长，排在老领导前面。

省政府同时安排两位党组副书记、常务副省长是一次破例，此后再也没有出现过。

按照省政府领导成员的分工，老领导作为省政府党组副书记和常务副省长，主要负责政务工作，具体分管公安厅、司法厅、安全厅、民政厅、民族宗教委员会、人事厅、编委办、信访办、台办、机关事务管理局、省政府交际处，负责与法院、检察院的联系，以及省委、省政府与沈阳军区和辽宁省军区的联系，此外还兼任省直机关工委书记和辽宁企业家协会会长，分管部门和单位近20个。

当时在小白楼二楼，李长春省长在201房间办公，朱家甄副省长在202房间，老领导在203房间。我和李长春、朱家甄两位省长的秘书共同在206房间办公。作为秘书，省政府的工作环境和接触范围与省总工会有很大不同，取送文件到文电处，活动安排事务协调由秘书处负责，重要文件的撰写则是在综合处。

当时省政府办公厅组成几个综合处，由对应的副秘书长牵头，为各位副省长服务。为老领导服务的是副秘书长张鸣岐和综合二处的郭富春、杨军。

张鸣岐在担任沈阳黎明机械厂团委书记时，我在团省委青工部，曾经总结推广过该厂团委组织团员青年开展"新长征突击手"活动的经验。共青团辽宁省委和团中央因此先后授予沈阳黎明机械厂团委辽宁省和全国"新长征突击手"活动先进集体荣誉称号。后来他被调任沈阳市总工会副主席。1982年5月担任团省委副书记，成为我的领导。1983年6月，老领导担任省委常委、省总工会主席，分管工青妇组织，与张鸣岐相识。由于都是工人干部出身，他们之间在为人处世方面有很多相似之处。

郭富春1982年从沈阳师范学院政教系毕业后，被选调到团省委，后来又被推荐到省政府，曾经给副省长白立忱当秘书。后来白立忱提任宁夏回族自治区党委副书记、自治区人民政府主席，他又陪同到宁夏工作几年。我和郭富春在团省委时就熟悉，知道他有较好的协调能力和文字水平。

杨军与郭富春同龄，都是1956年出生，是从省法院调过来的，因为老领导分工负责与省法院的联系，需要有个熟悉法院业务的人。虽然我和他是初相识，但是我对他很有好感。

就这样，我便和张鸣岐、郭富春、杨军正式成为老领导身边密不可分的四人工作班子。而我对老领导的称呼，也随同他们开始改称"陈省长"。

我刚到省政府没几天,就明显感觉工作量增大了。因为省政府的工作与省总工会相比,不仅节奏快,而且程序多,一切都要重新熟悉。更主要的是,在省总工会时,老领导的事务性工作由办公室秘书科负责,我只负责她的政务性和协调性工作。到了省政府,没有可借用的力量了,不仅秘书所要承担的"参与政务,管理事务,搞好服务"的工作要由我负责,而且其他领导秘书不负责的文字工作,我还推不掉。因为经过几年的磨合,我对老领导的讲话风格和语言习惯已经熟悉了,所以有关部门给她起草的署名文章和讲话材料,还需要我进行修改,有的甚至要重写。由于情况不熟,每修改一份材料都是一次重新学习业务的过程,这不仅增加了工作压力,还占用了大量时间,所以刚开始真有点分身乏术。好在老领导不讲排场,她有时参加一些会议或活动不用我陪同,或者是自行前往,或者是与副秘书长张鸣岐同行,这样便给我腾出了一些机动时间。工作一忙,我早就将自己的事情忘到脑后了。

一天晚上下班后,老领导将从省总工会带过来的司机纪师傅放走,我们俩步行回家。走出小白楼大院,她突然说道:"小韩,回家你和小孙商量一下,跟我过来吧!我知道,国忠主席他们一直希望把你留在省总工会,而且对你的安排也有不错的打算,我也一直在考虑。可是过来以后这些天,我还是下不了决心放你走。这几年我们俩在工作上配合得很默契,你帮了我很大的忙。我头些天同你说过,这次虽说是重新回到省政府,但毕竟我已经快60岁了,要辅助长春省长工作,压力很大。所以我还是想让你再跟我干一段,帮帮我,等这边工作熟悉了,我再换个人接替你。"

老领导这么说,我心头不禁一热,眼睛有些发潮。一个省级领导干部能够推心置腹地同身边工作人员说出这样的话,还有什么可商量的呢!

百姓心中的好人好官——追忆老领导陈素芝

所以我爽快答道:"您放心吧,我早就和小孙商量好了,她完全支持我跟着您留在省政府,这样上班还更近了呢!"

老领导若有所思道:"这几年你跟我确实有点吃亏,不然早就担任省总工会办公室主任甚至副秘书长了。"然后停顿了一会儿道:"亏就亏点吧!好在你还年轻。回家替我谢谢小孙!"

老领导担任省委常委、常务副省长后,迎接她的不光是掌声和赞誉,也有来自各方面的怀疑。有的人甚至公开质疑:为什么让一个快60岁的女同志分管政法、信访、民政等如此敏感的工作?她一个工人出身的干部,不懂公安政法业务,能行吗?

言外之意,像她这样的女领导干部在省政府领导班子里,只能管点儿文教卫生等方面的工作,做个陪衬。

对于这些质疑,老领导并不在意,因为六年前她从沈阳五三工厂初到省政府时,也听到过同样的闲言碎语,比如,一个50岁的女同志,在工厂里管管生产还勉强可以,管一个工业大省的经济工作,她能承担起来吗?

老领导平生最不缺乏的就是自信,如同当年毛主席在诗词中所说的:"自信人生二百年,会当水击三千里。"当然这种自信不是盲目乐观,而是源于党组织的信任和自己的刻苦努力。所以在她重新回到省政府之后,用力最多的是公检法司安等政法部门,因为这涉及国家安全和社会稳定;用心最重的是民政、人事、民族宗教和"双拥"工作,因为这涉及党和政府制定的政策能否真正惠及人民群众以及地方同军队的关系;用情最深的是信访接待、残疾人和老干部工作,因为他们面对的是社会弱势群体和党和国家的宝贵财富。同时她又按照毛泽东同志早年间教授给各级领导干部的工作方法,"弹好钢琴",协调处理好自己分管、代管和负责联系的各项工作,促进全面协调发展。

第五章 | 李长春省长的好搭档

把政法工作放在首位，是老领导为自己确定的基本准则

那个时期，省政法系统有四个突出特点：一是老同志多，比如公安系统出身的有省人大常委会副主任张铁军、左琨，省检察长徐生，省司法厅厅长温玉超，省安全厅副厅长吕复等，即使是省公安厅的几位副厅长和厅级调研员，也是赫赫有名的老公安；二是北京政法学院毕业的大学生多，比如省法院院长张焕文，副院长范方平、刘广明，副检察长杨业勤、王春芝，省公安厅厅长郭大维，省司法厅副厅长李成义等；三是领导同志的秘书多，老一茬的如公安厅副厅长白云涛、赵士君等是老一代省委、省政府领导秘书，年轻的秘书就更多了；四是还有1982年9月成立的辽宁省武装警察总队，简称"省武警总队"，虽然属于现役部队，但同解放军又有很大区别。

而在老领导的工作履历中，从来没有接触过这方面的人和事。记得当年春节前，新任省公安厅厅长郭大维在北陵招待所宴请省委、省政府分管政法工作的领导同志王巨禄、陈素芝，以及张铁军、左琨、徐生等公安系统的老前辈。参加作陪的除了现任省公安厅副厅长杨庆贤、白云涛、赵士君，副厅长兼省武警总队总队长张国光外，还有几位已经离任的公安厅老领导，如郑克昌、李平心、尹仲菊等公安前辈。这时我才真正感受到，公安系统真正是一个勇武刚强的男人世界。同这些人相比，老领导无论在年龄、资历还是性别上，都属于"新兵"和"弱者"。面对这些老革命，我在心中都有一丝胆怯。幸好同席的白云涛和赵士君两位副厅长过去也曾经担任过省老领导的秘书，对我比较照顾，才少了很多尴尬。

也正因为如此，当时公安系统有些人对老领导分管政法特别是公安工作是有些担心和疑虑的。

但是，老领导既不避讳自己经历方面的欠缺，也没有被即将面临的很多不可预知的难题所吓倒。为了尽快适应公安工作需要，她从三个方

百姓心中的好人好官——追忆老领导陈素芝

而加以突破。

首先，她像当年第一次到省政府后开设立人副省长"为师"一样，对张铁军、左琨等公安战线的老前辈、老领导非常尊重。由于在东北局大院里，老领导与张铁军、左琨几家是邻居，而且相处得非常好，所以她不止一次地向我介绍这两位老公安的业绩。

张铁军是山西人，又名郝青山、郝笑严，年长老领导10岁。1937年9月参加八路军，1938年3月加入中国共产党。参加过抗日战争和解放战争。1946年3月，担任中共佳木斯市委委员、市公安局副局长，负责开展隐蔽斗争，正式更名为张铁军，开始了公安工作生涯。1949年起，先后担任合江省公安厅副厅长，辽西省公安厅副厅长兼公安总队司令员、政委，带领公安干警开展剿匪斗争，反奸清算，打击反动封建会道门，镇压反革命。

1950年2月17日，毛泽东同志参加中苏首脑会谈后从莫斯科乘火车回国，途经锦州。张铁军布置沿途警卫力量，严密组织村干部和民兵巡逻、放哨，直到把毛泽东同志的专列安全送走。此后3年开展镇压反革命运动，破获潜伏城乡阴谋叛乱的"辽热剿共联军""反共义勇军""中国国民党青年救国会""圣母军"等反动组织几十起，逮捕反革命分子1017名，缴获大批武器弹药。1953年，担任辽西省公安厅厅长兼省检察院检察长。1954年8月1日，辽东、辽西两省合并为辽宁省，张铁军任辽宁省公安厅副厅长。在他的领导和指挥下，先后挖出隐藏在天主教里的反革命分子龚品梅和基督教反革命集团的王明道，以及国民党潜伏特务徐力。1960年他领导侦破了香港派遣特务案。此外，在20世纪50年代，教育抚顺战犯管理所的干警严格贯彻执行党制定的"改造第一、生产第二"的劳改方针，从思想教育入手，成功改造了日本战犯和伪满洲国皇帝溥仪。1956年五六月间，在沈阳审判日本战犯的法庭上，溥仪和36名日军战犯全部低头认罪，创造了古今中外战争史上的奇迹。1961年3月，张铁军被任命为辽宁省公安厅厅长。

20世纪五六十年代，毛泽东、刘少奇、周恩来、朱德、邓小平、陈云、董必武、陈毅、叶剑英等党和国家领导人先后到辽宁视察，都是由张铁军亲自陪同保护，未出过任何差错。

"文化大革命"爆发后，公检法系统被砸烂，张铁军也遭受到严重迫害。直到粉碎"四人帮"后，才被重新恢复名誉。1978年3月被任命为省委常委，分管政法工作。1980年被任命为副省长，主管政法工作。他认真贯彻落实党的十一届三中全会精神，大胆拨乱反正，积极平反冤假错案，先后以省委名义平反了"国民党军统沈阳情报联络站特务集团案""东北帮叛党投敌反革命集团案""城工部叛徒特务集团案"等著名大案，以及因"四五"天安门悼念周总理受迫害群众案和残杀张志新案。对公安机关4209名受迫害的干警及家属给予全部平反，并为95297名"地富反坏"分子全部摘掉"四类分子"帽子。

1985年，张铁军当选省人大常委会副主任（党组副书记）兼省委政法委书记，分管人大内务司法委员会。1988年，张铁军再次当选省人大常委会副主任。此后还被任命为公安部、国家安全部咨询委员会委员。

在我的人生经历中，对于张铁军的名字，我还是中学时从长篇公安纪实文学《卫士之歌》里面知道的，那时他就足以令我钦佩。现在听了老领导的介绍，我对这样一位功勋卓著的老公安更加敬重了。

对于左琨的名字，我是到团省委工作后听说的。1976年11月，他任辽宁省公安局副局长、党组副书记，1977年12月任辽宁省革命委员会副主任兼辽宁省公安局副局长，1980年2月任辽宁省公安厅厅长、党组书记，辽宁省政法干部学校校长。后来听老领导介绍才知道，左琨是宁夏人，1942年年仅16岁就加入了中国共产党。1945年9月奔赴东北开展对敌斗争。新中国成立后，先后任兴城县公安局局长、社会部部长，锦州石油六厂副厂长，辽西省公安厅副处长、处长，辽宁省公安厅副厅长等职务。"文化大革命"期间遭受迫害，1970年1月被下放到昌图县农村

百姓心中的好人好官——追忆老领导陈素芝

陈素芝与省委副书记王巨禄（左一）、省人大常委会副主任张铁军（右二）、左琨（左二）合影

劳动改造。1971年10月任昌图县七家子公社革委会副主任，1972年6月任辽宁省革委会人保组副组长。左琨一生中最重要的影响和贡献，是在1980年4月，公安部受理林彪、江青反革命集团案后，为了加强对江青反革命集团的预审工作，从全国各地抽调400多名政治立场坚定、预审业务精通的老公安，进驻秦城监狱，开展内查外调工作。左琨及后来担任公安部部长的浙江省公安厅厅长王芳等均是其中的重要成员。或许正是这个原因，1982年3月，中共中央批准左琨任辽宁省人民政府副省长，并在1983年4月辽宁省第六届人大第一次会议上正式当选。也就是说，左琨与老领导是同一时期担任副省长的。而在1988年1月辽宁省第七届人大第一次会议上，年长老领导5岁的左琨当选省人大常委会副主任。

现在老领导作为常务副省长分管政法工作，所以对张铁军、左琨这两位辽宁省公安系统的老前辈、老领导格外尊重，真诚地视他们为"师长"，凡属重大问题都虚心听取他们的意见，对自己所分管的公安工作，认真接受省人大的监督。人与人之间的尊重都是相互的，俗话说"人敬我一尺，我敬人一丈"。老领导对张铁军、左琨等公安前辈发自内心的尊重，换来的是他们对自己工作的鼎力支持。

其次，通过努力刻苦学习，弥补自己对公安政法工作在认知和实践上的短板，使自己尽快从外行变成内行。这是到省政府工作后，老领导给自己制定的首要任务。那个期间，她让我每天尽可能多地给她提供有关公安政法工作的文件、简报、资料，让她在第一时间里掌握中共中央、国务院以及公安部对公安机关制定的政策、法规，了解全省公安系统的工作情况和重大案情，从不打无准备之仗。所以，每天下班我都要送给她一厚摞文件、资料，她把这些作为必须完成的家庭作业。而我作为秘书，通过帮助她筛选、提供有关文件和资料，也是一个重新学习和适应的过程。

最后，深入实际，调查研究，用事实说话，这是老领导一贯坚持的工作作风。为了尽快了解熟悉公安政法工作，她一上任就带着我到鞍山、营口等地基层公安、司法机关，以及朝阳市凌源监狱、盘山县看守所、沈阳市马三家劳动教养院和女子监狱、鞍山市海城少管所等地进行调查研究，与公安民警、管教人员进行座谈，掌握了大量鲜活的第一手资料，了解了监狱、劳改劳教部门存在的问题和一线公安民警的需求，体察了他们的辛苦。我现在还清楚地记得，当年到鞍山市公安局调研时，局长叫李成元，是一名老公安。他非常注重培养年轻干部，汇报时特意让年仅37岁的常务副局长庄敏主讲。庄敏是交警出身，后来被选调到北京公安大学深造，既懂公安业务，又有理论素养，汇报时不仅井井有条而且还很幽默风趣，给老领导留下深刻印象。后来经过省人事厅考核，庄敏于1990初被调任辽宁公安司法管理干部学院副院长。

俗话说，不鸣则已，一鸣惊人。记得当年老领导第一次参加以省政府名义召开的全省公安局长会议，省公安厅办公室依照惯例事先给她起草了一份讲话稿。由于是第一次在政法系统会议上亮相，老领导对此非

百姓心中的好人好官——追忆老领导陈素芝

常重视，她自己先把讲话稿认真审阅一遍，除了在原稿上作了一些必要的修改外，还用省政府的便笺纸亲自草拟了一个修改提纲，然后让我和郭富春反复进行了几次较大的修改，直到住进会议宾馆后，她吃完晚饭没有休息，还同我们再次进行研究，最后根据她的意见由郭富春作最后的修改、誊抄。第二天凌晨4点完稿后，我们按照事先与她的约定，从门底缝隙处将讲话稿塞进她住的房间。

在第二天的大会讲话中，老领导滔滔不绝，慷慨激昂，不仅有观点、有分析，而且还有数据、有论证，其间她还几次脱稿展开论述，其对公安工作情况之熟悉，对现存问题分析之尖锐，对解决问题的方法措施之精准，其语言风格之清新，令与会的省市两级公安机关领导干部大吃一惊，敬佩不已。"一炮打响"后，一些向来重业务、轻思想，对上级领导讲话比较挑剔的省市公安厅局长们开始对陈素芝这位工人出身的女省长刮目相看了。

└──○ 陈素芝与省人大常委会副主任张铁军到沈阳市东陵区法院调研

老领导在分管政法工作期间，还主动加强与省法院、省检察院以及省委政法委的沟通和联系，同省法院院长张焕文、省检察院检察长徐生、省委政法委书记等都相处得非常融洽，相互之间在工作上给予配合与支持。老领导平易近人，而且有见人一面就能记住的特长，所以经过几次接触，便与这几大部门和单位的领导班子成员熟络起来，比如，省法院副院长范方平、孙谷源、卜维义、刘广明，省检察院副检察长郭春来、杨业勤、张富锦、周恩耀、王春芝，甚至对一些处级干部和一般干部也不陌生，比如经常到省政府汇报工作或取送文件的省委政法委中层干部曹树森，甚至连徐生检察长的司机小魏、省公安厅的一名普通民警，都与作为常务副省长的老领导没有一点距离感，后来甚至成为忘年交。

老领导虽然是政法工作的门外汉，但是由于她肯于学习，注重调研，所以很快变成行家里手。在她分管公安政法工作期间，我曾经跟随她针对社会敏感问题和政府重点工作，做过几次大的调查研究，形成了很多具有前瞻性和创新性的调研成果。

为了加强社会治安综合治理工作，老领导六次到营口市总结"打防结合"的工作经验，并在全省广泛推广，对提升人民群众的安全感起到了重要作用。

为了推进依法治国方略的落实，老领导多次到本溪市调查研究，帮助市委、市政府总结依法治市的经验，受到中央和国务院有关部门的充分肯定。

为了加强监狱安全管理，提升改造质量，老领导多次到沈阳、凌源、盘锦等地监狱和看守所进行调查研究，呼吁省、市两级政府帮助监狱和看守所解决软硬件建设问题，调动了广大监狱干警的工作积极性。

百姓心中的好人好官——追忆老领导陈素芝

陈素芝到丹东市劳动教养院调研

  为了消除基层政府部门存在的有法不依、执法不严、违法不究等问题，老领导应《辽宁法制报》[①]邀请，发表了《加强法制建设，改善执法活动》的署名文章。文章严肃指出，当前造成执法活动不力的原因是多方面的。一是法律知识不普及，人们的法治观念淡薄。特别是一些领导干部习惯于以权代法、以言代法，处理问题不能以法律为准绳，以事实为依据，而是想当然、凭经验，自己说了算。二是党政不分。在执法活动中，往往是党委决定，政府去办，不习惯把党的意志变成国家意志，通过法律程序去办，没有体现司法的独立性。三是缺乏对政府部门的有效监督……为此，老领导明确提出，要继续抓好全民性的普法教育，增强人民群众特别是各级党政领导干部的法律意识和法治观念；要改善执法活动，增强司法的独立性；要加强法制建设，强化法律监督……

---

  ① 2021 年 11 月，《辽宁法制报》正式更名为《辽宁法治报》。

在老领导的带动下，省直政法各厅局的领导同志，也都坚持深入实际，坚持调查研究，使全省公安政法工作更加贴近党委、政府中心工作，更加适应改革开放的现实需要，更加符合人民群众的民生要求。

为了加强省直政法部门领导班子建设，老领导还协助省委组织部，打破常规，为省公安厅和安全厅选配了党务和政工干部出身的常务副厅长，分别是祝春林和迟金山。后来的实践证明，对这两名干部选拔任用是非常正确的。

祝春林曾经在老领导作为省委常委分管群团工作时担任团省委副书记，以后又担任省委老干部局副局长，具有丰富的政治工作经验，对老干部、老同志也非常尊重。记得当时在省委常委会上，组织部共提出四名省公安厅常务副厅长拟任人选，老领导和省委副书记孙奇合力推荐祝春林，最后得以通过。

迟金山原是铁岭市委副书记，老领导在负责整党期间与他多有接触，感觉他政治觉悟高、思想过得硬、人品很端正，比较适合做国家安全工作，便向省委组织部推荐并获得省委常委会的通过。

这两名干部履职后，都在各自的系统中作出了优异成绩：祝春林后来升任公安部政治部副主任、公安部纪委书记、督察长，并当选中央纪委委员；迟金山后来则接任省安全厅厅长，再后来转任省直机关工委专职副书记。

那位当年被她举荐到辽宁公安司法管理干部学院担任副院长的庄敏，后来也不断进步，先后担任省公安厅常务副厅长、省安全厅厅长。

老领导在任期间，还为政法系统解决了很多难题，办了很多大事。比如：

由省财政厅专门拨款，给全省交通警察配发了棉衣、皮裤、棉鞋，解决了公安交警冬季室外执勤御寒问题。

百姓心中的好人好官——追忆老领导陈素芝

　　由省编委办、省人事厅、省公安厅、省交通厅联合会商,将高速公路管理人员统一划归省公安厅管理,从而理顺了管理体制,提高了交通警察待遇,确保高速公路安全畅通。

　　20世纪90年代初期,凌源监狱由于经济效益不好,干警不能按月开工资,致使一家几口都在监狱工作的家庭日常生活受到影响,甚至出现个别女干警到舞厅陪舞挣钱的不良现象。当时在凌源监狱有句顺口溜:"罪犯有刑期,狱警无刑期。"很多干警是一家两代人甚至三代人在监狱里工作,所以监管人员是"献了青春献子孙"。由于干警没有工作积极性,所以监狱的管理安全问题受到严重影响。老领导为此专门到凌源监狱进行调研,然后由省政府出台了相关政策,保障了监狱干警的基本权益,维护了警察队伍的形象。

└─○ 1989年4月21日陈素芝到省边防局检查指导工作

高度重视信访工作，时刻把人民群众的利益放在第一位

省信访办在政府序列中一直属于弱势部门，长期不为人所重视。

1983年10月，省委、省政府决定成立中共辽宁省委、辽宁省人民政府信访办公室，为副厅局级。随后，全省14个市均设立了党政合一的信访办公室。许多信访数量多的省直部门也设立了信访工作机构，其他省直部门则配备了专兼职信访干部。

老领导到省政府工作时，省信访办的办公地点在省委斜对面的一幢小二层楼里，办公条件比较差，办公桌椅破破烂烂，办公室里面冬天冷、夏天热。自己办个职工食堂，但是设备陈旧，工作人员的福利待遇也很低，所以上上下下都没有积极性。

当时，十年"文化大革命"和拨乱反正后的历史遗留问题，改革开放后新出现的土地纠纷问题、企业之间的问题，以及因党风不正引发的民怨问题互相交织在一起。几乎每天都有人堵在省委大门口上访，人多时甚至妨碍了交通。由于接待上访的工作人员积极性不高，不仅解决问题的效率低，还经常同上访人员发生矛盾。

老领导过去管过整党和核查工作，深知信访工作的重要，她一上任便委托张鸣岐副秘书长先到省委信访办进行调查研究，摸清第一手情况。张鸣岐在那里召开了几个座谈会，听取了领导班子成员和普通干部的意见，然后向老领导进行如实汇报。他们俩经过认真分析研究，决定先从送温暖入手。

1988年春节前，老领导带着张鸣岐第一个到省信访办拜年。当时省信访办由省政府办公厅副主任张长鸿分管，主任是孙正才，副主任是黄仲喆、苗树洪。他们对老领导的到来，既惊喜又感动。

老领导首先代表省委、省政府，感谢他们过去以来的辛勤劳动，并向全体工作人员三鞠躬。这一举动令在场人员热泪盈眶。

老领导热情洋溢地说：信访办是一个非常重要的部门，是省委、省政府密切联系人民群众的桥梁、纽带和窗口，代表着党和政府的形象。她还当即表示，要同省委、省政府办公厅、省财政厅、省人事厅等相关部门沟通，尽快改善信访办的办公条件，提高工作人员的福利待遇。她还幽默地说：这件事由张鸣岐副秘书长负责，他干不好，你们可以向我告状！

省信访办的同志从来没有受到过省委、省政府如此关爱，都特别激动，有些女同志甚至流出了热泪。

此后，在张鸣岐的亲自督办下，省信访办的办公室全部更换了暖气设备，安装了电风扇和纱窗，食堂进行了装修，增添了不少新设备，还在省政府西侧新建了信访接待大厅，并且给接待信访的工作人员增加了工作补贴，使大家真切地感受到了省委、省政府的关怀与温暖，工作劲头也越来越足了。

省信访办的条件改善了，也带动了各市。此后，省市两级信访办认真学习推广沈阳市皇姑区信访办公室在全国首创的"文明接待"经验，以"接待群众热情、听取申诉细心、答复问题明确、处理问题认真"为标准，逐步提高了信访接待水平，提高了办事效率，使很多困扰上访人员多年的历史遗留问题得到妥善解决，来沈和进京的上访人员逐年减少，大大减轻了省委、省政府领导的压力，扭转了国务院对辽宁的印象，省信访办也因此破天荒地被评为省直机关"公仆杯"竞赛先进单位，此后多年保持了这个荣誉。当年我认识的张锦才、刘国华等中青年信访干部，后来也成长为副厅级领导干部。

省信访办的工作环境和服务质量年年在变，而老领导每年春节前都要带着张鸣岐和我们几个人第一个到省信访办拜年的做法，却一直没有变，最后形成雷打不动的惯例，一直坚持到她离开省政府。

对于残疾人工作和残疾人事业给予高度重视和极大支持

新中国成立后,党和政府始终高度重视残疾人组织建设和基础设施建设。1959年辽宁省成立盲人聋哑人协会。1985年成立残疾人福利基金会。1988年3月,中国残疾人联合会(简称"中国残联")在北京成立,邓朴方出任中国残联主席。两个月后,辽宁省政府决定将省盲人聋哑人协会与省残疾人福利基金会合并,在全国率先成立了辽宁省残疾人联合会(简称"省残联")。当时省残联归属省民政厅代管,理事长是王庆胜,副理事长是边永绵。此后,这几个人便开始隔三岔五地跑到小白楼找老领导汇报工作,由于来得频繁,连其他几位副省长的秘书都认识了。

过去我对残联工作并不熟识,经过多次接触,方才知道残疾人联合会是经政府批准和国家法律确认的将残疾人自身代表组织、社会福利团体和事业管理机构融为一体的残疾人事业团体,具有"代表、服务、管理"职能:代表残疾人共同利益,维护残疾人合法权益;开展各项业务和活动,直接为残疾人服务;承担政府委托的部分行政职能,发展和管理残疾人事业。省残联由省政府领导同志联系,业务上接受省政府有关部门对口指导。由于面对的工作对象特殊,所以残联的工作很辛苦,也很难做。

也许是出于对党的事业高度重视的责任感,也许是出于女领导干部所特有的慈母心,总之,老领导从一开始就对残联干部和残联工作给予了高度关心与支持。在她的呼吁下,经过各级党政机关的努力,辽宁省在全国第一个实现残联组织建到乡镇、街道,残疾人事业逐步纳入各级党委、政府的工作日程以及全省经济、社会发展规划。

在我的记忆中,老领导第一次深入基层残联组织是到沈阳市和平区残联,当时参观了沈阳假肢厂等好几个残疾人企业。后来又在团省委召开的全省"新长征突击手"活动表彰大会上亲切会见了身残志坚、自强

百姓心中的好人好官——追忆老领导陈素芝

不里问姨获人青年典型孙淑君。

孙淑君出生时，由于接生员不慎拽掉了她的髋骨，导致她腿部残疾，长大后虽然学习成绩优异，但因为是残疾人而失去了上大学的机会。后来她到街道幼儿园当了一名教师。为了体现自己的价值，她学会了用两条长短不一的腿和谐地踩踏风琴踏板，为孩子们演奏出动听的乐曲，由于工作努力还获得了先进工作者荣誉称号。尽管如此，她还是接连两次被辞退，理由都是一个：让一个残疾人当幼儿教师，会给孩子心灵蒙上阴影。

闲居在家的孙淑君，时不时地看到一些邻居家的残疾或者智障儿童，要么是没人管教在大街上乱跑，要么是被家长关在家里与外界隔绝。这一幕幕令人痛心的情景，促使天生不服输的孙淑君暗下决心：自费办个像样的幼儿园，让更多的残疾儿童和正常人一样拥有一个幸福的童年。几经周折，孙淑君于1983年拿着从12个亲戚朋友那里借到的1600元钱，创办了"淑君幼儿园"，第一批就招来了49名智障儿童。后来经过不懈努力，幼儿园越办越好，孙淑君也因此被团省委授予辽宁省"新长征突击手"光荣称号。

孙淑君的事迹，让老领导更加感到关心、关爱残疾人和残疾人事业是各级党委和政府义不容辞的责任，也是自己的分内之事。所以在省政府工作期间，她一直把大力支持发展残疾人事业，使更多残疾人自食其力、成为国家的主人，放在自己工作的重要地位。

1988年12月，老领导到营口调研时专门让市政府安排到盖县纸箱厂，市消防器材修配厂，站前区社会福利康复中心，市机床配件厂，西市区老年公寓、康复中心、针织厂、胜利机械加工厂，检查那里对残疾人安置政策的落实情况。

1990年12月28日，第七届全国人大常委会第十七次会议通过《中华人民共和国残疾人保障法》，明确残疾人联合会的主要职责是调查残疾人的状况，统计残疾人的数据，分析残疾人成因，为残疾人开展康复、预防等方面的技术服务。在优生、上学、生产、生活、征婚、康复、预防等方面开展活动，切实改善残疾人生产、生活状况。

老领导对贯彻落实残疾人保障法非常积极，在她的努力下，省政府决定组建辽宁省残疾人康复中心暨辽宁省友谊医院，将其作为辽宁省唯一一所由政府扶持，建筑面积为16000平方米的集残疾人康复医疗、教育康复、社区康复为一体的公益性医疗康复机构。康复中心设医疗科室18个，重点科室有聋儿康复科、孤独症儿童康复科、眼科及白内障复明和低视力儿童康复中心。其中聋儿康复科是全国最大的聋儿康复中心之一，可为聋儿检测听力、定制耳膜、调配助听器，并常年开展听力及语言康复训练。

当年为了加快辽宁省残疾儿童康复中心建设，老领导号召全省共产党员每人至少捐献一元钱，这件事在全国影响非常大。经过几年的努力，辽宁省残疾人康复中心暨辽宁省友谊医院于1992年正式建成开诊，老领导代表省委、省政府参加了剪彩仪式。

此后，在省市政府大力支持下，辽宁的残疾人事业进入健康发展的快车道，一举成为全国的排头兵。老领导曾应中国残联邀请四次进京向全国介绍辽宁残疾人事业发展情况和经验，得到了中国残联主席邓朴方的高度赞扬。邓朴方也三次来辽宁视察，盛赞辽宁残疾人事业是全国的一面旗帜。经过中国残联的推介，辽宁省残联事业得到了国际社会的支持，比利时弗拉芒政府曾经援助省儿童康复中心设备（包括人员）及培训金额达数亿元人民币。

残疾人事业的发展，使残疾人迎来了温暖明媚的春天。

曾经得到老领导关爱和各级政府及残联组织帮助的沈阳市残疾人典型孙淑君，面对残疾人事业蓬勃发展的大好形势，萌生了一个新的想法：把收入丰厚的"淑君幼儿园"上交街道，自己重新创办一所专门招收3岁

百姓心中的好人好官——追忆老领导陈素芝

丰7岁残疾儿童的"启智幼儿园"。但她又担心自己干不好，就想到老领导家里汇报。老领导得知后，怕她腿脚不好出入省政府大院不方便，便亲自来到幼儿园，详细听取了孙淑君的想法，然后鼓励道："你大胆干，以后有什么困难随时可以给我打电话。"

得到了老领导的支持后，孙淑君便起早贪黑地选地点、筹资金、跑批件，从街道、区政府到市政府、市妇联，再到省教委、省残联、省希望工程办公室，从1991年起历经3年多时间的艰辛努力，终于在1994年9月，将一所占地1400平方米的幼儿园建起来了。开园后，老领导亲自前去参观，走进"启智幼儿园"，映入她眼帘的是宽敞明亮的教室、功能齐全的游乐室、微机室、游泳池、音乐厅……老领导边看边夸奖孙淑君干得漂亮！

当孙淑君一门心思想把残障幼儿启智教育做大做强时，没想到却传来了一些风言风语。几年来一直处在鲜花和掌声中的她，一时有些受不了，就去老领导那里诉委屈，并伤心地哭起来。老领导听后就用自己在"文化大革命"中受到冲击的事例开导她："不要在乎别人怎么说，一定要在乎自己怎么做。"听了老领导的话，孙淑君的心里立刻畅快了，决心既不盲目乐观，也不顾影自怜，要有足够的勇气，心平气和地面对人生中遇到的各种考验和挑战。

此后，在省政府和省残联的大力支持下，孙淑君不断加快幼儿园发展脚步，大力提升教育质量：1995年，幼儿园与比利时政府签署了援助项目协议；1996年建成了300平方米的残儿训练厅；1997年建成了1300平方米的游泳池和音乐厅；2002年幼儿园被评为辽宁省德育教育基地。幼儿园成立14年，共招收残疾儿童620名。其中5%升入正常小学随班就读；30%升入智障者学校，5%在原有基础上得到提高。看到一个个与自己幼时有着相同经历的残疾孩子纷纷健康成长起来，孙淑君心中充满了成就感和自豪感。有付出必有回报，2003年和2008年，孙淑君连续当选第十届、第十一届全国人大代表，像自己的人生导师陈素芝副省长一样，在庄严宏伟的人民大会堂同党和国家领导人一起共商国是。

老领导逝世后，孙淑君追忆道："我被选为第十届、第十一届全国人大代表后，每次我写的建议意见及大会发言，陈省长都给予指导、鼓励和肯定。2013年我作为省代表的候选人，落选了，陈省长立刻打电话给我：'该干什么干什么，身体是自己的，做人是长久的，不能当一辈子代表，干好本职工作，好好和小刘过日子。'放下电话后，我立刻从云山雾罩变得豁然开朗。"

作为残疾人，对老领导怀有感恩之心的还有已经担任中国残联副主席的吕世明。吕世明出生于1960年7月，从小肢体残疾。1980年12月，乘着改革开放的东风，他有幸进入大连石油七厂当工人，由于自强不息，勤奋好学，积极上进，1988年6月加入中国共产党，并以顽强的毅力利用业余时间完成了辽宁师范大学夜大和中央党校研究生院的学业，获得中央党校行政管理专业研究生学历，从此成为辽宁省残疾人先进典型。此后，在辽宁省和大连市党委、政府以及残联组织的帮助支持下，逐渐走上残疾人组织的领导岗位，历任大连市残疾青年协会理事长、残疾人福利基金会常务副理事长，辽宁省大连市残联副理事长、党组成员、党组副书记，辽宁省残联主席团副主席、执行理事会副理事长、执行理事会理事长、党组副书记、党组书记。

吕世明到省里工作后，老领导亲自到他家里看望，询问他的生活情况，发现他所在的小区没有设置残疾人专用车道，便立刻向有关部门反映，使这个问题迅速得到解决。对此，吕世明深受感动，念念不忘。

由于工作突出，吕世明后来被调入北京，先后担任中国残联第四届执行理事会副理事长、党组成员，中国残联第五届、六届、七届主席团副主席，中华全国体育总会副主席，中央文明委委员，并当选辽宁省第九届人大代表，第十三届、十四届全国人大代表，第十三届、十四届全国人大常委会委员，成为跨越世纪的优秀残疾人代表。

老领导逝世后，吕世明从报纸上得知这个消息，立刻给孙淑君打电话询问情况，表示哀悼。他动情地说："我们都是在陈省长关怀下成长起来的，陈省长为辽宁的残疾人事业立下汗马功劳。"电话中，他和孙淑君还一起回忆起当年去陈省长家时的情景，当时陈省长不仅热情接待他们，还在他们临走时送给每人一盒茶叶，并非常歉意地说："你们来我也没有准备，找了半天，就两小盒茶叶了，给你俩一个人一盒吧。"此情此景，吕世明和孙淑君至今还记忆犹新。他们感慨道：我们去看省长什么礼物都没有带，却把她老人家的茶叶拿回来了。

由于老领导对残疾人和残疾人事业的特殊关爱和支持，当年很多在残联工作的干部对老领导都怀有钦佩和感激之情。我在任第十届辽宁省政协常委、省政协文化和文史资料委员会副主任期间，一次偶遇省残联一位年轻的副理事长，他听说我曾经给陈素芝副省长当过秘书，便情不自禁地称颂起老省长对发展辽宁残疾人事业所作的贡献。据孙淑君介绍，听到老领导去世的消息，朝阳市残联理事长吉卫东给她打来电话，悲痛地说："没有陈素芝省长的主管，就没有辽宁残疾人事业的今天！"

把民政工作放到重要位置

民政部门是各级政府主管社会行政事务的职能部门。民政工作的主要任务是负责有关社会行政管理、指导基层组织建设、开展"双拥"和优抚安置工作、组织社会救济和社会福利工作。作为分管省长，老领导一上任就把民政工作摆在重要位置。

可能与常年接触的工作对象有关，省民政厅的几位主要领导同志，比如厅长杨庆信，副厅长张永印、张志新、林茂勋等，都是朴实谦恭的人。而老领导的平易近人，也同样使他们感到亲近。正因为这个原因，省民政厅的领导很快就成为小白楼的常客。

由于民政部门负责社会救济和救灾工作，所以遇到自然灾害等突发事件，就必须立刻前往，这一点同公安系统极为相似。我印象比较深的是1988年夏天，宽甸地区发生特大泥石流，冲毁了大片村庄、良田，一些铁路和桥梁遭受严重破坏，给国民经济和人民生命财产造成巨大损失。老领导接到报告后，迅速带领省公安厅、省民政厅等有关人员驱车赶往现场。当时因为另有任务，老领导不让我随同前往，我又不放心她的安全，便向省民政厅领导千叮咛、万嘱咐，拜托他们照顾好陈省长。另外一次是1989年10月下旬，阜新、朝阳等辽西地区发生灾情。10月31日上午，老领导按照原计划在沈阳主持召开第三次"双清会议"，会议结束后便驱车赶往阜新，连中午饭都没有来得及吃。下午到达阜新后，立即在西山宾馆听取阜新代市长汇报灾情。第二天又前往朝阳市了解生产自救情况。

民政工作直接面向人民群众，政策性、敏感性比较强。老领导在分管期间，大力推动民政工作改革，尽心竭力地为群众办实事、办好事。比如：

加强社会团体登记管理。过去这方面的工作比较混乱，而且是全国性的问题。1989年，国务院颁布了《社会团体登记管理条例》。老领导要求省民政厅借此之机，将全省的社会团体登记管理工作统一实行由县级以上人民政府民政部门归口管理，防止政出多门。为此，还与省人事厅、省编委办协调，在省、市两级政府分别建立了社会团体登记管理机构，在县区配备了专人管理社团登记工作。1992年，辽宁省社团登记管理机关组织专家、学者和实际工作者联合编写了新中国成立以来第一部反映辽宁省社会团体概貌的工具书——《辽宁社团概览》，得到了民政部的肯定。

加强城乡基层组织建设。首先是城市街道办事处建设。20世纪50年代末，受农村人民公社化的影响，城市以一个街道或几个街道为单位建立街道人民公社，成为"政社合一"集行政组织与经济组织于一体的基础单位。"文化大革命"期间，街道公社成立革命委员会，成为"一元化"

体制下的城区基层政权机关。1979年，国务院决定撤销街道公社革命委员会，恢复街道办事处。街道办事处的工作职责也扩大了。此后，随着改革的不断深入和现代化城市的发展，街道办事处所承担的政府职能任务越来越重，街道干部不堪重负。老领导经过认真调研，指示省民政厅要加紧研究街道办事处体制改革。1990年，省民政厅作为基层政权和基层群众性自治组织建设的主管部门，同省人事厅一起，代表省政府对一些在改革中作出成绩和贡献的先进街道进行了表彰，从而为城市街道办事处的健康发展指明了方向。其次是居民委员会建设。经过新中国成立后和改革开放30多年的实践，由城市街道办事处领导的居委会的作用越来越重要。1989年，《中华人民共和国城市居民委员会组织法》正式颁布实施，明确规定居委会是居民自我管理、自我教育、自我服务的基层群众性自治组织。为了贯彻落实好这个组织法，老领导指示省民政厅深入实际，调查研究，总结经验，完善不足。1990年，在省、市、县三级民政部门的指导和监督下，辽宁省举行了首届居民委员会换届选举，使居委会干部的年龄结构、文化素质得到了明显的优化与提高。在此基础上，1992年，辽宁省人大颁布了《辽宁省实施〈中华人民共和国城市居民委员会组织法〉办法》。依据法律规定，居民委员会由主任、副主任和委员5～9人组成，其成员由本居住地区全体有选举权的居民或者由每户派代表选举产生。这使居委会建设进一步制度化、法制化。再次是乡镇基层政权建设。20世纪80年代，传统的人民公社被取消。1984年，辽宁各地农村分批进行了政社分开，成立乡政府，内设乡长、副乡长、秘书和民政、司法、公安、财政、统计、文教卫生、计划生育、村镇生产建设、工业、农业、水利、林业、畜牧、经营管理等助理岗位。机构编制一般为10～14人。在完善乡镇人民代表大会制度方面，多数乡镇设立了人民代表大会主席团常务主席和秘书，作为乡镇人民代表大会常设办事机构。老领导由于分管公安政法部门，深知乡镇基层政权建设对维护社会稳定、依法推动地方经济社会发展的极端重要性,所以她对乡镇基层政权建设包括农村村委会建设更为重视。在她的大力支持下,经过省市民政部门的共同努力,乡镇在依法指导村民自治工作中取得了可喜的成果,村民自治示范达标比例逐年提升。1990年,省政府对基层政权建设先进乡镇进行了表彰。1991年,省基层政权建设领导小组颁发了《辽宁省开展村民自治示范活动方案》,明确了村民自治示范达标应该具备的条件,使农村基层政权建设走上了法制化、规范化、科学化的轨道。

发展完善社区服务事业。辽宁省社区服务工作开始于1987年。同年,省民政厅在沈阳市大东区召开了全省城市社区服务工作现场经验交流会,标志着辽宁省社区服务工作的全面启动。1988年新一届省政府领导班子组成之后,对这项工作提出了更高的标准。在老领导的指示下,各市成立了由政府领导挂帅,民政、劳动等部门以及企事业单位负责人参加的社区服务协调组织。经过两年的努力,全省社区服务进入普及推广阶段。形成了以街道、居委会为载体,以服务设施为依托,以老年人、残疾人、优抚对象、社会困难户为服务对象,以便民利民为服务内容,以社会互助、居民志愿者服务为主要形式,无偿、低偿和有偿相结合的社区服务体系。此后,省民政厅又在此基础上,进一步总结新鲜经验,树立推广先进典型,使社区服务事业越搞越红火,社区服务水平越做越提高。

改革收容遣送工作。解放初期,面对旧社会遗留下来的大批散兵游勇、灾民、难民以及其他流落街头巷尾的流浪乞讨人员,沈阳等市先后设立了收容所、庇寒所等综合性收容单位,1957年统一改称收容所。20世纪60年代,由于遇到三年自然灾害,城市流浪、乞讨人员剧增,省、市、县三级民政部门分别建立了自由流动人口收容遣送机构,其中省民政厅成立自由流动人口收容遣送安置办公室,省辖市和21个县设立了收容所。"文化大革命"期间,各级民政部门被撤销,收容所也一度被交出。1978年全省第八次民政工作会议召开后,各级收容所重新划归民

百姓心中的好人好官——追忆老领导陈素芝

└─○ 陈素芝走访慰问优抚对象

政部门领导。1981年后，在党的十一届三中全会精神鼓舞下，全省各地对年久失修的收容所进行了新建、翻建和扩建，收容遣送站面貌焕然一新。1984年，全省对收容所实行民政公安双重领导，并增派了公安民警。1985年全省将收容所统一改称收容遣送站。老领导分管民政和公安政法工作后，指示相关部门进一步加大收容遣送工作管理和改革力度。在此基础上，从1991年起，全省开展收容遣送工作检查评比，先后涌现出本溪市收容遣送站、盘锦市收容遣送站等省级精神文明单位。收容遣送工作进一步向着法治化、人性化方向发展。此时，老领导虽然已经转任省人大常委会副主任，但她看到收容遣送改革取得的新成果，感到非常高兴。

在老领导分管全省民政工作期间，辽宁省的城市再就业和农村脱贫工作也取得了显著成果。1985年10月，大连市委、市政府制定了"三年脱贫，五年致富"的具体规划和优惠政策。省民政厅对此给予大张旗鼓的宣传。到1989年，在社会各界的大力支持和对口扶贫单位的鼎力帮扶下，大连市有18个贫困乡镇实现脱贫。1992年，瓦房店市被评为全国百强县（市）。

以创新精神推进省直机关人事制度改革

1988年1月，新一届省政府组成之后，省委根据党的十三大确定的关于加快政治体制改革步伐，实行党政分开，用人与管人、管人与管事相统一的原则，参照人事部的做法，决定将原省人事局、科干局、编制委员会办公室和省委组织部经济干部处合并，组建省人事厅，具体负责副厅级政府部门、省属企事业单位领导班子的任命与管理，涉及部门和单位90多个。任命省委组织部原副部长徐廷生为厅长兼编制委员会办公室主任。原省科干局副局长杜玉学任副厅长、党组副书记，原省人事局副局长张国新任副厅长，并调任鞍钢党委组织部部长杨志新、省委组织部干部一处处长吕春甲为副厅长。老领导对新组建的省人事厅非常重视，从厅机关推行干部聘用制实行竞争上岗，到在省直机关推进公务员制度改革，使政府机关工作人员实行录用、晋升、考核、奖惩一系列工作规范化、法制化、科学化，再到总结推广选派科技副县长经验，全省国有企业推行经营者招标选聘制度，加强退休人员管理工作，充分发挥他们的余热，以及创新人才引进方式，推进职称评聘改革，组织有特殊贡献的专家到北戴河疗养，成立留学人员联谊会，等等，她都同省人事厅领导亲自研究，并帮助他们攻难关，解难题，使辽宁的人事制度改革工作走在全国前列。

1989年下半年，为了加强党管干部，省委决定将由省人事厅管理的近百家省政府部门和企事业单位的干部管理权收回省委组织部统一管理，省人事厅也随之撤销了干部任免处。此后便开始向行政干部培训方向发展。当时国家行政学院已经成立，许多省也在积极筹备。根据辽宁省当

百姓心中的好人好官——追忆老领导陈素芝

时的形势，单独组建一所行政学院困难很大，老领导和省人事厅研究，提出充分利用现有资源，在辽宁经济管理干部学院、农业管理干部学院和青年管理干部学院三所院校中，选择一个实行一套人马两个牌子。这三所院校都比较积极，纷纷到省政府向老领导汇报各自设计的方案。最后经过老领导与省人事厅等有关部门反复论证、比较权衡，将方向确定在辽宁农业管理干部学院上。后经省长办公会研究同意，于1990年正式批准在辽宁农业管理干部学院基础上组建辽宁行政学院，老领导兼任院长，省人事厅厅长徐廷生为第一副院长，辽宁农业管理干部学院院长张春光任党委书记兼副院长，主持日常工作。辽宁行政学院成立后，在教学质量、培训规模等方面都位居全国前列，为辽宁省培训政府机关干部作出了重要贡献。后来，在老领导的鼎力支持下，由原辽宁行政学院副院长徐建源牵头，在全国率先成立辽宁省行政管理学会，致力于行政管理创新与实践研究。1997年底，老领导从省人大常委会副主任岗位上卸任之后，继续担任辽宁行政管理学会名誉会长。辽宁省行政管理学会在实践中根据现实需要，不断扩大研究领域，先后成立了"马上就办"等多个研究会，研究推出很多精品力作，受到省委宣传部和辽宁省社科联的高度赞扬，成为全省社科领域独具特色的重要理论研究基地。

关心支持民族宗教工作

辽宁是多民族省份，按照最新统计，除汉族外，还有满族、蒙古族、回族、朝鲜族、锡伯族等51个少数民族，少数民族人口670万人，占全省总人口的16.02%。少数民族人口绝对数列全国第五位，少数民族占总人口的比例居全国第10位，是全国民族工作大省之一。

老领导是满族，她爱人耶林是回族，她的儿媳妇和女婿都是汉族，所以由她分管民族和宗教工作是再合适不过了。当年，省民委与省宗教事务局属两块牌子一套人马，主任丁永祥是市委书记出身，副主任关在汉是满族，张贤焕是朝鲜族，白非是回族。由于老领导没架子、好说话，他们到小白楼的频率非常高，或是集体或是个人，有时候还委派办公室主任佟钟时，三天两头来小白楼，甚至还会直接跑到家里向老领导汇报请示工作。按照规定，省直部门的有些会议、活动不需要省领导出面，所以我便时不时地出面挡驾，但是他们却私下与老领导联系，并取得支持，然后再向我道歉。老领导对民委工作的重视和支持是发自内心的，只要是他们提出的要求，反映的问题，都尽力想办法帮助解决，所以那些年我和省民委领导的接触也比较多。他们也由衷地感谢老领导真心实意替他们解难题、办实事。省民委办公室主任佟钟时后来也走上了正厅级领导岗位，并担任省人大民族宗教委员会主任。只要我们一见面，他总会回忆起当年陈素芝副省长对省民委工作的支持，以及我们在一起参加会议、出席活动时的一些趣事。

由于辽宁的满族和蒙古族人口众多，解放后，为了更好地尊重他们的民族习惯，调动他们区域发展的积极性，在党中央的关怀下，国务院于1958年4月1日和7日，先后批准成立喀喇沁左翼蒙古族自治县和阜新蒙古族自治县。改革开放之后，为了进一步落实党的民族政策，满足少数民族实行区域自治的要求，国务院于1985年1月17日正式批准设立岫岩、凤城、新宾满族自治县。1989年6月29日，国务院又批准北镇、清原成立满族自治县，同年9月7日，国务院再次批准成立本溪、桓仁、宽甸三个满族自治县。至此，全省已经设立了10个少数民族自治县。

从1988年初到1989年末，我在给老领导当秘书期间，几乎陪同她跑遍了全省各个少数民族地区，还参加了喀喇沁左翼蒙古族自治县成立30周年庆祝大会。那时到辽西、辽东等少数民族地区不仅路途遥远，而且路况不好，每次都要颠簸六七个小时。有时太累了，老领导就在车上迷糊一会儿，但是一下车就立刻精神抖擞。

1988年4月25日至29日，国务院第一次民族团结进步表彰大会在北

百姓心中的好人好官——追忆老领导陈素芝

京召开。这是新中国成立以来举行的第一次全国性民族团结表彰活动。老领导率领辽宁代表团出席了盛会。时任党和国家领导人出席了开幕式。大会表彰了1166个先进集体和个人。大会结束时，全体代表向全国各族同胞发出了关于维护祖国统一和加强民族团结的倡议书。20世纪80年代末，本溪市率先在全省开展争创民族团结进步先进市的活动，老领导代表省政府给予全力支持。经过几年的努力，全市呈现出政治稳定、经济发展、民族团结、社会进步的欣欣向荣景象。

1988年4月陈素芝率辽宁省代表团参加国务院第一次民族团结进步表彰大会时在驻地合影

1990年3月10日，为庆祝北镇、清原、本溪、桓仁、宽甸成立满族自治县，老领导专门发表署名文章，要求把建立满族自治县的庆祝活动同认真贯彻民族区域自治法统一起来。

1990年6月6日、6月8日、6月10日、6月12日、6月15日,北镇、清原、本溪、桓仁、宽甸五个县分别举行庆祝满族自治县成立大会,老领导和省委、省政府其他领导同志,分别从辽西走到辽东,代表省委、省政府参加会议,并致以最热烈的祝贺。

1992年12月,国家民委、辽宁省委与省政府分别命名本溪市为"民族进步先进市",并授予本溪市荣誉牌匾。这是全省第一个民族团结进步先进市。此时,老领导虽然已经转任省人大常委会副主任,但是她仍然分管民族工作,所以同本溪市共同分享了这份荣誉。

宗教与民族工作紧密相连。在旧中国,宗教被国民党反动集团所利用,成为维护其统治阶级的工具。新中国成立后,中国共产党和人民政府宣布和实行了宗教信仰自由政策,并采取积极慎重的方针。中国宗教界,尤其是天主教、基督教开展了反帝爱国运动,隔断了同外国的联系,消除了教会中的帝国主义势力,走上了独立自主办教会和自传、自治、自养的"三自"道路;佛教、道教和伊斯兰教开展了宗教制度的民主改革,废除了封建宗教特权和宗教压迫剥削制度,揭露和打击了披着宗教外衣的反革命分子及其阴谋活动,使这些宗教摆脱了反动阶级的控制和利用。但是自1957年以后,受"左"的错误思想影响,特别是在"文化大革命"中,党对宗教问题的正确方针被全盘否定,宗教团体被取消,宗教活动被停止,并且在宗教界制造了大量冤假错案,宗教工作经受了一次严重挫折。

老领导到省政府后,辽宁省宗教工作仍然处于拨乱反正时期。她严格遵循1982年3月中共中央下发的《关于我国社会主义时期宗教问题的基本观点和基本政策》,积极争取各级党委、政府的支持,督促省职能部门认真贯彻落实党的宗教政策,平反宗教人士的冤假错案,落实宗教房产政策,恢复开放一批宗教活动场所,恢复爱国宗教组织的活动。那几年里,在分管宗教工作的省民委副主任白非的引介和陪同下,老领导与省级宗教团体中的爱国进步宗教人士广泛接触，并结成朋友。我印象最深的是，1988年我随她到营口楞严寺参观考察，同圆山法师亲切交谈。圆山法师法号无尘，俗名孙兆舟。1919年9月26日出生于营口大石桥市虎庄镇甜水村。他1943年出家，是天台宗第四十五代传人。1966年，"文化大革命"开始，在宗教活动和宗教场所被列入"四旧"，彻底砸烂之际，其师（父）病故，但却对他留下遗言："不要还俗，佛法将有再兴之日。"圆山谨从师命，依教奉行。1986年他来到楞严寺，先后任管委会主任、监院。借改革开放之东风，圆山法师在社会各界支持下，重振昔日楞严之庄严法界，将楞严寺维修得焕然一新。老领导在仔细参观之后，对圆山法师的爱国爱教行为给予充分肯定，希望他在当地政府和社会各界的支持下，把楞严寺建设得越来越好，为弘扬中华优秀传统文化作出贡献。圆山法师不负众望，此后十余年间，他不顾高龄，奔走于国内外，募款、化缘，终于建成了楞严宝塔。开光之日，圆山法师晋升为楞严禅寺第四任方丈。

老领导同宗教界爱国进步人士的友好关系从省政府一直延续发展到她转任省人大常委会副主任。老领导逝世后，一些宗教人士也以不同方式向她表示哀悼，反映了老领导在宗教人士心目中的地位。

大力加强省政府直属机关党的建设

老领导在省政府期间，兼任省政府直属机关工委书记。当时主持机关工委工作的负责同志是冷绍哲、廖维满，纪委书记是贾仲敏。

老领导上任伊始就给机关工委带来了温暖与热情。她主动听取机关工委和机关纪委的工作汇报，得知机关工委离休老同志比较多，便利用休息日到家里走访看望，这种过去从来没有过的举动，令这些老同志非常感动。

为了在省直机关更好地发挥党员的先锋模范作用和基层党支部的

第五章 | 李长春省长的好搭档

○─陈素芝与省政府直属机关干部一起参加植树劳动

战斗堡垒作用，增强党组织的凝聚力和战斗力，老领导要求机关工委在大力加强省直机关党建工作的同时，创造性地开展"两先两优"评选活动及"公仆杯"竞赛活动，此举不仅充分调动了机关党员干部的工作积极性和创造性，改变了机关作风，而且提高了省直机关工委的地位和影响力。

在1989年春夏之交那段特殊的日子里，省直机关党组织面临了一次极大考验。打铁必须自身硬。老领导明确要求机关工委的领导和工作人员带头遵守党的政治纪律和政治规矩，坚定不移地同党中央保持高度一致。同时，与机关工委负责同志一起，分析研判省直机关党员干部思想动态，研究在复杂多变的政治形势下党组织如何加强思想政治工作，发挥战斗堡垒作用的措施、对策。

在此基础上，老领导几次召开省直机关厅局长和机关党委书记会议，

145

百姓心中的好人好官——追忆老领导陈素芝

要求机关干部要加强纪律观念，带头坚守岗位，做好本职工作，不准上街游行，以实际行动稳定辽宁大局。

由于省政府直属机关各级党组织充分发挥战斗堡垒作用，所以在那段特殊时期里，省政府机关绝大多数共产党员和干部坚决同党中央在政治上保持高度一致，自觉坚守工作岗位，努力加强机关的保卫、保密工作，积极维护工作秩序，为辽宁经济社会稳定发展作出了重要贡献。

当年，省政府直属机关工委负责的另一项重要政治工作，是认真做好内部清查工作。1989年7月，中纪委、中组部向各级党委下发《关于认真做好内部清查工作的通知》。为了贯彻落实通知精神，省委成立了清查清理工作领导小组，组长由省委副书记王巨禄担任，老领导和省委常委、组织部部长尚文担任副组长。清查清理的具体工作由省委机关党委和省政府直属机关工委负责。

雷厉风行是老领导的一贯工作作风，8月1日，也就是领导小组成立不久，她便批示省政府直属机关工委副书记冷绍哲、廖维满：清查清理工作极为重要，要认真做好准备，以便尽快向长春省长汇报。

8月16日，省委清查清理工作领导小组召开省直单位一把手会议，领导小组组长王巨禄，副组长陈素芝和尚文分别在会议上作了重要讲话。其中，老领导主要强调了对清查清理工作重大意义的认识问题，她指出："清查、清理工作实际上也是对我们广大干部坚持四项基本原则，反对资产阶级自由化的再教育，也是向机关干部进行民主与法治教育的过程，也是对广大干部加强组织性、纪律性，克服无政府主义现象的一个很好的教育，也是加强思想政治工作，提高全体干部素质的一个过程……这项工作抓得好坏确实关系到这场斗争能否取得彻底胜利，关系到我们党和国家的前途命运。"

8月17日，老领导参加省委清查清理工作领导小组办公会议并讲话，她在肯定"前段全省清查清理工作的形势不错，取得了比较好的成果"

的基础上，强调"下步工作应突出抓住以下三个环节：一是要继续深入解决各级领导干部的认识问题，进一步做好统一思想的工作；二是要切切实实做好发动群众工作，解决好'团结大多数'的问题；三是对重点单位要组织力量，加强工作"。她特别指出："沈阳工业大学、阜新矿业学院的工作做得不错，创造了一些好的经验。要注意抓住典型，总结典型经验，来指导和推动面上的清查清理工作。"

当天，老领导还参加了省政府召开的全省清查收缴工作电话会议，她在讲话中强调："最近一个时期，我省一些地方和单位乱销、乱购、滥配警械和保安防卫器材情况十分严重。由于缺乏严格的管理，已有一部分器械和安保防卫器械流失到社会闲杂人员和犯罪分子手中，给社会治安带来一定危害。对此，人民群众反响强烈。为了确保清查收缴工作达到预期目的，经研究，收缴工作时间延至十月末。各市政府在十月底前，要将收缴工作和清理整顿情况书面报告省政府，抄送省公安厅。"

由于省委、省政府的高度重视，以及老领导的认真负责，省政府机关的清查清理工作进行得非常顺利，达到了预期目的。

以李长春同志为班长的那届省政府领导班子，是一个团结、开拓、创新、实干的战斗集体。班子成员中，无论是老当益壮的林声、王文元，还是年富力强的朱家甄、闻世震和肖作福，以及省长助理郑斯林，都既平易近人、作风朴实，又思想解放、敢于争先。而作为老大姐和副班长的陈素芝，则处处表现出不让须眉的大气、敢于担当的勇气、顾全大局的胸怀和处理复杂矛盾的睿智，成为李长春省长最为信任的得力助手。

当年，老领导浑身充满了朝气与活力，工作起来风风火火，不分分内分外，有一种"革命加拼命"的精神。

由于老领导分管工作特殊，所以要随时应付一些突发状况，处理一些急难险重问题，我所亲身经历的就有这样几件事。

百姓心中的好人好官——追忆老领导陈素芝

1988年12月23日，阜新清河门铁路交通道口发生火车与客车相撞事故，造成大客车车毁人亡，准备回家过年的80多名外地打工人员不幸遇难。老领导接到报告后，立刻带着我连夜驱车赶往现场，凌晨时刻与提前到达的张鸣岐和杨军会合。只见现场一片狼藉，惨不忍睹，老领导与有关人员了解一下情况后，立刻赶往铁路医院和市医院慰问伤病员和死难者家属，紧接着又同有关部门召开会议，研究善后事项，从清早忙到半夜，连饭都顾不上吃。经过反复协调，对80多名遇难人员及其家属给予妥善处理和合理安排，使各个方面都很满意。

1990年2月9日，辽阳庆阳化工厂二分厂TNT生产车间发生爆炸事故，老领导仍然是在第一时间赶到。事故地点就在我当年参加工作时的废药工组附近，和我同期入厂的工友还在那里工作，我心里非常着急，但是由于刚刚同于俊东做了工作交接，不再给老领导担任秘书，不便随同前往。第二天晚上我得知老领导回来后，立刻到她家里询问事故情况，知道没有发生人员伤亡，才稍稍松了一口气。

1990年12月26日，辽南海城地区发生特大枪杀案件，肖太忠等五名公安干警在追击罪犯时英勇牺牲。当时，年轻的肖太忠刚刚结婚不到一年，妻子尚在怀孕中。当听完省公安厅常务副厅长祝春林的汇报后，老领导动情地嘱咐道：在认真总结这次侦破案件经验教训的基础上，一定要做好烈士的抚恤工作，照顾好烈士的妻子和后代，既要使英雄们死得其所，又要让他们的家人感受到党和政府的温暖。在烈士牺牲一年后，老领导亲自代表省委、省政府前往烈士家属家中慰问。她抱起肖太忠不满周岁的遗腹子，亲着他稚嫩的小脸蛋，动情地告诉他：你的爸爸是了不起的英雄，你要快快长大，向爸爸学习，接好爸爸的班！站在旁边的地方领导和公安干警都情不自禁地流下了热泪。

当年，老领导还分管辽宁省企业联合会、辽宁省企业家协会（简称

"两会")。它们分别成立于1980年和1985年。会长一直由主管工业的副省长担任。1988年，李长春省长担任名誉会长，老领导出任会长，秘书长是一位叫马琳的年轻女同志。"两会"的主要职能有三个：一是不定期评选表彰辽宁省优秀企业家；二是每年开展辽宁省企业100强排序和推荐入选全国企业500强工作，并组织企业参加相应的百强大会；三是每年评审表彰省级企业管理创新成果，并推荐国家级管理创新成果，同时，举办成果发布、经验交流、现场会等活动，其成果是破格晋升高级经济、统计、会计等职称的必备条件。实事求是地讲，"两会"的工作，在省政府序列里是一个地位不明显但却非常占用时间和精力的工作。但老领导不仅没有把它当成负担，而且还极为重视，只是处级干部的秘书长马琳也因此成为小白楼的常客，经常找老领导汇报工作，"安排"任务。老领导但凡能够挤出时间来，都是有求必应。在老领导的支持下，为了推动企业改革和优秀创新人才成长，由省改革之声杂志社和省内十几家企业联合举办了"辽宁省一九八八年度改革新秀评选活动"。1989年9月24日，在辽宁省改革新秀表彰大会上，老领导代表省委、省政府作了题为"弘扬改革精神，推进改革开放"的讲话，希望受到表彰的223名改革新秀"加强学习，认清形势，坚定改革信心，毫不动摇地坚持深化改革，激流勇进，一往无前"。

此外，清理整顿公司和党政机关经商办企业工作也由老领导代管。这项工作虽然属于临时性的，但是政策性很强，涉及的面也较宽，所以要经常开会研究，有时候一天要接待好几伙人。因此与不在她分管范围的省工商局局长李宝森，副局长吕兆福、段英琦，监察厅厅长孙国明，副厅长赫恩龙、杜铁等同志接触也比较多。

1989年8月10日，老领导到北京参加国务院召开的清理整顿公司座谈会。12日会议一结束，老领导便连夜乘车从北京返回沈阳，没有休息直接参加省监察厅召开的省直机关案件查处工作会议。会上，省机关事务管理局、省水电厅、省科委等三个单位介绍了查处案件的经验和做法。老领导代表省委、省政府讲了三点意见："第一，开展反腐败斗争，必须从查处案件抓起；第二，开展反腐败斗争，必须增强自身办案意识；第三，开展反腐败斗争，必须实行领导包案责任制。"

老领导在省政府工作期间，还同副秘书长张鸣岐一起，参与了全国第二届青年运动会、沈大高速公路通车典礼等重大活动，并都出色地完成了任务。

老领导在省政府期间，还参与了锦西市的筹建工作。

锦西是一座历史名城，位于辽东湾西北、锦州西南、辽西走廊中部狭窄地段，不仅战略位置非常重要，辖区内矿产资源也颇为丰富，拥有铅、锌、铜、钼等矿产。新中国成立后，党和国家把锦西作为重要工业基地开展建设，改革开放后更是加大了发展力度，经国务院批准，1982年12月18日，撤锦西县设锦西市（县级）。1989年初，经省人大会议批准，决定升格为地级市。1989年6月12日，国务院批准锦西升格为地级市，实行市管县的领导体制。

锦西市行政体制升格，是一件利国利民的大好事，但是实施起来难度却很大。一是管辖范围需要重新调整，根据国务院决定，要将锦州市管辖的绥中县、葫芦岛区、南票区和代管的兴城市，以及朝阳市管辖的建昌县，统一划归锦西市领导，同时组建连山区。这项工作涉及民政部门。二是升格后，市级党委、政府、人大、政协四大领导班子都要重新组建，机构编制需要重新调配，这涉及省委组织部和省编委办。三是涉及锦州、朝阳两市个别干部的调整，有个派谁去和愿不愿意去的问题，还有原锦西市主要领导都想借此机会水涨船高，原地提拔。所以情况非常复杂。

为此，省委派省委副书记孙奇，省委常委、省委组织部部长尚文和老领导坐镇锦西，处理这些复杂疑难问题。我清楚地记得，那段时间里，老领导起早贪黑，与来自朝阳、锦州和锦西的干部轮番谈话，了解情况，听取意见，然后与孙奇、尚文等领导同志共同拟定方案，最后终于完成了省委交办的任务，使锦西建市工作顺利完成。

新建的锦西市，辖市内三区和绥中、建昌二县，面积1.0342万平方公里，其中市区面积2269平方公里，成为环渤海湾最年轻的城市之一。其地理位置优越，市境大部为海拔600米以下低山丘陵，西北部为松岭，东南部为海拔50米以下滨海平原。有些丘陵凸出海中构成海湾和半岛，如锦州湾和连山湾之间的葫芦岛港。女儿河自西向东流贯全境。属暖温带半湿润气候，山区盛产水果，沿海多水产。矿产有钼、铅、锌、锰、煤、耐火黏土、重晶石等。工业以钼矿开采和冶炼规模最大，石油加工、化工、采煤和造船工业也较发达，形成了以石油化工、有色金属、机械造船、能源电力为支柱产业的现代化工业体系。交通便利，京沈线铁路纵贯市内，并有支线联系杨家杖子钼矿和葫芦岛港。市境东北有锦（州）南（票）铁路和魏塔线铁路穿过。公路以京哈线为主干。市北砂锅屯龙山石塔建于金泰和六年（1206年），是省级文物保护单位。城区附近有纪念辽沈战役的塔山英雄纪念碑。

1994年9月20日经国务院批准，锦西市更名为葫芦岛市。原锦西市所属葫芦岛区同时更名为葫芦岛市龙港区。由于葫芦岛市拥有属于省级文物保护单位的砂锅屯龙山石塔，还有纪念辽沈战役的塔山英雄纪念碑等多处优秀旅游景点，被誉为关外第一市，北京后花园。

老领导在担任省委常委、省政府常务副省长期间，还按照省委常委分工，负责参加朝阳市委领导班子民主生活会。有一个时期，由团省委

百姓心中的好人好官 ——追忆老领导陈素芝

书记调任朝阳市委书记的鲍志强与市长刘相荣在工作中发生了矛盾，甚至到了公开化的程度，造成领导班子内部不团结，严重影响了领导班子建设。老领导到朝阳后既不当钦差大臣也不做和事佬，而是从深入调查研究入手，不仅同常委会班子中的每一个成员谈话，还广泛听取已经退出现职的老同志意见，在全面了解情况的基础上，引导和鼓励领导班子成员讲真话、动真情，帮助党政两个一把手弄清是非曲直，厘清相互责任，然后帮助他们各自多做自我批评，最后妥善解决了朝阳市委领导班子的问题。

在20世纪80年代，处在拨乱反正和改革开放之中的辽宁，面临很多复杂的历史遗留问题。曾经身为省委整党办副主任和清查组副组长的老领导，敢于担当，直面问题，妥善化解了很多复杂问题，比较好地落实了党的干部政策和知识分子政策。直到她重新回到省政府工作后，仍然有一些尚未得到公正处理的人来找她，求助伸张正义。

处理历史遗留问题，面临着既要对历史负责又要对涉案者个人负责的双重考验，其中包含着非常复杂的因素，但老领导从来不推诿、不回避。

在我记忆中，老领导曾经帮助两位在辽宁乃至中国美术界和戏剧界享有盛名的人物恢复了政治名誉。

著名画家宋雨桂，曾在"文化大革命"期间担任解放军某部文化干事，创作了油画《烈火英雄连》《草原之花》，宣传画《伟大的中国人民解放军万岁》，以及连环画《响水东流》等作品，在军队中很有影响。1974年转业到地方，担任辽宁省文艺创作办公室摄影、美术、书法三组负责人，创作了水墨人物画《延安之春》。他作为一名画家，却不幸被牵涉到政治斗争中。粉碎"四人帮"后，经过"揭批查"和整党运动，宋雨桂的问题一直没有得到妥善解决，他多次申诉无果，被折磨得焦头烂额。1988年初老领导担任省政府常务副省长后，宋雨桂在走投无路的情况下来到省政府，向老领导详细讲述了个人的经历和遭遇。老领导听后非常重视，将了解到的情况及时向省委汇报，最后经过有关部门认真核查，终于给宋雨桂恢复了政治名誉。卸下沉重的政治包袱后，宋雨桂的美术创作天赋和才华展露无遗，并一发而不可收。1988年至1990年，他先后在香港和新加坡举办6次个人画展。新加坡《联合晚报》整版以《无声的诗魂》《东方的凡·高》为题，盛赞其艺术成就。其代表作品《苏醒之二》被收藏家以20万新元（当时折合12万美元）收藏。1989年，他在日本举办个人画展，富山电视台现场直播1小时，参观人数超过日本"巨匠画展"。此外他还与范曾、冯大中在香港会展中心举行联合画展，出版《莽神州赋》画集。香港《新晚报》、《人民日报》（海外版）均以《雨鬼的足迹》为题连载16篇文章释解他坎坷的艺术人生经历。同年，宋雨桂获得首届北京国际艺苑十年水墨成就大奖。

1990年9月，宋雨桂作为中国美术家代表团五名成员之一，与詹建俊、张立辰、闫振铎等赴巴格达参加"第二届国际艺术节"。此后宋雨桂的艺术成就愈加巨大，被誉为"一代名匠"和"当代中国山水画第一人"。

试想，当年老领导如果不能为宋雨桂伸张正义，省委有关部门如果不能实事求是地解决宋雨桂的历史遗留问题，辽宁很可能就失去了一位享誉全国乃至世界的著名国画家。

曾经以一部《小女婿》让全国亿万观众所熟知的著名评剧表演艺术家韩少云，在"文化大革命"中遭受迫害，粉碎"四人帮"后又受到不公正待遇。为了解决历史遗留问题，还自己一个清白，韩少云求助到老领导，并在老领导的真诚帮助下，使问题最终得到圆满解决。此后，韩少云重新活跃在评剧舞台上，成为"韩花筱"三大评剧流派的代表人物之一，传承了中国历史文化遗产，并当选全国人大代表。韩少云与老领导同龄，虽然职业不同，但是她们情投意合，彼此相互尊重，几十年来韩少云和她爱人、著名作曲家王其珩，一直是老领导家里的座上宾，她们之间的友谊一直持续到2003年韩少云去世。

老领导在省政府工作期间，下基层，搞调研，抓典型，树标兵，接信访，成为她工作的五部曲。由于分管部门太多，又经常有些临时性工作，所以她的工作日程总是排得非常满。仅以1989年10月底到11月初的工作为例，10月25日至27日，到锦西市召开救灾工作现场办公会；28日上午返回沈阳，下午接待朝鲜代表团，晚上宴请；29日，在沈阳参加反劫机演习，主持召开安全领导小组会议；30日，接待朝鲜代表团；31日，上午主持召开第三次"双清会议"，会议结束后立即赶往阜新查看灾情，下午到达阜新后在西山宾馆听取阜新代市长汇报灾情；11月1日，到朝阳市了解生产自救情况。

那时还没有开通高速公路，从沈阳到辽西的朝阳、阜新、锦西，开车都得七八个小时，甚至更长。所以说是马不停蹄甚至昼夜兼程并不夸张，而这就是老领导在省政府时的工作常态。

除了这些正常工作，逢年过节老领导就更忙了。由于她身兼数职，三八节慰问妇女，五一节慰问劳模，六一节慰问儿童，八一节看望人民子弟兵，是她的固定日程。

而每年春节阖家团圆的时候，则是她更加辛苦忙碌的日子。

1988年初她重新回到省政府工作后的第一个春节，我的工作日志中是这样记载的：

农历腊月二十九，上午到省信访办，下午到机关事务管理局车队、食堂，走访慰问干部职工；

农历大年三十上午，从省政府出发，沿着北陵大街，走访慰问省武警总队驻省政府警卫连、北陵公安派出所、皇姑区交警大队等；

大年初一，走访慰问马三家女子监狱佰班干警；

大年初二，走访慰问分管省直单位领导家属；

大年初三、初四，走访慰问住在东北局大院里的省委、省政府老同志；

……

这种特殊的春节走访模式，后来形成惯例，一直坚持到1992年老领导转任省人大常委会副主任。

在我给老领导当秘书的五年时间里，她的工作永远是满负荷、全天候的，所以她也从来不午睡，这个习惯一直延续到晚年。

当然，有付出必有回报。

1989年金秋，共和国即将迎来成立40周年大庆。9月28日至10月2日，全国劳动模范和先进工作者表彰大会在北京召开，与会代表3065人。大会首次设立"全国劳动模范"和"全国先进工作者"两个荣誉称号。大会表彰了来自全国51个系统或行业的2790名全国劳动模范和先进工作者。老领导率领辽宁省劳模代表团出席了这次盛会，我记忆比较深的，他们中有公安战线英模代表毛子圣、商业战线劳模代表王云峰等。

这是改革开放以来召开的第一次全国劳动模范和先进工作者表彰大会。党中央、国务院对这次大会高度重视，邓小平等老一辈无产阶级革命家和以江泽民同志为代表的第三代中央领导集体出席了大会开闭幕式。大会结束后，邓小平、江泽民等党和国家领导人在人民大会堂接见了与会代表，并合影留念。

9月30日老领导率领辽宁省代表团全体成员，登上天安门城楼参观。站在毛泽东主席亲手升起第一面五星红旗的地方，毛子圣、王云峰等劳动模范们激动不已，再一次体验到"劳动最光荣"和"当家做主人"的幸福滋味。我也借此机会，站在老领导和劳动模范们的身旁，拍下了一张又一张终生难忘的合影。

10月1日上午，老领导带领辽宁省代表团全体成员兴致勃勃地游览了北海公园，与首都群众一起欢度国庆。

10月1日晚上，首都各界群众100多万人，在天安门广场举行盛大

百姓心中的好人好官——追忆老领导陈素芝

1989年10月1日陈素芝率辽宁省代表团全体成员在北京北海公园与首都群众一起欢度国庆

的国庆联欢晚会。老领导率领辽宁省代表团全体成员应邀登上天安门西侧观礼台,与党和国家领导人及首都群众共庆华诞。19点整,华灯初上,广场顿时灯火辉煌。身着56个民族盛装的青年男女,在欢快的乐曲声中,跳起《金梭和银梭》《阿里山的姑娘》等集体舞,唱起《我爱你,中国》《北京的金山上》等歌曲,整个广场人如织,花如海,歌如潮,激情一浪高过一浪。20点整,天空上绽放起五彩缤纷的礼花,广场上万众欢腾,歌声、笑声、锣鼓声、礼花燃放声交织在一起,震耳欲聋,响彻云霄,瞬间变成了"火树银花不夜天"的海洋。那天晚上,老领导的脸上始终洋溢着幸福的笑容,显得那么年轻,那么充满活力。

我眼含泪花,坐在旁边边看边想,这个壮丽、秀美的场面,一定是她一生中最执着、最热切的追求与期待。

进入这年的年终岁尾,我的秘书牛涯开启了倒计时。在为老领导服务的最后一个月里，我在笔记本中这样记录了她的工作日程：

1989年12月31日，出席沈阳市公安局侦破"12·19"抢枪案表彰大会。

1990年1月3日，上午参加省司法厅党组会，下午参加省政府常务会。

1月4日，上午到省人事厅，下午到省法律中心，听取工作汇报。

1月5日，上午参加省政府党组会，研究干部问题；下午参加省清理整顿公司领导小组会议。

1月6日，上午继续参加省清理整顿公司领导小组会议；下午听省监察厅汇报案件。

1月8日，上午参加省政府办公会，研究外贸体制改革、劳务出口暂行规定；下午参加省委常委会；晚上会见民政部农救司副司长率领的检查组。

1月9日，全天参加省委常委会；晚上到抚顺市慰问公安干警。

1月10日至11日，出席省团代会。

1月12日，上午到省军区第一招待所参加征兵会；下午参加省直工委会，然后到省军区出席省民政厅电话会。

1月13日，上午到金秋宾馆参加援藏工作会议，然后听取省直机关"公仆杯"竞赛汇报；下午到沈阳军区参加人防工程检查组座谈会。

1月15日，上午到沈阳医大二院参加一位原省老领导遗体告别仪式；下午找省委老干部局局长陈济安谈老龄委工作。

1月16日，到辽阳市慰问军烈属和老复转军人，走访慰问困难户、五保户、敬老院、军队离退休干部和在北京平暴治乱中英勇牺牲的英雄安卫平家属。

1月17日，上午到辽阳市慰问第三十九集团军；下午到本溪市走访慰问第六十四集团军到北京执行戒严任务的官兵代表，参加集团军慰问大会。

1月18日，到抚顺市慰问解放军雷锋团全体指战员。

1月19日，上午在抚顺市走访慰问社会福利院、抚顺染料化工厂；下午回沈阳慰问一位烈士的母亲。

　　1月20日，参加省政府"双拥"座谈会。

　　1月21日，到锦州市慰问第四十集团军；检查春节市场供应情况。

　　1月22日，走访慰问沈阳军区司令部机关干部战士。

　　1月23日，参加省企业家迎新春茶话会。

　　1月24日，参加省老同志春节茶话会。

　　1月25日，走访慰问辽宁省军区和省武警总队指战员。

　　1月26日，农历大年三十。这一天，老领导依照多年形成的惯例，在张鸣岐、杨军等人的陪同下，开启了她在春节期间独有的走访慰问模式，而我则携妻带女回老家辽阳陪同父母过年。所不同的是，这一天标志着我秘书生涯的结束。因为春节过后，我就要到省公安厅工作了。

　　我在给老领导当秘书的五个年头里，亲眼见证了，从医巫闾山到鸭绿江畔，从煤都抚顺到钢都鞍山，从营口海港到大连经济开发区，从厂矿车间到军营哨卡，辽宁的山山水水都留下了她的身影和足迹，工人、农民、军人、警察、妇女、青年都有她的好朋友。她以自己特有的风姿，同党政军领导、省市县干部以及广大人民群众建立了密切的关系。

　　从1988年1月重返省政府后，老领导尽职尽责地履行了常务副省长和党组副书记的职责，圆满完成了省委的重托，不仅用实际行动证明了女领导干部的价值，回应了当初一些人对于她的质疑，而且还成为李长春省长尊敬的好大姐和信赖的好搭档。

　　李长春省长离开辽宁后，河北省原省委副书记、省长岳岐峰继任辽宁省省长。老领导再次以高度的党性原则和政治自觉，认真履行常务副省长和党组副书记的职责，努力维护领导班子的团结，在全力支持岳岐峰省长工作的同时，出色地完成自己的分管工作，为确保辽宁经济社会稳步发展，作出了应有的贡献。

第六章
"拥军省长" "军人母亲"

老领导在省政府工作期间，受省委、省政府委托，负责地方同沈阳军区及辽宁省军区的联系。

辽宁是重要的工业大省，具有极其重要的战略地位。辽宁省军区和沈阳军区司令部、沈阳军区空军司令部均设在省会城市沈阳。老领导代表省委、省政府负责地方与军队联系的那些年，是军地关系最为密切的时期。

省委、省政府同军队联系的综合部门是办公厅，而在工作上联系比较多的则是省民政厅和省人民防空办公室（简称"人防办"），前者负责"拥军优属，拥政爱民"即"双拥"工作，后者负责战备工作。

为了把"双拥"和战备工作落到实处，省委每年都要定期召开议军会，研究辽宁省军区和沈阳军区所要解决的问题。在我的记忆中，老领导作为省委常委和常务副省长，参与了那个时期所有事关军队建设、国防建设的重大工作和活动。

老领导在省政府工作期间，到部队驻地走访慰问是常事。特别是在1989年夏秋之际，更加频繁。我的工作日志中记载：6月15日，老领导

百姓心中的好人好官——追忆老领导陈素芝

陪同吉香刪书记休奇到沈阳军区慰问参加平息北京反革命暴乱的全体官兵，并赠送慰问信和慰问品。7月下旬到8月中旬，先后率领辽宁省拥军慰问团，分别到辽宁省武警总队及机动大队第三支队和沈阳第一支队，慰问为维护辽宁稳定作出贡献的武警指战员；到本溪市第六十四集团军、某高炮营、辽阳市第三十九集团军和海城、盖县驻军驻地，看望并慰问赴京执行戒严任务的指战员及其家属；到辽阳第三十九军，慰问在戒严中牺牲的解放军烈士家属，亲自帮助解决实际问题；到沈阳桃仙机场迎接赴京参加"共和国卫士"命名大会归来的沈阳军区于荣禄烈士的亲属。10月22日至25日，老领导又马不停蹄地到第三十九军、第六十军、第四十军等部队驻地慰问。所到之处，受到部队官兵的热烈欢迎。

老领导"拥军省长"的美誉，也由此在省内传开。

历史需要赓续传承。忘记了过去就意味着背叛。

⟶ 陈素芝到沈阳军区某部慰问（左三为沈阳军区司令员刘精松上将）

第六章 "拥军省长""军人母亲"

1948年9月12日,辽沈战役吹响了解放全中国的第一声号角。经过52天激战,总计歼灭了国民党东北"剿总"及所属4个兵团部、11个军部、36个整编师及地方部队47.2万人,俘获国民党军少将以上军官186名。11月2日辽沈战役胜利结束,中国人民解放军首次在兵力数量方面超过了国民党军队,为淮海、平津战役的展开奠定了强大的军事、物质和思想基础。

锦州在辽沈战役中居于重要战略地位。1984年7月29日,锦州市委、市政府联合向省委、省政府呈送《关于呈请修建辽沈战役纪念馆的报告》。10月10日,中共辽宁省委、辽宁省政府、沈阳军区联合向中共中央、国务院和中央军委呈送《关于在锦州修建辽沈战役纪念馆的请示》。1985年4月29日,中共中央办公厅、国务院办公厅、中共中央军委办公厅联合下发了《关于修建辽沈战役纪念馆的批复》,同意在锦州修建辽沈战役纪念馆(新馆)。

1985年7月11日,辽沈战役纪念馆筹建工作领导小组会议在锦州召开。会议决定组建筹建工作领导小组,中共中央委员、沈阳军区政委刘振华任组长。9月7日,锦州市编制委员会下发《关于成立辽沈战役纪念馆及定编的批复》,辽沈战役纪念馆从锦州市博物馆分出,成为独立单位并定编。11月29日,经锦州市委第三十二次常委会研究决定,辽沈战役纪念馆晋升为县团级单位。12月12日,辽沈战役纪念馆筹建工作领导小组第二次会议在锦州召开,会议讨论了建馆委员会组成的建议名单,审议了新馆初步设计方案。

1986年4月8日,中共中央组织部、解放军总政治部发出《关于辽沈战役纪念馆建馆委员会组成人员的通知》。

1986年5月20日,辽沈战役纪念馆筹建工作领导小组第三次会议在锦州召开,会议审议了新馆设计方案。

1986年7月8日,辽沈战役纪念馆建馆委员会第一次会议在锦州市北山宾馆开幕。会议批准了戴念慈主持修订的辽沈战役纪念馆设计方案。7月10日，在辽沈战役革命烈士纪念塔前举行辽沈战役纪念馆新馆建设奠基典礼。10月7日，辽沈战役纪念馆新馆正式破土动工。

1986年11月24日，《攻克锦州》全景画创作会议在锦州召开，成立了全景画创作小组，由沈阳鲁迅美术学院教授宋惠民担任组长。会议讨论了全景画创作的工作计划。

1987年6月15日，辽沈战役纪念馆建馆委员会第二次会议在锦州市北山宾馆召开，会议听取了建馆办公室工作进展情况和工程预算汇报，审查了陈列样稿和《攻克锦州》全景画油画草图。

1988年3月12日，辽沈战役纪念馆建馆委员会第三次会议在北京召开，会议通过了陈列大纲、陈列细目、陈列艺术总体方案以及全景画创作小组的油画草稿。8月，全国人大常委会委员长彭真为辽沈战役纪念馆题词："为解放东北而牺牲的革命烈士永垂不朽"。

1988年10月30日，辽沈战役纪念馆建馆委员会第四次会议在锦州召开。为了纪念辽沈战役胜利40周年暨辽沈战役纪念馆落成，当年亲身参加过辽沈战役的几十名共和国将军齐聚锦州，已经担任省政府常务副省长的老领导陪同省长李长春前往。鉴于建馆委员会的任务已经完成，会议决定撤销建馆委员会，纪念馆的后续管理工作由辽宁省政府和锦州市政府负责。此后，老领导便以辽宁省政府常务副省长的身份，参与到辽沈战役纪念馆的后续管理工作中。

1988年10月31日上午9时28分，辽沈战役纪念馆新馆落成典礼隆重举行。中共中央委员、北京军区政委、建馆委员会常务副主任刘振华主持典礼仪式，中顾委常委、建馆委员会主任伍修权代表中共中央、国务院、中央军委表示祝贺。中顾委常委、全国政协原副主席、建馆委员会委员程子华，中共辽宁省委副书记、省长李长春到会并讲话。老领导全程参加了典礼仪式。

第六章 | "拥军省长" "军人母亲"

作为老领导的秘书，我有幸亲眼见证了辽沈战役纪念馆新馆落成典礼的辉煌时刻，目睹了当年为新中国成立立下赫赫战功的将军们的英姿风采，亲耳聆听了他们对辽沈战役的精彩回顾乃至激烈争论。最为珍贵的是收获了由伍修权题字，程子华、梁必业、曾克林、陈伯村、张秀山、胡奇才、刘震、唐凯、张明远、王国权、李运昌、张序登、王玉清、郭峰、李长春等将军和领导亲笔签名的"辽沈战役胜利四十周年纪念"的纪念封，至今我仍然精心地收藏着。

⟶ 陈素芝与北京军区政委刘振华上将（左二）、原省委书记郭峰（右二）、省人大常委会副主任左琨（左一）参加辽沈战役纪念馆落成典礼

1988年11月1日，老领导陪同参加辽沈战役纪念馆新馆落成典礼仪式的全体人员乘坐专列回到沈阳，参加纪念沈阳解放40周年纪念活动暨东北解放纪念碑落成典礼。

东北解放纪念碑矗立在沈阳市和平区和平广场的正中央，是为了纪

163

念沈阳解放暨东北解放40周年，由沈阳军区、东北三省政府和沈阳市政府共同建立的。

东北解放纪念碑采用三角亭式碑形，碑体是一颗炮弹变形三面体，碑的总高度为36.56米。主碑高25米，碑体均用汉白玉装饰，主碑中心有彭真书写的"东北解放纪念碑"七个字，主碑下部三面刻有三个相连的英文字母"V"，并以40只展翅飞翔的鸽子浮雕烘托，"V"是英文"胜利"一词的首写字母，鸽子是和平的象征。简洁的图案意喻战争与和平的辩证关系。主碑外侧是顶部相连向下呈三角形环绕主碑的三条拱带，象征着三省人民载歌载舞，共庆胜利的欢乐场面及对英烈的崇敬和悼念。纪念碑从三个方向看完全相同，这寓意东北三省共同纪念东北解放。

11月2日，纪念沈阳解放40周年活动暨东北解放纪念碑落成典礼隆重举行。老领导陪同省长李长春全程参加了纪念活动。

1988年10月31日，辽沈战役纪念馆新馆落成典礼结束后，经辽沈战役纪念馆建馆委员会主任、中顾委常务委员伍修权同志提议，鉴于辽沈战役纪念馆建馆委员会的历史使命已经完成，决定成立辽沈战役纪念馆管理委员会。

当天下午，辽沈战役纪念馆管理委员会召开第一次会议，决定由中顾委委员、原中共辽宁省顾问委员会主任郭峰任名誉主任，中共辽宁省委副书记、省长李长春任主任，陈素芝任副主任，协助名誉主任郭峰和主任李长春负责辽沈战役纪念馆的收尾建设工程和日常管理工作。此后，老领导出席了辽沈战役纪念馆管理委员会的历次会议，同辽沈战役纪念馆管理委员会成员，以及原辽沈战役纪念馆建馆委员会主要负责同志一起，积极关心、大力支持辽沈战役纪念馆建成后的管理工作，为辽沈战役纪念馆的建设和发展解决了很多实际问题，出色完成了辽沈战役纪念馆的全部收尾建设工程。

1988年12月6日和1989年3月24日，根据省委、省政府决定，锦州

——陈素芝与省人大常委会副主任左琨（前排右三）在锦州义县参加朱瑞将军雕像纪念碑落成仪式

市政府下发文件，决定将辽沈战役纪念馆移交给市民政局管理，将辽沈战役烈士陵园归属辽沈战役纪念馆管理。1989年10月，攻克锦州全景画馆全面完工，并正式对外开放。至此，辽沈战役纪念馆以全新的面貌呈现在世人面前，成为全国著名的爱国主义教育基地。

此后，老领导继续关心支持辽沈战役纪念馆的后续建设，在辽沈战役纪念馆管理委员会统一领导下，1991年11月2日，朱瑞将军雕像纪念碑在锦州义县落成，老领导代表省委、省政府参加了纪念碑揭幕仪式。中共中央委员、原辽沈战役建馆委员会常务副主任、北京军区原政委刘振华为雕像揭幕。原中顾委常委、辽沈战役建馆委员会主任伍修权题写了碑名。

1993年11月2日，东北解放烈士纪念碑廊在辽沈战役纪念塔前广场两侧建成，花岗岩墙体上镌刻着在东北三年解放战争中牺牲的49522位烈士的名字。伍修权同志题写了碑名。辽沈战役纪念馆管理委员会也由此圆满完成了历史使命，正式撤销。

百姓心中的好人好官——追忆老领导陈素芝

1993年底，已经担任辽宁省人大常委会副主任的陈素芝陪同老领导郭峰，专程从沈阳来到锦州，代表辽沈战役纪念馆管理委员会和辽宁省委、省政府，向为辽沈战役纪念馆的建设和发展作出贡献的各单位及全体人员表示衷心感谢。此后，两位德高望重的老领导正式告别了这项具有重大历史意义的工作。

如今，辽沈战役纪念馆成为人们旅游观光的打卡地，东北解放纪念碑所在的和平广场则成为群众休闲运动的好去处。历史给后人留下的不仅是精神，还是一种享受。

1983年12月5日，中央军委向昆明军区下达收复中越边境两山（老山、者阴山）的作战命令。1984年4月28日至5月4日，昆明军区指挥第十四军四十师和第十一军三十一师，先后收复了被越军侵占的云南省麻栗坡县老山地区与者阴山地区，取得了对越作战的重大胜利。此后，"两山"战区进入坚守防御作战新阶段。南京军区、济南军区、兰州军区、北京军区、沈阳军区、成都军区等先后派出部队参加"两山"轮战。

1987年12月，由沈阳军区第十六军组成的第十三侦察大队，第四十军组成的第十四侦察大队，第六十四军组成的第十五侦察大队进入战区执行侦察任务。他们带着家乡人民的重托，怀着"深扎文明之师思想，树立正义之师形象，开创胜利之师业绩"的雄心壮志，雄赳赳地开进老山战区，分别驻守在老山主峰周边的三个高地。

1988年7月末，省委、省政府决定派出以省委常委、省政府常务副省长陈素芝为团长，省人大常委会副主任左琨为副团长的辽宁省慰问团，前往老山前线慰问三个侦察大队的参战官兵。

1988年8月2日，老领导来到北京，在京西宾馆参加国务院召开的全国安全生产工作会议。会议期间，时任国务院总理李鹏接见了会议代表并在中南海紫光阁门前合影留念。

第六章 | "拥军省长""军人母亲"

8月6日下午会议结束，老领导直接赶到位于北京德胜门附近的辽宁省政府驻北京办事处所在地辽宁饭店，同先期到达的省人大常委会副主任左琨会合，辽宁省赴老山前线慰问团由此正式组成。

记得慰问团成员有省民政厅副厅长张永任，省文化厅副厅长谢俊华，本溪和锦州各派一名市委副书记，秘书长是省民政厅优抚处处长周志敏，工作人员是优抚处副处长王志岱。此外还有两位军属代表，一位是北票矿务局组织部部长金允模，另一位是丹东市玻璃厂商店营业员初悦艳。慰问团还带了一支精干的文艺演出队伍，有著名相声演员金炳昶、常培业，著名评书演员田连元，青年歌唱演员佟艳杰、李荷莉、鲁娜，铁岭民间艺术团二人转演员何广顺、王玉芬，以及辽宁省芭蕾舞团的两名年轻演员。此外还有辽宁日报社、辽宁广播电视台和共产党员杂志社的几名记者，外加我和左琨的秘书，以及省公安厅警卫处科长马建国。

8月8日一早，慰问团乘坐飞机从北京启程，当天下午抵达昆明。当晚，云南省委、省人大、省政府和成都军区主要领导设宴欢迎辽宁省慰问团。晚饭后，省民政厅副厅长张永任带着周志敏和王志岱向陈素芝、左琨两位领导汇报慰问团的行程，并且特别提到现有的慰问品与发出时的数量不符。大家心中不免产生了疑问。两位团长指示，在确保前线指战员慰问品数量不减的情况下，适当减少后方人员的慰问品，实在不够，再让家里迅速补发。同时又商定了第二天的乘车安排和出发时间。按照昆明前线指挥部办事处王主任的安排，慰问团一共有三辆车，分别是一辆面包车、一辆大客车和一辆装载慰问品和演出道具的大卡车。张永任提议，陈素芝、左琨两位团长与他、谢俊华、本溪和锦州的两位市委副书记，以及我和左琨的秘书乘坐有空调的小面包车，周志敏带领慰问团其他人员乘坐没有空调的大客车。考虑到路途遥远，为了便于协调和处理突发事件，我向老领导申请乘坐大客车，留下左琨的秘书和前指派来

百姓心中的好人好官——追忆老领导陈素芝

的女医生小田坐面包车照顾省市领导。老领导接受了我的提议。后来的实践证明，这样的安排是正确的。

8月9日一早，慰问团全体成员迎着晨曦向前线进发。

出发不久，一轮红日从东方冉冉升起，显得那么美丽壮观，令车上的人员兴奋不已。然而没过多久，红日翻脸变成似火的骄阳，大家立刻感到闷热潮湿，甚至有些喘不过气来。加之离开昆明之后，路况越来越不好，那辆满载着演出团成员的大客车，由于头天晚上刚刚从前线回来，还没来得及检修，半路上连续两次出现故障，造成前后三台车分离。原定中午12点前到达离前线最近的文山州吃午饭，结果下午2点多才到。由于那时没有现代化通信工具，相互之间无法联系，让已经到达的两位团长异常着急。

唯一让大家感到惊喜的是，在那里我们意外见到了第十三侦察大队一名来自辽阳的小战士雍新刚，他和另一名战友下山执行任务。我将他们介绍给老领导，两名小战士第一次见到这么大的领导，有些紧张。老领导像老妈妈一样同他们亲切交谈，问长问短，并合影留念，使他们倍感亲切、深受鼓舞。

由于午饭推迟，下午出发的时间随之延后，我们被迫在夜间行走山路。

汽车越往前行，天色越黑，山路越发险峻，在车辆前灯的映照下，我们看到，右面是悬崖峭壁，左面是万丈深渊，三辆车在蜿蜒崎岖的狭窄山路上艰难前行，大家的心始终悬在嗓子眼上，生怕稍有不慎发生险情。

午夜时分，慰问团终于有惊无险地到达了第十三侦察大队驻地。

第二天上午，骄阳似火，气温瞬间高达42摄氏度。慰问团的文艺演出在营房前面的一块空地上顶着烈日开始了。

老领导和左琨与英雄的官兵们一起坐在小马扎上，兴致勃勃地观看演出。

当青年歌唱演员佟艳杰、鲁娜、李荷莉先后唱起《塞北的雪》《掌声响起来》，特别是《沈阳啊沈阳》等官兵们耳熟能详的歌曲后，立刻引起大家的强烈共鸣。而金炳昶、常佩业合说的相声，田连元说的评书，何广顺、王玉芬演唱的东北二人转，更是引来官兵们一阵阵笑声，这笑声将昔日战场上吃苦、受累和流血牺牲所带来的痛苦，全部丢到了九霄云外。最后由辽宁省芭蕾舞团两位青年演员表演的芭蕾舞，更是让官兵们大饱眼福。

首次演出空前成功，老领导和左琨两位团长非常高兴。演出结束后，两位团长向官兵们赠送从家乡带来的慰问品——辽宁省人民政府致云南、广西前线部队全体指战员的慰问信，辽宁生产的名牌产品"辽叶牌"卷烟、"雪花牌"啤酒、"老龙口"白酒，还有背心、毛巾、香皂，以及印着"战地书简辽宁省人民政府一九八八年"字样的笔记本和钢笔，让官兵们感受到辽宁省委、省政府和家乡父老乡亲们带给他们的温暖。

最后，老领导和左琨两位团长一刻不停地与官兵们合影留念，让战士们欣喜若狂。由于气温太高，他们俩又都穿着短袖衣服，在室外时间太长，胳膊都被晒黑了，几天之后便开始脱皮。

第十三侦察大队属于辽阳驻军，位于老山主峰。为了慰问守候在顶峰上"猫耳洞"里的战士，必须穿越一道长约五百米的"生死线"，那是两山之间的一大片开阔地，敌我双方阵地都非常清晰地暴露在视线之内，有些地方是犬牙交错，时不时会有冷枪打来，还要防止脚下敌我双方埋设的地雷，可以说是险象环生，步步惊心。

当时，担任轮战部队值班首长的是沈阳军区情报部副部长李国新。他坚决不同意两位团长前往，但是两位团长执意要亲自到顶峰慰问官兵，最后李国新只好妥协。为了保证安全，李国新让昆明前指的女医生小田同我守护在老领导前后，他护卫着左琨。然后命令慰问团成员排成一列纵队，踩着露出地面的小□道小心前行，绝对不准迈向两边的草地，以防触雷。

我们怀着既紧张又兴奋的心情，前后照应，低头弯腰，一步一步小心行进，没走几步便心跳加速，但是老领导却面不改色，从容镇定。经过快步疾行，我们终于有惊无险地登上了老山主峰，来到了战士们戍边卫国的"猫耳洞"。

所谓"猫耳洞"，就是一个空间非常狭小的掩体，里面能容纳五六个人，由于当地气温高，闷热潮湿，雨水又多，很容易被浸泡，在"猫耳洞"里面待久了，两腿中间就会出现湿疹，浑身奇痒，难受无比，严重时裆部都会腐烂，俗称"烂裆"，所以战士们平时需要穿特制的裙装。"猫耳洞"中的生活也很艰苦，没法洗脸、刷牙，更谈不上洗澡了，而且连大小便都只能在洞里，用旧报纸或者罐头盒解决，因为走出洞外就有被敌人发现的可能。

由于慰问团到来，战士们提前将"猫耳洞"打扫得干干净净，并穿上了整洁的军装。慰问团成员看到"猫耳洞"艰苦的环境，亲身感受到前线战士们所面临的困苦与危险，对这些新时代最可爱的人更加崇敬。

老领导和左琨两位团长在"猫耳洞"里面同战士们促膝谈心，了解他们的思想、身体和家庭情况，征询他们的意见，让战士们深切感受到祖国和家乡人民带给他们的关爱。

随后，两位团长瞻仰了老山主峰纪念碑，并与官兵们合影留念，留下了一生中最珍贵的记忆。

紧接着，慰问团不顾疲劳，又马不停蹄地驱车前往第十四侦察大队。这里属于锦州驻军，我们到达时官兵们列队相迎，午饭后慰问团没有休息，便开始给官兵们发放慰问品，演出节目，让久居深山老林，日夜紧张地与敌兵斗智斗勇的官兵们享受到了精神与物质的饕餮盛宴。

晚上，侦察大队的首长破例允许一些没有勤务任务的官兵喝了慰问团送来的家乡的"雪花牌"啤酒和"老龙口"白酒,他们与慰问团的领导和演员们开怀畅饮,一直欢乐到半夜。

当夜,慰问团全体成员住在了军营。为了保证慰问团的安全,官兵们在后半夜集体到前线阵地站岗放哨,把辛劳与危险留给自己,将铺位与安全让给了我们。

在第十四侦察大队,慰问团翻山越岭,走遍了每一个"猫耳洞",给战士们带去了家乡人民的关爱与崇敬。

○ 陈素芝、左琨一行在老山英雄纪念碑前合影留念

临到分别时,官兵们再次列队为慰问团送行,虽然只是短暂的相处,但是相互间已经结下了生死之情,不论性别和职务高低,大家依依不舍,抱头痛哭,互道珍重。

慰问团的第三站是到属于丹东驻军的第十五侦察大队。当我们到达时,这里却是另一番景象,没有欢迎仪式,没有欢声笑语,原来他们刚刚经历了一场意外车祸,牺牲了两名战士,此刻官兵们正沉浸在巨大的悲痛之中。

老领导和左琨两位团长立刻深入营房,与官兵们促膝谈心,帮助他们化解心中的痛楚与自责,鼓励他们振作精神,在战场上争取新的胜利。

当晚进行慰问演出时,演员同官兵们同仇敌忾,演出变成了一场气

百姓心中的好人好官——追忆老领导陈素芝

○ 陈素芝代表辽宁省委、省政府向参战部队官兵表示慰问和感谢

壮山河的战斗动员会和誓师会。演出结束后，官兵与慰问团成员起立合唱《血染的风采》，歌声和哭声融为一体，汗水和泪水化成无穷的动力。

第十五侦察大队驻地陡峭料峭，山间小路旁边布满了敌人埋下的地雷，一不小心就会踩到，造成无谓伤亡。刚刚失去战友无比悲痛的官兵们，对慰问团的安全保卫更加谨慎。而老领导和左琨两位团长以及慰问团全体成员不惧艰险的大无畏精神，也让官兵们增加了一往无前、战无不胜的坚强意志。

尽管战争有流血、有牺牲，但是前方的战士们却无所畏惧、越战越勇。由于慰问团中有两位军人家属代表，使我们近距离地接触了两位威震敌胆的英雄。

北票矿务局组织部部长金允模的儿子是某部二连副连长金春胜，他是二上老山前线。第一次是他在炮兵学院学习时到老山前线进行毕业实习，参战三个多月就荣立一次三等功，但却因此失去了热恋中的女友。这次他再次来到老山前线，第二个女友又离他而去。但失恋并没有影响他保家卫国的决心和斗志。身为党员领导干部的父亲也非常理解儿子，毅然支持了他的选择。在慰问团到来前的5月初的一次捕俘战斗中，金春胜主动担任危险性最大的第一捕俘手任务。战斗打响后，他第一个扑向敌人，在战友的配合下，未放一枪一弹，将一名身材高大的越兵捕捉回营，荣立了一等功。

丹东市玻璃厂商店营业员初悦艳的丈夫是某部三连连长杜富。因为敢打头阵，被战友们称为"杜大胆"。在4月6日的抓捕战斗中，他始终和工兵走在最前列，并创造了"捕、打、抓"相结合的新型捕俘法，谱写了一次战斗捕捉四名越兵的奇迹。

"无情未必真豪杰。"金春胜和杜富这两位在战场上生死不惧的英勇男儿，见到随团而来的父亲和妻子，展现出作为儿子和丈夫的真性情。见面时激动不已，临别时依依不舍。这让我们这些生长在和平年代的人深切感受到了什么叫生死离别，什么是人间真情，以及"亏了我一个，幸福十亿人"和"一家不圆万家圆"的真正含义与崇高价值。

我们带着敬仰与不舍的心情，相继离开了第十三、第十四和第十五三个侦察大队，给官兵们留下了印着"老山巍巍壮士报国志，辽河滚滚故乡拥军情"金色大字的辽宁省人民政府赠送给这些英勇将士的红色锦旗，以及老领导高声诵读的"东北虎威震南疆，小越寇胆战心寒"的两句即兴赋诗。

在云南老山前线参加对越作战的部队中，有一支是曾多次击落入侵我国领空敌机，并受到毛主席亲切接见的"英雄的地空导弹部队"。该部隶属北京军区空军，部队营长贾忠民和部分指战员系辽宁籍。他们得知辽宁省慰问团到老山前线慰问的消息后，贾忠民带领领导班子成员专程

百姓心中的好人好官——追忆老领导陈素芝

陈素芝、左琨率辽宁省慰问团到北京军区某部导弹营慰问

到慰问团驻地看望并热情邀请家乡亲人到部队作战一线检查指导。老领导和左琨两位团长当即决定临时增加一个慰问项目：前往北空导弹部队驻地慰问。当慰问团成员走进现代化的地空导弹部队阵地，面对剑指苍穹的地空导弹，内心无比激动，深感祖国军事力量的强大。

那天，烈日当空，官兵们聚集在阵地的一块空地上，观赏辽宁省慰问团带来的精彩文艺演出，怀抱具有辽宁地方特色的慰问品，高兴得像过年一样。阵地上到处洋溢着欢声笑语。老领导和左琨两位团长贴心的问候、慈爱的关怀、殷切的嘱托和珍贵的合影，极大地激发和鼓舞了官兵们固守国防英勇抗敌的士气，大家纷纷表示，要以"一不怕苦，二不怕死"的精神，坚决完成对越作战任务。

对越轮战结束后，该部荣立集体三等功，以实际行动回报了辽宁省慰问团的重托。

在前线慰问期间，成都军区副司令员、昆明前线指挥部总指挥张太恒将军亲切会见了辽宁省慰问团，老领导将在前线听到的"六勇士'虎口拔牙'""80年代的'杨子荣'""巧袭越南工作组"等战斗故事讲述给张太恒司令员，张太恒司令员听后连声叫好，盛赞"辽宁的战士打得好！沈阳军区打得好！真是东北虎下山威震南疆啊！"老领导代表辽宁省委、省政府向云南前线官兵发扬"一不怕苦，二不怕死"精神，为保卫祖国流血牺牲，表示崇高的敬意和慰问。

○陈素芝和左琨向参战部队官兵赠送锦旗

在云南前线指挥部慰问期间，我意外发现：一个参谋房间里的床底下放着"雪花牌"啤酒箱，我忽然联想到刚来昆明时，省民政厅副厅长张永任向老领导和左琨两位团长汇报慰问品缺失的情况，所以又特别注意了一下其他房间的床铺底下，也同样放着"雪花牌"啤酒箱。

百姓心中的好人好官——追忆老领导陈素芝

我立刻明白了：这是前指的工作人员提前将辽宁省政府的慰问品送给了指挥部，我的心里立刻涌起了一丝不快。

慰问团的最后一站，来到位于麻栗坡的烈士陵园，吊唁在对越自卫反击战中牺牲的解放军烈士。烈士陵园地处一个山坡之上，整齐地排列着1000多块烈士纪念碑，纪念碑正面镌刻和镶嵌着烈士的姓名和照片，后面铭刻着烈士生平。

老领导和左琨两位团长驻足在一名不满18岁的烈士碑前，默读碑文，不禁泪流满面。而我和慰问团的一些女同志也已忍不住痛哭出声。

陪同慰问团的当地民政部门同志向两位团长介绍说，每天拂晓，住在附近的老百姓都能清楚地听到从烈士陵园里传出来的整齐有力的操练声，似乎他们就是生命不息，战斗不止。

慰问团的全体成员怀着无限的崇敬心情，眼含热泪，向烈士陵园肃立默哀。

慰问团在老山前线期间与英勇的指战员们一幕幕感天动地的情景，都被随团的辽宁电视台记者梁金升用摄像机记录下来，成为永久的珍贵纪念。

辽宁省慰问团历时十天，圆满地完成了省委、省政府赋予的任务，但是在离开昆明之前，却发生了一件后来牵动中央军委的事情。

离开老山前线的最后一天，慰问团成员怀着恋恋不舍的心情与指战员们告别了。

返程开始时一切顺利，但在途中大客车再次出现意外。出发不久，周志敏就悄悄对我说，司机跟我们要安全费。我有些茫然和不满：前线官兵都没有安全费，他凭什么要安全费？所以便对周志敏说，告诉他我们事先没有听说这件事，等到达昆明后向有关方面问清楚后再说。走过一半路途，来到一个小镇，司机突然停车，说车出故障了，需要修车。

由于一路颠簸，为了使两位团长和其他领导早些返回昆明休息，经过商量，决定由张永任陪同领导们乘坐面包车先走，沈阳军区情报部副部长李国新留下与其他人同行。司机经过一番检查，最后说大客车开不了了。我立刻想到这是因为我们没有支付安全费，司机对我们的借口，便当即与李国新商定，将司机和大客车留下，我们自己租车。最后李国新亲自出面，花了800元从当地租了一辆大客车返回昆明。

一路上，联想起刚到昆明时发现慰问品数量不足，第一天出发时因汽车故障耽误了行程，在老山前线听到官兵们的调侃："枪声炮声碰杯声，血水汗水啤酒水"，我和周志敏、王志岱的心中都有一丝丝的不满。

回到昆明，最后一个慰问点是成都军区陆军总院，共有两场演出。当天晚上正赶上天降暴雨，演出结束已是夜里10点多钟了，我和大家一起冒雨装卸演出道具，被雨水淋感冒了，夜里有些发烧。由于这次发烧没有及时治疗，我从此留下了气管炎的毛病，后来变成了"老慢支"。

第二天上午是一场小型演出，主要是慰问住院的伤病员。考虑到老领导和左琨两位团长一路奔波劳累，加之我也头昏脑涨，便留下陪同他们在宾馆休息。

中午时分，餐厅里面的饭菜已经备齐，但是慰问团的演职人员却还没有回来，老领导和左琨两位团长站在宾馆大门口焦急地等候。那时没有手机，所以不知道发生了什么情况。一直等到下午1点多钟，金炳昶、常佩业等人才疲惫地走进宾馆大院。我迎上前去询问，才知道原来演出结束后没有送他们回来的车，只能在那里傻等。后来还是医院方面与昆明前指办事处联系，他们才重新派车去接。听到这些情况，两位团长的脸色都很难看，但又不便说些什么。

这时办事处的王主任出来解释，我当时气不打一处来，也没有请示两位团长，便上前对他说："王主任，我们明天就要返程了，临行前有几个问题要向你请教一下，回去好向省委、省政府汇报。"

王主任没有听出我的弦外之音，便说："韩秘书，别客气，有什么问题你尽管问。"

我强压怒火："前线官兵有安全费吗？"

王主任摇摇头："前线打仗，保家卫国，哪有什么安全费。"

我问："那司机接送慰问团到前线有安全费吗？"

王主任道："前线战士都没有，司机就更没有了。"

我终于忍耐不住了："可是你派来为我们服务的大客车司机却在返回途中跟我们索要安全费，因为我们不知道政策如何规定，没有支付给他安全费，他就以汽车出故障为由拒绝为我们服务，最后我们只好花了800元钱从当地租了一辆大客车才回到昆明。"

王主任故作吃惊道："竟然还有这样的事情，我一定要调查清楚。"

我说："你要调查的还不止这些，辽宁的慰问品是按照慰问对象的数量超额定制的，但我们到达昆明后却发现少了将近百分之三十，没有办法只好临时减少发放数量。这些少了的慰问品哪里去了？"

王主任摇着头："不可能啊！"

我继续说："今天中午的事情你刚才解释了，那我问你，为什么会出现这种情况？"

我一口气把慰问团到昆明及老山前线后发生的一切不愉快统统发泄出来。

整个过程，老领导和左琨两位团长一直站在门口看着，我知道我说出了他们想说而又不方便说的话。看到目的已经达到，我缓和了一下情绪："王主任，不管怎么说，这段时间你们为辽宁省慰问团服务，也是很辛苦的。我们明天就要走了，今天晚上我们好好喝一杯，向你表示感谢。"

当天晚上，云南省委、省政府和昆明军区设宴为辽宁省慰问团送行，慰问团的几个女演员轮番给王主任敬酒，王主任自知理亏，只能以酒赔罪。

后来由周志敏代为起草的辽宁省慰问团赴老山前线慰问沈阳军区轮战部队的情况被《人民日报》内参发表，其中披露了前线指挥部个别人员存在的不正之风。当年9月，沈阳军区司令员刘精松率领沈阳军区慰问团前往老山前线慰问，接待情况大有改观，据他们回来介绍，王主任的工作有变动，那个大客车司机被辞退，一些部门的吃喝风得到遏制。这也是辽宁省慰问团为前线官兵作出的一点特殊贡献。

慰问团回到辽宁后，省委、省政府及时召开议军会，老领导作了详细汇报，会议根据慰问团在老山前线了解到的情况，与沈阳军区领导共同商讨了一整套解决办法，包括进一步加大对农村义务兵实行优待抚恤政策力度，从而有效地帮助前线参战官兵解决了诸如家属工作、子女上学、复员转业后的安置，以及农村战士家庭联产承包等实际问题，彻底解决了他们的后顾之忧。

1989年1月14至16日，沈阳军区参加"西山"轮战的第十三、十四、十五侦察大队先后撤离老山战区，老领导代表省委、省政府昼夜兼程分别到丹东、锦州、辽阳和长春等地迎接官兵凯旋，亲人相见，格外亲切，那个场面，即使是七尺男儿，也控制不住掩面而泣。

此后，省委议军会所确定的各项政策在各地不断落实。我在老山前线偶遇的那位辽阳籍农村入伍的小战士雍新刚，由于省政府出台了有利于军队官兵转业、退伍的安置政策，轮战结束后复员被安排到大型国有企业辽阳化纤公司当了一名工人，对此他们全家都非常高兴，他专门打电话向我报告好消息，并代表父母感谢陈省长，感谢党和人民。再后来

百姓心中的好人好官——追忆老领导陈素芝

他又进入辽阳市宏伟区公安分局，成为一名光荣的人民警察。而那位北京空军导弹营营长贾中民，也在老领导的亲自协调下，跨兵种从北京空军调转到沈阳军分区，结束了与妻子两地分居近20年的生活。

也就是从老山前线回来后，老领导又多了一份美誉——"军人母亲""军人妈妈"，这个称呼随之在沈阳军区指战员口中广泛传颂。

1989年对共和国来说，是惊心动魄、经受严峻政治考验的一年；而对老领导来说，则是异常繁忙的一年。

1989年10月，在中央军委的领导下，沈阳军区举行了规模空前的陆海军联合军事演习，代号"前进，八九"。

辽宁省和大连市政府的任务，是配合演习做好后勤保障工作，而工作的主要载体是人防工程建设，这是老领导分管的部门之一。为了发挥

——陈素芝与参加"前进，八九"军事演习的解放军官兵和民兵指战员合影

180

人防工程在平战结合时期的综合作用，她多次在省人防办主任果敢、副主任缪泽江（后提任主任）的陪同下，到沈阳、大连等人防工程密集地区进行调查研究，对人防工程整体规划建设以及如何发挥人防工程在抢险救灾和战备中的作用，提出了很多建设性意见，使辽宁的人防工程建设一直走在全国前列。

┕━○陈素芝在大连检查人防工程建设情况

"养兵千日用兵一时。"为了给"前进，八九"军事演习提供强有力的后勤物质保障，老领导带领省政府副秘书长张鸣岐提前赶赴大连，我和杨军、郭富春以及省人防办主任缪泽江陪同。到大连后立刻与市政府分管人防工作的张书惠副市长和副秘书长刘俊文，以及市人防办领导对接，然后深入大连市各个人防工程进行周密检查和落实，杜绝一切隐患和漏洞，以确保演习成功。

演习开始后，分别在陆地、海上和空中进行。老领导在大连市有关领导陪同下，每天起早贪黑往返于各个演习地点，进行认真检查、周密部署与科学指挥调动。最后在军队与地方的协同配合下，演习取得圆满成功。时任中央军委副主席刘华清、总参谋长迟浩田，以及沈阳军区司令员刘精松、政委宋克达等高级将领，都对地方政府的勤务保障工作给予高度评价。

演习胜利结束后，老领导和省长李长春又陪同迟浩田总参谋长乘坐"挑战者号"专机赶到锦州，对锦州驻军进行视察。

11月20日，老领导再次来到大连，与省市人防办的同志一起研究人防工程建设以及慰问驻军部队等问题。当年，我的工作日志上这样记载：11月21日，到青泥洼商场检查人防工程，下午检查市人防工程；22日下午，到三十九军指挥所、六十军；24日，到四十军和三十九军；25日，到董家沟。日程安排之满，可见一斑。

随后，老领导参加了沈阳军区人防委第五次（扩大）会议。这次会议由沈阳军区主持，采取拉练方式，首先在辽宁省抚顺市开幕，然后途经沈阳、大连、长春、吉林，最后在哈尔滨闭会。会议期间，老领导自己起草了一个发言提纲，然后在大会上进行了精彩的发言。她说："这次会议，是在刘精松司令员的亲自主持下召开的。这是一次非常重要的会议。会议的形式也是别具一格，采取听看结合，边走边开的方式，从辽宁的抚顺拉开序幕，到吉林增添了异彩，最后在哈尔滨掀起了高潮。整个会议内容丰富多彩，形式生动活泼，开得非常成功，很有成效。辽宁的同志一致认为，这是一次对全区人防工作大检阅的会议；是一次总结经验，表彰先进，比学赶帮超的会议；是一次加快人防工作改革，推动人防建设全面发展的动员会。"经过沈阳军区和各省军区主要首长以及辽吉黑三省政府分管人防工作领导的实地考察，一致认为辽宁的人防工作做得最好，因此受到总参谋长迟浩田上将的盛赞。

老领导在负责地方与军队的联系过程中，还作了一项利国利民的工作：大力开展"双拥"共建活动。

"双拥"，即"拥军优属，拥政爱民"。这是一项由省民政厅主导的活动，老领导对此非常重视，这一方面源于她对军队指战员的挚爱，另一方面她本身就是军属，她的女婿、小儿子以及未来的儿媳妇都是军人。

为了把这项工作落到实处，老领导亲自带领省民政厅的同志，多次到本溪市进行调查研究，帮助总结地方党委政府同驻军加强军政军民团结，"共建煤铁之城，共筑钢铁长城"和"肥水流军营"的经验。1989年，省委、省政府肯定了本溪市的这个经验，并以省委、省政府名义授予本溪市"双拥模范城"荣誉称号。此后，在本溪市经验的影响下，全省迅速掀起争创"双拥模范城"活动。1990年，省委、省政府又授予大连市"双拥模范城"荣誉称号。全省学本溪，本溪更争先。1991年初，本溪市被中共中央、国务院命名为"全国双拥模范城"，一举成为全国"双拥"十面红旗之一。

由于辽宁省委、省政府对军队工作高度重视，特别是老领导以她的真诚和务实精神，同沈阳军区、辽宁省军区之间建立的亲密友好关系，沈阳军区司令员刘精松、政委刘振华、宋克达，辽宁省军区司令员王有瀚、政委刘东藩、副司令员南启祥等，都同老领导相处得非常融洽，那些年里，辽宁省的"双拥"活动以及军队离退休干部移交地方后的安置、管理和服务等项工作，一直走在全国前列。省军队离退休干部安置办公室还被评为全国军队离退休干部安置工作先进单位。1991年老领导代表辽宁省政府出席了全国"双拥"工作会议，受到江泽民同志的亲切接见。

百姓心中的好人好官——追忆老领导陈素芝

老领导在省政府工作期间，由于对军队工作尽心竭力，对解放军官兵给予慈母般的关爱，特别是冒着生命危险到老山前线慰问，并帮助轮战官兵以及转业和退伍官兵解决了很多实际问题，所以在沈阳军区和辽宁省军区拥有非常好的口碑，"拥军省长"、"军人母亲"和"军人妈妈"的美誉也越叫越响。

第七章
在人大工作舞台上绽放异彩

1990年7月31日至8月7日,中共辽宁省委第七次代表大会在沈阳召开,全树仁继续当选省委书记。由于年龄原因,已连续当选三届省委常委的老领导正式卸任,只担任省政府常务副省长兼党组副书记。

从20世纪90年代起,人类社会开始向新的世纪迈进。1992年初,在邓小平南方谈话的指引下,改革开放的春风吹遍祖国大地。

已经61岁的老领导,也乘着改革开放的强劲东风,继续履行着省委、省政府赋予她的任务和职责。

1992年2月11日至14日,第十七次全省公安工作会议在沈阳召开。

受历史因素影响,从第十六次全省公安工作会议到第十七次全省公安工作会议,经历了14年时间。所以这次会议是在辽宁省现代化建设历史进程的关键时刻召开的一次非常重要的会议。

2月12日上午,在省委副书记孙奇、省人大常委会副主任左琨分别代表省委和省人大作了重要讲话之后,老领导代表省政府作了题为"充分发挥公安机关职能作用,全面深入贯彻'严打'方针"的重要讲话。

百姓心中的好人好官——追忆老领导陈素芝

讲话从"严厉打击严重刑事犯罪，保卫经济建设和人民群众的切身利益，促进社会治安的基本稳定；深刻理解依法从重从快严厉打击刑事犯罪的方针，充分发挥公安机关的职能作用，把'严打'斗争引向深入，不断提高严打水平；加强组织领导，抓住主要工作环节，采取有力措施，全面落实'严打'方针"三个方面，进行了深刻阐释和部署。最后，老领导指出，"希望各级政府加强对公安工作的领导，关心支持公安队伍建设，切实帮助解决一些实际困难。全省上下团结一致，共同努力，为我省经济和社会发展作出新的更大贡献。"

这个希望，既充满了深情，也饱含着不舍。

因为，这是老领导以主管政法工作副省长身份参加的最后一次公安工作会议，也是最后一次讲话。

1992年3月，老领导离开省政府，转任辽宁省人大常委会副主任、党组副书记，先后分管过内务司法委员会、法制委员会和财经委员会。

此时的老领导，已经开始步入晚年。从省委常委和省政府常务副省长的领导岗位上转任省人大常委会副主任，她的工作态度、进取精神和革命意志仍然一如既往，没有丝毫的减弱和懈怠。

8月，全国残疾人运动会在广州市召开，老领导作为辽宁省代表团团长率团参加。

运动会结束后，老领导与徐少甫、左琨等老同志，在时任深圳市委副书记、市人大常委会主任厉有为的陪同下，沿着邓小平视察南方走过的路线，进行认真学习考察，被深圳的改革开放精神所感染。回到沈阳后，她立刻组织工作人员起草了长篇考察报告，上报省委、省政府，对如何推动辽宁改革提出了很多有益的建设性意见。但是由于当时辽宁还深受"姓资姓社"思想的影响，这份报告并没有受到应有的重视。尽管如此，改革开放的思想已经深深植入老领导的头脑里，并逐步落实到依法治省新的实践中。

老领导到省人大工作不久，就收到不少群众来信，反映政法机关对刑事犯罪打击不力，在省第七届人大常委会第二十九次会议上，一些委员也提出了这个问题。老领导对此非常重视，从深圳回来后不久，便带领省人大内务司法委员会的同志，到本溪、丹东、营口、辽阳以及铁岭市法库县，进行了为期一个月的调研，在充分肯定这些城市政法机关几年来坚持"严打"方针，对各类刑事犯罪特别是重特大刑事犯罪和惯犯、累犯、团伙犯罪给予坚决打击，取得重大成果的基础上，也指出了存在的不容忽视的问题，比如：对一些刑事犯罪分子处罚偏轻；对有些刑事案件处理不及时；严重危害社会治安的犯罪活动在一些地区仍然比较活跃；有的地区打击各种棍、霸和犯罪团伙以及社会丑恶现象不够有力；等等。在此基础上，对全省政法机关增强打击刑事犯罪力度，提出了应当重点解决的四方面问题：一是深入开展打霸、撅棍、铲除犯罪团伙的工作；二是继续开展反盗窃斗争；三是搞好重点地区和单位的整治；四是提高政法队伍的战斗力。

1993年3月，曾经是第六届、第七届辽宁省人大代表的老领导，当选第八届全国人大代表。在第八届全国人大第一次会议期间，她在接受新闻单位采访时，不无激动地说，第八届全国人大第一次会议，是在关键时刻召开的肩负重大历史使命的一次会议，是在我国改革开放和社会主义现代化建设进入了一个新的发展阶段召开的一次重要会议。自己作为新当选的全国人大代表，一定不负人民重托，争取尽快进入角色，履行好新的历史使命。

第八届全国人大第一次会议胜利闭幕后，老领导仍然像当年在省委、省政府工作时一样，不顾疲劳，开始认真传达和贯彻落实会议精神。

从地方最高国家行政机关转入地方最高国家权力机关，从行政执行

百姓心中的好人好官——追忆老领导陈素芝

1993年3月，陈素芝出席中华人民共和国第八届全国人民代表大会第一次会议

到立法监督，是一个巨大的角色转变。老领导一如既往，不仅很快适应了这个转变，而且还在新的工作岗位上干得有声有色，成为地方立法的推动者。

从1992年初到1997年末，老领导在辽宁省人大常委会副主任的岗位上整整工作了六年。晚年，当她回首这段工作经历时，问心无愧地表示自己干了五件具有开创性的工作：

一是组织起草了《辽宁省人民代表大会及其常务委员会监督条例》。在1994年2月召开的辽宁省第八届人大第二次会议上，老领导就条例的指导思想和立法依据、监督主体、监督对象和范围，以及法律责任等向大会作了说明。经过代表们的充分讨论，最后大会顺利通过了条例，为进一步加强辽宁省人大及其常委会关于监督工作的法制化奠定了坚实的基础。

二是开展评议辽宁省高级法院工作。这是省人大有史以来尚无先例的创新之举，不仅对法院系统的工作有所监督和促进，还为后来省人大对政府其他职能部门和整个政法系统进行评议监督提供了宝贵的经验。

三是组织协调制定了《辽宁省立法工作条例》。从法律制度层面为辽宁省人大开展立法工作提供了依据，而且对全国人民代表大会制定立法法起到了参考作用。

四是强化和细化了省人大对省政府的预算监督，有效推进了政府依法行政和科学管理。

五是组织起草了个案监督办法，同时协调组织承担了许多立法议案，为辽宁依法治省作出了积极贡献。

在这期间，老领导还从省情、国情出发，亲自撰写了20多篇具有很强针对性和实际指导意义的文章，发表在有关报纸和杂志上，其中具有代表性的有：

《领导者应尽快适应市场经济环境》，发表在《党政干部学刊》1993年第1期；

《贯彻行政诉讼法应做好的几项工作》，发表在《经济与法》1993年第2期；

《当前增强打击刑事犯罪力度应当重点解决的几个问题》，发表在《辽宁公安》1993年第2期；

《把社会治安综合治理纳入法治轨道》，发表在《综治大观》1993年第3期；

《关于进一步加强立法工作的几点建议》，发表在《经济与法》1993年第6期；

《依法治省的初步探索》，发表在《辽宁人大建设》1993年第7期。

每年3月召开的全国两会，既是人大代表和政协委员共商国是、参政议政的高光时刻，也是对他们政治素质和履职能力的实际检验。为此，

百姓心中的好人好官——追忆老领导陈素芝

老领导将健全法制建设作为自己任期内的首要任务和"最大心事"。由于老领导能够迅速转变自己的角色，并始终坚持实事求是、开拓创新的政治原则和深入实际、调查研究的工作作风，在担任全国人大代表期间，忠实履行职责、围绕党、政府和人民群众关切的重大问题，积极提出议案和建议，因而成为令人称颂的"议案王"。

1993年3月，在第八届全国人大第一次会议上，老领导依据调研成果，亲自手写了8000多字的发言稿，围绕"执法绝不能手软"，提出了五点新建议：一是要给执法者上法律课，让每个干警精通而不是粗通他所执行的法律法规，提高他们的整体素质和执法水平；二是推而广之，给广大国家工作人员上法律课，促进依法行政，依法治理，改善执法环境；三是通过切实有效的反腐败斗争，为执法队伍整风，要树立好典型，抓住坏典型，对坏典型要绳之以纪、绳之以法，并要增强执法透明度；四是要给执法者头上戴个紧箍箍，建立健全执法监督、约束机制，"建立执法违法的追究制度和赔偿制度"，尽快出台人民警察法、检察官法、法官法、错案侵权追究法、公民举告投诉法、国家赔偿法；五是明镜高悬，强化执法监督工作，搞好执法检查。在辽宁代表团讨论发言中，她进一步强调，制定法律不是目的，关键在于执行，应采取明察暗访等多种形式加强对执法的监督检查，对有法不依、执法不严、违法不究的部门和个人，该查处的查处，该法办的法办，绝不留情。老领导的建议和发言，引起与会者的强烈共鸣和新闻媒体的关注，《法制日报》[①]记者侯召迅特别对她进行了专访。

1994年3月，在第八届全国人大第二次会议上，老领导再次就依靠制度与法制加强反腐倡廉问题起草了5000字的议案。会议期间，《中国青年报》记者徐家良围绕这个主题对老领导进行了专访，并发表在《中国青年报》3月15日第2版的"两会侧记"上，里面这样写道：

---

① 2020年8月，《法制日报》更名为《法治日报》。

反腐败是本次大会最热门的话题之一。连日来，记者走到哪个代表团，那里的代表必然要就这个话题谈上一番。3月10日，当李鹏总理作《政府工作报告》讲到深入持久反腐败时，全场响起热烈的掌声。

……

陈素芝代表的一个重要思想是，我国反腐败斗争特别是在制度和法制建设方面，应当博采世界各国（地区）之长。

○陈素芝在第八届全国人大第一次会议上投票

……

63岁的陈素芝是位干了多年政法副省长的"老政法"了，说起话来铿锵利索、掷地有声。

她说，这次中央发动反腐败斗争成绩很大，非常英明。从辽宁省看，腐败蔓延的势头是基本刹住了，但在监督制约方面暴露出很多问题，"1993年辽宁查出三大腐败案件，轰动全省。如果我们的各项监督制约机制搞不上去，今后这些'大老虎'还会出"。

陈素芝接着详细谈及了"沈阳证券案"、"昌图粮食案"和"锦西假兵案"，然后指出：

"古人云：'天下事不难于立法，而在于法之不行。'法之不行，首先在于监督不力。为什么让这些人肆无忌惮地侵吞国家、公民财产？为什么不开展反腐败斗争这些人就挖不出来？人大的法律监督哪里去了？政府的行政监督哪里去了？况且除了这些'大老虎'，还有数不清的'小老虎'。"

陈素芝代表呼吁加快制定人大监督法和政府监察法，并且严格执行。

在强烈呼吁人大要在反腐败斗争中发挥监督作用的同时，曾经担任四年省总工会主席的老领导，还在第八届全国人大第二次会议上特别强调贯彻落实工会法，切实维护职工权益。

老领导不忘初心使命，党和人民也不断赋予她更大的责任。

1995年3月，在第八届全国人大第三次会议上，老领导当选全国人大常委会内务司法委员会委员。在我的印象中，只有省委书记或者省长退出现职后才能当选全国人大常委会专门委员会委员，可见党和国家对老领导的信任与重视。

此后，老领导参政议政的自觉性更加强烈，不仅做到每次代表大会都拿出两三个议案，而且力争使每个议案和建议都更加具有针对性和可操作性，为此她坚持年年深入基层公检法司机关进行调查研究，尽可能地掌握更加真实的第一手材料。

由于老领导的议案主题鲜明，对策有力，所以在每次大会上都成为各路记者的追逐对象。比如，1997年在第八届全国人大第五次会议上，她提出了"执法监督要不断探索新的形式""社会保障要纳入法制轨道"等问题，分别被《光明日报》《新华每日电讯》等记者进行了专访，并发表在"两会特稿"和"两会述评"上。

1997年底，66岁的老领导从辽宁省人大常委会副主任岗位上卸任。但是她仍然以高度的国家使命感和政治责任感，密切关注国家的经济社会发展和民族的全面振兴。

1998年3月，在第九届全国人大第一次会议上，已经离开省级领导岗位的老领导当选全国人大民族委员会委员，对于党组织对自己的高度信任，她一直深怀感恩与报答之心。由于"无官一身轻"，老领导便把全部精力投入到对辽宁经济社会发展的热点问题进行调查研究上，立志在新一届任期内，每年在辽宁代表团大会上发言一次，同时向大会提交三个至五个立法议案。

老领导向来说到做到。为了深入了解社情民意，使议案更具针对性、前瞻性，老领导经常到公检法司机关、工矿企业和农村进行视察、调研。

1998年3月，在第九届全国人大第一次会议上，老领导提出了"要解决下岗职工再就业问题"。建议：一是各地、各部门以及大中型企业都应建立再就业服务中心，由服务中心对下岗职工进行托管；二是要通过发展第三产业，发展个体和私有等非国有经济，创造和增加就业机会；三是引导下岗职工转变择业观念，鼓励自谋职业，并搞好职业培训，提高素质，以适应市场择业需要；四是应通过财政拨一块，失业保险金补一块，企业主管本部门筹一块，企业自己拿一块，社会募捐补一块，资产变现支一块，土地转让收入划一块等办法，筹措再就业基金。

1999年3月，在第九届全国人大第二次会议上，老领导提出"执法者也要有法监督"的议案。11日下午，李鹏委员长参加辽宁代表团分组讨论，老领导以此作了主题发言，她指出，立法不是目的，严格执法，依法办事才是立法的宗旨。但从实践来看，各级人大对监督权行使得不够充分，主要是力度、深度不够，工作不到位，实效差，这既有工作上的问题，也有缺少监督的法律依据问题，所以应该尽快制定、出台监督法。通过加强人大监督，向违法办案亮"红灯"。

百姓心中的好人好官——追忆老领导陈素芝

在这次会议上，老领导还提出要"尽快出台预防青少年犯罪法"，以此推动预防和减少青少年犯罪逐步走上依法治理的轨道。

2000年3月，在第九届全国人大第三次会议上，老领导建议尽快制定"中华人民共和国人民陪审员法"，以进一步完善人民陪审员制度。

2001年3月，在第九届全国人大第四次会议上，老领导建议"对'法轮功'必须综合整治"。同时，对于如何贯彻落实防沙治沙法，提出了切合实际的建议。

2002年3月，第九届全国人大第五次会议在北京隆重召开。这是老领导参加的最后一次全国人民代表大会，这一次她带来了"关于社会救助法立法"等七份议案。新华社记者俞丽洪到辽宁代表团采访人大代表如何写议案、提建议时，大家一致推举老领导，称赞她是"议案专业户""议案王"，平均每年提出三个议案，而且质量非常高，这几年她提出的多项关于立法的议案，如婚姻法、民办教育法、个案监督法、财政监督法等都基本得到了采纳和落实。

当记者让老领

1998年3月，陈素芝出席第九届全国人大第一次会议

194

导介绍如何写好议案的经验时,她真诚地说:"当了近十年的全国人大代表,经验和感受还真不少。"

面对记者的提问,她赠送给下一届代表三点建议:第一,对于一名全国人大代表来说,议案、建议是反映社情民意,把群众呼声带给中央的一个重要环节。人民代表要写好议案、建议就要张开耳朵,随时随地倾听周围老百姓的心声。第二,一份高质量的议案,仅仅有群众呼声是远远不够的,还要多听取有关部门的意见,要不厌其烦,多方论证。第三,人大代表为国家立法写议案,还要有点"专业精神"。人大代表要经常和人大主管立法、政府主管立法的部门多交流、多学习,这样才能保证提出的议案不仅有群众基础,还有专业水准,保证议案的落实率。

正因为老领导坚持"关心国家大事,从百姓疾苦入手",所以她提出的议案接地气,得民心,受关注。在她所参加的最后一次全国人民代表大会上,她提出的"关于制定行政机关信息公开法"的建议,引起广泛好评。老领导在辽宁代表团发言中说,我国宪法明确规定:"中华人民共和国的一切权力属于人民。……人民依照法律规定,通过各种途径和形式,管理国家事务,管理经济和文化事业,管理社会事务。"只有信息公开,公民才可以真正公开、平等地获取经济、政治信息,才能更好地参与国家事务管理,有的放矢地行使自己的监督权。

不仅如此,老领导在坚持提好议案、建议的同时,还勤学不惰,亲手撰写理论文章,仅在退出现职后的两年时间里就发表了十余篇研究成果,其中:

《坚定不移地走依法治国之路》,发表在《党政干部学刊》1998年第5期;

《切实加强村委会组织建设,进一步提高村民自治水平》,发表在《辽宁民政》1998年第7—8期;

《努力提高自身素质,适应跨世纪伟大历史任务的需要》,发表在

百姓心中的好人好官——追忆老领导陈素芝

《辽宁人大建设》1999年第1期；

《坚持和完善社会主义初级阶段的基本经济制度》，发表在《中心组学习》1999年第1—2期；

《实现监督工作法制化》，发表在《辽宁人大建设》1999年第3期；

《适应历史需要，当好人民代表》，发表在《辽宁法制报》1999年4月12日第三版；

《预防未成年人犯罪是家庭、学校、社会共同的责任》，发表在《辽宁法制报》1999年7月26日第三版；

《人大监督向违法办案亮"红灯"》，发表在《辽宁日报》1999年9月30日第十版；

《认真贯彻〈立法法〉，切实提高地方立法质量》，发表在《辽宁人大建设》2000年第6期；

《坚持"三个代表"，提高自身素质》，发表在《辽宁人大建设》2000年第9期；

《加强人大对重大事项的监督》，发表在《法制与文明》2001年第12期。

老领导的这些文章，直至今天，对提高人大代表素质，强化人大监督作用，深入推进辽宁依法治省建设，仍然有着很强的借鉴和指导意义。

1999年4月12日，面对世纪之交，《辽宁法制报》发表了老领导撰写的文章《适应历史的需要，当好人民的代表》，里面畅谈了她当好人大代表的四点感悟：第一，要用理论武装，提高政策思想水平，解决"政治上要强"的问题，树立坚定正确的政治方向；第二，学习法律，增强法治观念、法治意识，解决依法办事的问题；第三，要充实和完善自己的知识结构，扩大知识含量，提高工作水平；第四，要学习老一辈无产阶级革命家的风范，提高自身的决策能力。总之，时处世纪之交，作为各级人大代表，要完成跨世纪的历史任务，关键在于提高自身素质。

老领导的这篇文章，既是对自己在省人大常委会副主任和全国人大内务司法委员会委员、全国人大民族委员会委员岗位上辛勤工作十年的系统总结，也是对后来者提出的殷殷希望。

老领导在担任省人大常委会副主任期间，还完成了一项极为困难也极具意义的任务，就是同党外副主任高继中紧密配合，建造了辽宁人民大厦。

辽宁人民大厦虽然是省人大的项目，但是整个运作过程也是非常艰难的。当时老领导负责对外沟通协调，高继中负责工程设计。其间，围绕地皮、价格、动迁等问题，老领导曾经多次亲自出面同所在地的陵东村村长进行谈判、沟通和协商，其中的难度不亚于企业间的谈判。

建成后的辽宁人民大厦位于政府行政区，与全国著名的世界文化遗产昭陵相邻。周围机关商厦林立，交通便利，距离沈阳北站仅十余分钟车程，集餐饮、客房、会议室、洗浴、游泳池等多项服务娱乐设施为一体。它既是辽宁省人大干部的培训中心，又是接待各种会议宾客和旅游度假的理想胜地。

辽宁人民大厦的建立，同当年的辽宁工会大厦一样，是老领导及其合作者们留给后人的又一笔宝贵的物质财富。

第八章
开创辽宁法学研究事业新局面

1998年1月，67岁的老领导由于年龄原因，从辽宁省人大常委会副主任职务上卸任，但她的革命征程并没有就此止步。

1998年10月，中国工会第十三次代表大会在北京隆重召开。虽然全国总工会和辽宁省总工会领导班子已经更换了几届，但是他们并没有忘记陈素芝这位当年享誉全国的"工运女杰"，仍然将她作为特邀代表出席此次盛会。这也是老领导第四次参加全国工会代表大会。

会议期间，《辽宁职工报》[①]总编刘跃发对曾经的老主席作了一次专访。在采访中，老领导显得特别高兴，她说：我是工运战线上的一名老兵，已经先后四次参加中国工会代表大会。1983年召开中国工会第十次代表大会时，我是正式代表，第十一、十二、十三次代表大会是作为特邀代表。我很幸运，也很光荣。在这里，我特别感谢辽宁省总工会和全国总工会给予我这样难得的机会。在会议期间，我不仅能学习和领会会议精神，而且能与许多老工会工作者"会友"，是一件好事，也是一件

---

① 2022年7月，《辽宁职工报》正式更名为《辽宁工人报》。

百姓心中的好人好官——追忆老领导陈素芝

乐事。

采访结束后,刘跃发撰写了题为《殷殷深情切切寄语》的专访文章,其中写道:"陈主席虽然离开工会工作多年,但对工运事业情深意切,十分关怀。在谈及辽宁今后的工会工作时,她寄予厚望。她的想法是,大会之后,首要任务是各级组织和工会干部一定要好好学习胡锦涛总书记的《祝词》和工会十三大报告,要深刻领会其精神实质,并用其指导工作。特别是《祝词》中提出的'三个希望''三个结合''三个统一',既是方向问题,又是原则问题,一定要理解好、把握好、运用好。"

"陈主席还希望全省工会组织和工会干部研究和探讨各行各业怎样依靠工人阶级的问题,以及工会干部如何进一步加深同工人阶级的感情问题。要解决如何向工人阶级学习和为工人阶级服务的问题,特别是年轻的工会干部。"

刘跃发在文章的最后意味深长地写道:"陈主席一番话语,恳切而真诚,不失灼见真知;陈主席所言所述,必将在辽宁工运事业中闪亮发光。"

与工会组织有着不解之缘的老领导,时刻不忘关注工运事业的发展和工人阶级的主人翁地位。从1992年全国人大提出重新修改工会法以来,老领导无论是担任常务副省长还是担任省人大常委会副主任,乃至退出领导岗位,都一直为之作出不懈的努力。

2001年10月27日,第九届全国人大常委会第二十四次会议通过了《中华人民共和国工会法》。曾经参与这部法律审议的老领导异常兴奋,她以"工人阶级仍是主人翁"为题,接受了《辽宁法制报》记者的专访。她无比激动地说:《中华人民共和国工会法》正式公布实施,这是我国工运史上的一个重大历史事件,也了结了自己几十年来的一份心愿。

老领导在省政府、省人大履职期间,还在辽宁省老龄委员会、辽宁省关心下一代协会、辽宁省妇女儿童基金会、辽宁公安司法管理干部学院邓小平理论研究中心、辽宁省思想政治工作研究会等社会团体兼任了名誉会长（主任）、会长、副会长等社会职务，并且帮助这些团体解决了一些实际问题。从省人大常委会副主任岗位上卸任后，她便把更多的精力投放到了这些社会公益事业上面来，尽情地施展才华，发挥余热。

我的记忆里，在所有社会活动中，她最钟情的是扶植、支持和推动政法理论研究事业，为依法治省、依法治国付出不懈的努力。

2000年6月21日，经省委同意，老领导作为辽宁省法学会会长人选，准备接任原会长左琨。

9月15日，在辽宁省法学会第四届二次理事会上，老领导正式当选辽宁省法学会会长。

实事求是地说，老领导并不是全能型人才，但是她干什么像什么，而且还都能干得特别出色。这里的主要原因是她善于学习，敢于创新。

当时，省法学会隶属省司法厅管理，职能作用并不明显。在这种情况下，老领导积极支持省法学会与我所在的辽宁公安司法管理干部学院、省检察官协会、省法官协会和省警察协会一起联合举办每年一次的"新华杯"和"盼盼杯"辽宁省政法系统邓小平理论研究成果大奖赛，鼓励全省会员借助这个平台，撰写理论文章。每次大赛举行表奖活动时，她都要亲自到会并讲话。省法学会常务副会长巴文看到老领导虚事实做，借力发力，扩大了法学会的影响，备受鼓舞。法学会一扫往日沉寂，很快活跃起来。

2003年12月，根据中共中央组织部决定，72岁的老领导办理了离职休养手续。

随后不久，一向严格自律的老领导便作出了一个令人敬佩的决定——为了节省人员开支，她主动向省委提出不再配备秘书，一切事务由司机高洋和她自己处理。我听到她的想法后曾经劝阻过。因为作为离休的副省级领导干部，离职后继续享受配备司机、秘书等待遇，是党和国家对这些老同志在政治上和生活上的一种特殊关爱。何况她还担任着辽宁省法学会会长职务，仍然属于在职领导干部，所以有个秘书并不为过。但是老领导对于这些身外之物却看得风轻云淡。她对我说，既然已经不在位了，就不要再给组织添麻烦了。有些事情自己动动手还能防止老年痴呆。

虽然嘴上说自己离休了，但实际上她只是离职却没有一天休养过。面对新世纪扑面而来的滚滚洪流，老领导老骥伏枥，壮心不已，仍然保持着强烈的革命事业心和高度的责任感，继续关心党和国家大事，关心辽宁的经济社会发展、改革开放和依法治省建设，像一只永不停歇的萤火虫，闪烁着不朽的光亮。

有一次我到家里看望她，她仍然一如既往地独自坐在书房里看书读报。看见我来了，她兴致勃勃地递给我一份省政府便笺纸，我定睛一看，原来是她开列的订阅报刊清单。我仔细数了一下，总计14份，依次是《人民日报》(海外版)、《法制日报》、《工人日报》、《辽宁日报》、《参考消息》、《辽沈晚报》、《沈阳晚报》、《文摘报》、《文摘周报》、《辽宁老年报》，以及《求是》、《家庭》、《读者》和《卫生与健康》。她对我说，退下来了，自己可以支配的时间多了，便让高洋和耶永华给她订阅了这些报刊。她还以小学生买到新书包的那种喜悦，特意让我看了邮局给她送的新报刊箱。

离休之后，老领导仍然像在职期间一样，把家里的书房当作办公室，每天坐在写字台前读书看报、摘抄笔记，书写心得体会，没有一丝倦怠，并将所学到的知识、政策、法规、经验和体会应用到指导法学会工作上。

2004年初，为了适应依法治国的需要，中共中央决定转变各级法学会的领导体制，由原来司法部门管理改为各级党委领导、同级政法委代管，以便进一步强化其职能作用。

依据这个精神，在中国法学会第五次会员代表大会上，选举最高人民检察院原检察长韩杼滨为新一届中国法学会会长。中共中央随后下发"五号文件"，要求各省市党委照此调整、充实和完善各级法学会领导班子。

辽宁省委积极贯彻落实中央指示精神，决定由老领导继续担任新一届省法学会会长，并抓紧筹备辽宁省法学会第五届换届工作。

向来雷厉风行的老领导不负省委重托，根据自己在省总工会、省政府和省人大工作时获取的经验，首先，从加强省法学会领导班子自身建设入手，在省委组织部的大力支持下，很快落实了领导班子人选，进而为省法学会建立了党组。其次，在省编委办和省财政厅等部门的支持下，明确了机构编制，增加了三个内设机构，落实了办公经费和办公地点，解决了省法学会长期存在的"无编制、无经费、无办公地点"问题。最后，建立了规章制度，明晰了机关各部门职能和工作程序，做到工作到位，职责到人。领导班子成员分工，做到人人有活干，个个挑重担，努力把领导班子锻造成动力十足的火车头。

2004年2月14日，辽宁大厦八楼会议室里喜气洋洋，辽宁省第五次法学会会员代表大会在这里胜利召开，经过会员代表举手表决，选举产生了以陈素芝为会长的第五届省法学会理事会及其领导班子，包括常务副会长凌秉志、专职副会长王河山（后改为张晶）、秘书长张彪等。我以辽宁公安司法管理干部学院党委书记身份与时任辽宁社会科学院院长鲍振东等同志当选为兼职副会长。这一兼职，使我有了继续和老领导一起工作的机会，并见证了她为繁荣辽宁的法学研究事业殚精竭虑所作出的贡献。

百姓心中的好人好官——追忆老领导陈素芝

换届之后,省法学会搬进了位于辽宁大厦对面的丽阳大厦。宽敞、明亮的办公环境,让长期居无定所的法学会工作人员立刻焕发了活力。

"火车跑得快,全靠车头带。"从此,辽宁省法学会在老领导的带领下,严格遵照中央明确的"发挥好法学会人民团体、群众团体、学术团体、政法战线重要组成部分的职能作用"要求,以改革创新、求真务实的精神,使各项工作走在全国法学会系统的前列,成为全国的排头兵和经验发祥地。

2004年6月和2006年9月,中国法学会先后在大连召开了全国地方法学会建设工作会议,在沈阳召开了全国地方法学会建设工作经验交流会。中国法学会会长韩杼滨亲自到会,在讲话中充分肯定并大力推广辽宁经验。自此,"大连会议"和"沈阳会议"成为中国法学会发展史上的两个标志性会议。

2005年10月,陈素芝在抚顺与参加辽宁省首届各市法学会负责同志培训班的全体成员合影留念

2009年7月21日，辽宁省法学会在沈阳召开第六次会员代表大会，选举产生第六届理事会，老领导继续当选省法学会会长。常务副会长由国长青担任。我和鲍振东继续兼任副会长。

从2000年6月至2014年2月，老领导担任辽宁省法学会会长的14年，成为辽宁法学会发展史上的最好时期。

第一，完善了组织建设。

根据中央政法委《关于加强地方法学会建设的意见》文件精神和中国法学会召开的"大连会议""沈阳会议"确立的基本经验，在老领导的亲自组织下，省法学会起草了《关于组建市法学会的意见》，并以省委和省政府办公厅名义下发，从面上大力推广沈阳市和丹东市组建市法学会的经验；同时，老领导亲自带领省法学会党组成员到各市进行催办、督办，从点上狠抓落实。对一些在人选、编制、经费和办公地点困难较多、障碍较大的地方，老领导直接同市委书记对话，帮助他们切实解决在换届转制中遇到的实际问题。经过努力，全省14个市很快都按照新的领导体制组建了法学会，在全国率先实现了地市级法学会有编制、有人员、有经费、有场所，县级法学会组织全覆盖，在全省构建起完整的法学会组织体系。截至2021年，全省法学会会员发展到3.8万多人。

然而，一贯追求卓越的老领导并没有因此停止创新的脚步。在市级法学会组建之后，她又开始继续新的谋篇布局。她把省法学会系统比作一架飞机，其中省法学会是发动机，14个市法学会为其中的一翼，另外一翼则是依托省内高校和科研院所创新组建的各学科研究会。为了推动这项工作的落实，她要求我带头支持她的工作，在辽宁公安司法管理干部学院组建了辽宁省犯罪学研究会，然后利用省人大民族侨务外事委员会的智力和人才优势，组建民族学研究会，由原省人大常委会副秘书长李慧贞担任秘书长。此后，经过多方努力和支持，又在一些高等院校成立了刑法学、经济法学等学科研究会，并每年开展评选"优秀理论研究成果"和"优秀学科研究会"活动,极大地调动了广大会员和会员单位的积极性,学科研究会如雨后春笋般在各地组建起来。截至2021年,全省已经发展到30个学科研究会,从而在辽宁形成了左右协调、上下贯通的法学研究体系。

└─○陈素芝出席辽宁省法学会法理学研究会成立大会

第二,创新了工作机制。

老领导带领省市两级法学会领导班子成员,经过不懈努力,积极探索出区别于党政机关,符合人民团体、群众团体、学术团体组织特点的工作规律,创新了五种工作机制。

一是"辽宁法治论坛"联办机制。为了调动市法学会和学科研究会的工作积极性,省法学会每年组织"五个一"竞赛活动,开办"沈阳经济区法治论坛",鼓励各级各类会员紧紧围绕当地党委、政府中心工作和政法工作实际,以问题、民意,选准主题,多出成果、出好成果,并向精品力作方向努力。在此基础上,从2004年开始又创办了"辽宁法治论坛",从而形成由省法学会组织、设计,各市法学会轮流协办,依据省委中心工作大局设定研究主题,理论研究成果及时转化报送省市主要领导和有关部门的工作机制,充分调动了全省法学法律工作者参与法学研究的积极性。截至2021年,"辽宁法治论坛"已经连续举办了17届,成为辽宁省法学法律界服务全省工作大局的法治理论智库和法学研究经典品牌。

二是重点课题合作研究机制。拓展课题研究合作伙伴范围,主动与省人大法制委、省政府法制办、省政协社会和法制委员会建立开展合作研究制度,共同研究中国法学会和省法学会确定的重点课题;与省直有关部门联办论坛,对重大课题进行联合攻关,形成高质量研究成果。老领导还亲自带队,组织专家组,围绕省委、省政府提出的振兴辽宁老工业基地"三大战略",配合有关部门围绕"'五点一线'沿海经济带建设法治保障和法律服务""突破辽西北政策法律问题""沈阳经济区发展政策法律环境问题",以及群众关心、关注的"影响辽宁社会稳定的矛盾纠纷"和"土地流转的政策和法律问题"等进行专题研讨,提出了很多具有创新性和可操作性的建议和意见,使研究成果直接为全省中心工作服务。

三是国内外学术交流机制。加强与中国法学会所属研究会和各省法学会的联系,确立相互开展学术研究、经验互鉴、成果共享的交流机制,不断提高学术水平;每年组织五批次法学法律界人士出国(境)进行考察和交流,充分发挥法学会作为人民团体和群众团体在引领意识形态方面的作用。

四是法治宣传教育机制。认真贯彻中国法学会关于开展"百名法学家百场报告会"活动要求,组织好每年的省(市)委理论学习中心组法治专场学习,邀请国内、省内著名法学家作专题报告;按照中国法学会的要求,与省司法厅、团省委联合开展青年普法志愿者基层行活动,采取多种形式,在全省范围内开展送法进乡镇、进社区、进学校,为基层干部群众学法、用法、维权提供服务;创办《辽宁法学》会刊和辽宁法学网站,为广大会员服务。

五是管理考核激励机制。实施省市法学会、各研究会工作任务细化分解,实行年度目标管理考核和评先创优;联合省委政法委、省人力资源和社会保障厅共同组织,每两年评选一次"优秀法学成果",每三年评选一次"辽宁省杰出中青年法学(法律)专家",促进辽宁省法学法律界多出成果、多出人才。

第三,大力推广辽宁经验。

以《中国法学会》会刊为载体,讲好辽宁法学会自强不息、努力奋进的故事,拓展辽宁法学和法律研究的成果。

2005年,《中国法学会》会刊连续两期刊发辽宁省法学研究工作经验;中国法学会第3期《情况简报》刊发《落实科学发展观,规划法学会工作——辽宁省法学会制定〈辽宁省法学会五年工作发展规划纲要〉》。

2006年,《中国法学会》第1期刊发老领导署名文章《贯彻落实科学发展观,为实现辽宁振兴与和谐服务》;《中国法学会》第2、3、4期连续刊发了辽宁省五项工作经验。

2007年,《中国法学会》第2、3期刊发了辽宁省两项工作经验。

2008年,《中国法学会》第1、4期刊发了辽宁省两项工作经验。

2010年,《中国法学会》第2、5、6期刊发了辽宁省三项工作经验;中国法学会第4期《情况简报》刊发《辽宁省法学会服务大局又取得新的成效》,对省法学会组织典型失信案件评议工作的做法予以充分肯定。

2006年4月28日,大连市法学会举行会议,大连市委、市人大、市政府、市政协主要领导出席。老领导到会,在讲话中对大连市党政领导和人大、政协对法学会工作的高度重视表示由衷的感谢,并殷切希望大连市法学会不负领导和社会重托,将法学和法律研究事业推向一个新的高度。

第四，倾力打造精品力作。

2004年以来，辽宁省法学会积极贯彻中国法学会的总体工作部署，团结带领全省法学和法律工作者，认真参加中国法学会举办的"东北法治论坛""环渤海法治论坛"等区域板块论坛，参加"董必武法治思想研究"等多个立项课题研究，多次获得优秀组织奖，并有多篇论文获得一、二、三等奖。

陈素芝在大连出席首届"东北法治论坛"

同时，辽宁省法学会还立足自身，打造品牌，努力办好历届"辽宁法治论坛"，开展课题立项，指导各学科研究会开好理论研讨会，进而创作出大量研究成果。据不完全统计，出版法学著作近10部、论文集近30部；研究课题被省市级党委和相关部门采用20余项，为法治辽宁建设提供了有力的理论支撑。

在老领导担任辽宁省法学会会长的14年间，省法学会的代表在中国法学会召开的各类相关会议上先后介绍过12次典型经验，展示了辽宁法学和法律研究事业蓬勃发展的大好形势和辉煌成果。

第五，挖掘培养优秀人才。

担任辽宁省法学会会长10余年来，老领导一直把发现、挖掘、培养法学和法律界优秀人才，作为省法学会的一项重要任务，并且通过组建刑法、诉讼法、民法、商法等学科研究会，建立雄厚的法学人才储备基地。2007年，由省法学会选送的辽宁大学法学教授杨松被评为第五届"全国杰出青年法学家"，这是该项活动开展以来唯一由地方法学会选送的法学人才，在我省产生了强大的示范引领效应，极大地提高了我省的整体法学研究水平。杨松后来也因此先后被提拔为辽宁大学副校长和沈阳师范大学校长。为了使更多的中青年法学法律人才脱颖而出，省法学会还组织开展了"辽宁省杰出中青年法学（法律）专家"评选活动，截至2021年，历经3届，评出杰出中青年法学（法律）专家30余人，为我省法治人才储备打下坚实基础。

第六，关爱干部健康成长。

老领导在担任辽宁省法学会会长期间，先后搭档了凌秉志和国长青两位党组副书记、常务副会长。专职副会长分别有王河山、张晶。她坚持用制度管人、管事，做到分工明确，各尽其责，不包办、不代替、不指责、不甩手。法学会日常工作由党组书记、常务副会长全面负责，作为会长的她只管大事、难事，有力地调动了领导班子成员的积极性和创造性。她主动配合法学会党组积极教育培养中青年干部，鼓励他们继续学习，努力工作，积极争取政治进步。10余年间，省法学会有多名中青年同志走上处级以上领导干部岗位。同样地，对在市法学会的优秀专职干部，她也秉公积极向市委、市委政法委介绍情况，争取得到组织的重视和培养，使很多中青年干部经过市法学会这一平台转仕到市直机关其

陈素芝同法官代表合影

他重要岗位。

不仅如此，老领导还十分关心干部的思想动态，对他们的家庭生活、子女教育体贴入微。省法学会秘书长毕征的孩子高考时意外落榜，全家人因此出现焦虑情绪，还产生了矛盾，老领导知道后像老妈妈一样分别同他们家的每名成员交流思想，进行心理疏导，终于使全家人调整好了心态，回归到正常生活轨道。经过复读，孩子于第二年顺利考入理想的大学，老领导为此专门请孩子吃饭，祝贺他高考成功，鼓励他再接再厉，做一名合格的大学生。

老领导心中充满大爱，她无时无刻不在关心、关爱曾经和她一起工作过的人。在老领导的熏陶下，省法学会像一个生机盎然的大家庭。老领导逝世后，省法学会原专职副会长张晶深情回忆道：

陈素芝老会长离开法学会后，每年还都和我们聚一次。最初忐

百姓心中的好人好官——追忆老领导陈素芝

酒，老人家年高德劭，官至副省，我等位微……可是每次聚过，老人家的精神都鼓舞到我，对每年的相聚倒有了隐隐的期盼。今年春天，我主动张罗相聚一次，好不容易盼到天暖，疫情开始紧张，到了7月，秘书说再等等。谁知那时老人家已经病了，聚，已经是上天入地不可再得的了。

在世纪之交的10余年间，年逾古稀的老领导把自己的一腔热血献给了辽宁的法学和法律研究事业，出色完成了省委交付给她的最后一项任务，在自己的人生舞台上又上演了绚丽的一幕。时任中国法学会会长韩杼滨和常务副会长刘飏，曾经多次在全国法学会上盛赞陈素芝的创新精神和热情干劲，盛赞辽宁省法学会的辉煌业绩。

总结自己在省法学会这段工作经历时，老领导曾经这样说道："我在省法学会当会长整整10年，在上上下下的支持帮助下，作了一些工作，推进了法学会和法学研究工作的发展，同时也丰富了我自己的生活。首先，促进了自己更好地学习，学习法律和政策，学习了一些新的知识，研究了一些新问题，开阔了思路，开阔了视野，有了新的担当。其次，当了会长，有事干，参加活动比较多，也促进了锻炼身体，保持精力充沛。最后，结识了一批法学法律界的朋友，学习他们诚实、钻研、求精、负责的精神，这是非常宝贵、终身难忘的。"

其实，老领导对辽宁法学研究事业的贡献远不止她自己所说的十年。从1998年5月出任辽宁公安司法管理干部学院邓小平理论研究中心名誉主任算起，直到她2021年8月逝世之前仍然担任辽宁省法学会名誉会长，时间跨越了23年，比她从1982年初担任辽宁省副省长到1997年底卸任辽宁省人大常委会副主任的时间还长。

第九章
助推辽宁公安司法管理干部学院创新发展

辽宁公安司法管理干部学院是一所拥有光荣历史的干部院校。其前身是1948年5月12日成立的辽北学院。这是中国共产党在东北地区建立的第一所干部院校，首任院长是在第二次世界大战期间为彻底消灭德国法西斯给苏联红军提供重要情报，被周恩来盛赞为"红色大间谍"的传奇人物——时任辽北省长的阎宝航。当时，在东北行政委员会的领导和支持下，学院以辽北省委书记陶铸从延安"抗大"带来的100多名青年学生为骨干，在旧址四平市秘密办学，从此播下了辽宁公安政法干部教育的种子。新中国成立后，这所学校几度搬迁、整合，后来发展为辽宁省公安干部学校，为辽宁乃至东北地区培养了大批领导骨干。1957年12月，辽宁省公安干部学校的200多名师生，遵照省公安厅的指令，在沈阳东塔机场，为出访苏联回国途经沈阳视察的毛泽东主席担任警卫任务。这一不平凡的经历，为后人留下一段难以忘怀的红色记忆，并鼓舞一代一代学院人负重前行、继往开来。

20世纪80年代中后期，省委、省政府高度重视全省政法系统的干部

百姓心中的好人好官——追忆老领导陈素芝

教育培训工作。老领导调任省政府后，带领省直有关部门经过多次调研论证，并提交省委、省政府有关部门研究。1988年5月16日，省委、省政府决定将由省公安厅领导的辽宁省公安干部学校与由省司法厅领导的辽宁政法管理干部学院合并，组建辽宁公安司法管理干部学院，作为正厅级事业单位，隶属省政府领导，由省公安厅代管，领导班子任免权归省人事厅。这个举措在全国开创了公安政法教育资源整合的先河。

1988年6月2日上午，辽宁公安司法管理干部学院成立大会在学院礼堂隆重举行，老领导亲临大会并宣读了省委、省政府的决定。会后，她同全院200多名教工一起，在地处沈阳市皇姑区嘉陵江街66号的校区门前，伴着欢声笑语和震天锣鼓、鞭炮，代表省委、省政府为新学院揭牌。从此，这所具有红色血脉的公安政法干部院校翻开了崭新的一页。后来，经过老领导的进一步协调，决定将学院243名教工全部纳入公安编制序列，享受公安待遇，承担全省政法系统干警培训和成人高等学历教育等

陈素芝为新成立的辽宁公安司法管理干部学院揭牌

新的职能任务。

随后的几年里，在省委、省政府的政策指导和老领导的全力支持下，学院不断完善领导班子建设，大力改善办学条件。老领导还亲自协调省编委办和省人事厅，批准学院成立辽宁公安教育培训中心，并增设了1个正处级领导职位和7名编制，从而进一步加强了与省市公检法司安等领导机关的联系。学院连续举办了县区政法委书记、公安局长、安全局长、司法局长，以及法官和检察官培训班，并在省教委的支持下，开展公安专科成人学历教育，为全省公安政法系统培养了一批又一批的领导骨干和专业人才。可以毫不夸张地说，在老领导分管公安政法工作时期，辽宁公安司法管理干部学院取得了长足的发展与进步，老领导也因此同这所传统的干部院校结下了深厚感情和不解之缘。即使在离开省政府之后，她仍然密切关注这所学院的兴衰发展。特别是1994年10月省委组织部任命我为辽宁公安司法管理干部学院副院长后，她对学院的关心与支持更多了一份感情因素。

老领导在位时始终坚持立党为公、事业为要，在我为她服务期间，她没有为我的工作安排和职务晋升说过一句话；但在我离开她特别是到学院任职后，她却对我所从事的工作给予了鼎力支持和无私帮助。

我到学院后，根据领导班子成员分工，分管教学、科研和干部培训工作。

1996年8月，经过我和学院科研处同志的多方努力，以学院名义联合《人民日报》理论部、中国社会科学院哲学研究所、劳动人事部人事与人才科学研究所、中共中央党校哲学教研部、辽宁社会科学院、沈阳物质开发股份有限公司等8个单位，在大连市召开了全国"有中国特色的社会主义市场经济与人的素质"理论研讨会。会前，我向老领导汇报，并代表学院党委邀请她出席会议，她欣然接受，专程前往，并以辽宁省人大常委会副主任的身份在大会上发表了热情洋溢的讲话，受到与会专

百姓心中的好人好官——追忆老领导陈素芝

家学者的一致称赞。老领导的这一举动，既提升了会议的学术与政治地位，又扩大了学院的社会影响。会后，我综合专家学者的会议发言和提交的论文，主编了学术著作《素质论》，老领导亲自作序，由辽宁人民出版社出版。1998年该著作被省委宣传部评为"辽宁省第六届哲学社会科学优秀理论研究成果一等奖（著作类）"。这也成为我到学院后取得的第一项重大科研成果。

└─○ 陈素芝在大连参加全国"有中国特色社会主义市场经济与人的素质"理论研讨会

1997年9月，在我和科研处同志的努力下，辽西空调总经理顾斌决定无偿赠送学院十台电视机，这在当时是一个很大的善举。为了表达谢意，学院党委决定在捐赠仪式那天举行一个隆重的阅警式。省委、省政府、省人大对此非常重视，省委书记顾金池，省委常委、省委秘书长张行湘，以及担任省人大常委会副主任的老领导，亲自到学院视察，参加捐赠仪式，并与顾斌及学院中层以上领导干部合影留念。事后，老领导还单独接见了顾斌，对他的善举表示感谢，同时像慈母一样，嘱咐他爱

第九章 | 助推辽宁公安司法管理干部学院创新发展

护自己的身体，照顾好家庭，把企业越办越好，为国家和社会作出更大的贡献！顾斌对老领导的关爱一直心怀感激，念念不忘。

1997年9月，陈素芝陪同省委书记顾金池到学院视察

1998年5月，在我的努力下，省委宣传部批准学院在省内成立第五个邓小平理论研究中心，我向老领导汇报，恳请她担任名誉主任，出席揭牌仪式并讲话，老人家再次欣然接受。在学院邓小平理论研究中心举办的第一次研讨会上，老领导明确指出：邓小平理论博大精深，作为公安政法干部院校，你们的研究中心必须侧重法律和法学研究，为全省政法系统实践部门服务。她的这个思想，为研究中心明确了定位，突出了特色，使它拥有了旺盛的生命力。

随后，在多方努力下，学院邓小平理论研究中心先后得到辽宁省新华书店和营口盼盼集团的鼎力支持，连续举办"新华杯""盼盼杯"辽宁

百姓心中的好人好官——追忆老领导陈素芝

陈素芝出席学院"邓小平理论研究中心"揭牌仪式
（右二为省委宣传部常务副部长常卫国）

省政法系统邓小平理论研究优秀成果大奖赛，老领导年年参加，次次讲话，极大地鼓舞了组织者和参与者的工作和研究热情。在老领导的鼎力支持下，这项活动越办越红火，成为全省理论研究中的一个极具影响力的品牌，极大地提高了学院在全省社会科学领域的地位。

1998年6月，学院迎来了建院50周年暨辽宁公安司法管理干部学院成立10周年庆典。已经从辽宁省人大常委会副主任岗位上卸任的老领导，以全国人大常委会内务司法委员会委员的身份出席了这次盛会，并兴致勃勃地主动为其他省领导当起了解说员。我见到此情此景，心中感慨万千。从1948年创建的辽北学院到1988年成立的辽宁公安司法管理干部学院，老领导作为曾经分管政法工作的常务副省长，她既为学院传承了红色历史，也亲手推动了学院在资源整合后的快速发展。

2000年9月，在我和科研处同志的共同努力下，成功申请到日本国际交流基金项目——"21世纪中日青少年犯罪问题研究"。经过组织学院相关教师和国内外专家学者共同研讨，成功按时结题。2011年11月15日，学院在辽宁人民大厦召开了"21世纪中日青少年犯罪问题研究"国际研讨会。为了提高会议档次，确保会议质量，我事先向老领导汇报，请她出席会议并讲话，她不仅欣然应允，还帮助我邀请到主管政法工作的副省长赵新良，并亲自叮嘱辽宁人民大厦的姜经理，全力搞好会议服务。会议当天，老领导和日本驻沈阳领事馆总领事分别作领导致辞和领事致辞，北京大学法学院教授、博士生导师储槐植作专家导论，院长卜维义和我分别作了主题报告和会议综述。会议效果大大超出预期。会议间隙，与会者纷纷请求与老领导合影留念，老领导来者不拒，成为"模特"，更加活跃了会议的气氛。

2003年6月，在学院面临生死存亡重大考验之际，我被省委组织部任命为学院党委书记，老领导在第一时间给我打电话，一方面为组织上对我的信任而感到高兴，另一方面也替我为学院的发展前途感到担忧。

从1992年起，十余年来，学院的党委书记一直由省公安厅常务副厅长兼任，首任党委书记是祝春林。这样做的好处，一方面是解决了他们的正厅级职务，另一方面密切了学院同省公安厅的关系。而这次我任职，省委常委、组织部部长骆琳却在同我的谈话中明确指出，经省委常委会研究决定，为了加强辽宁公安司法管理干部学院领导班子建设，党委书记一职从省公安厅转交学院，不再交叉任职，学院同时配备党委书记和院长两名正厅级干部，党委书记为"一把手"，实行党委领导下的院长负责制。表面上看，这似乎提高了学院的政治地位，但由于失去了省公安厅强有力的政治靠山，也无形中增加了学院自身发展的难度，特别是在当时的情况下。

从20世纪50年代初起，学院一直地处沈阳市皇姑区北行商业区一个狭小的区域内，占地面积不足30亩，建筑面积虽几经扩大，但也仅有2万多平方米。进入世纪之交，由于管理体制僵化、政府财政投入不足，

百姓心中的好人好官——追忆老领导陈素芝

办学条件长期达不到国家规定标准，学院发展遭受严重挫折。2003年5月，教育部在2001年和2002年先后两次给学院亮出"黄牌"限期改善办学条件而无果的情况下，决定停止学院普通学历教育招生。这意味着学院将彻底失去了计划外收入，一所拥有50多年光荣历史的老公安政法干校从此陷入前所未有的生存危机。

6月底我上任后，学院计财处账上只有50万元，连全院职工一个月的工资都不够，还外欠上一年的煤款、教学楼工程款等150万元，急需报销的老干部医药费、食堂改造等刚性支出200万元，加上职工全年工资尚缺500万元。而且这种情况不是可以自然而然轻易缓解的。作为在学院发展最为困难的特殊历史背景下走上一把手岗位的我，临危受命，以改革的精神团结带领全院教职工艰苦奋斗，励精图治，不管前面是地雷阵还是万丈深渊，都必须义无反顾地大胆向前闯。此后，通过开展"建设一个什么样的学院、怎样建设学院"的全院性思想解放大讨论，集中全院教工的集体智慧，我代表学院党委提出了"走出嘉陵江街66号，依托新校区开辟辽宁公安司法管理干部学院再生之地"的战略构想，制定了"三步走"的发展目标，正式拉开了学院第二次创业的序幕。

回顾学院新校区建设的历程，可以说是一波三折、险象环生、举步维艰。

大讨论结束后，我带领学院领导班子成员和相关部门负责人在几经社会调查之后，与地处东陵区东路101号七间房村附近、已经停产放假、同样面临生存考验的自收自支事业单位辽宁中药研究所的领导达成合并意向。但此事必须经过上级主管部门同意并上报省政府批准。辽宁中药研究所的主管部门是省药监局，他们自己难于出面，而我又不认识，只好向老领导求助。老领导听后，首先帮我分析了合并后所要面临的各种困难，但见我心意已决，便立即给省药监局领导打电话，约定我十第二天上午9点去省药监局面谈。经过面谈，省药监局同意合并的意见，并由办公室主任代省药监局和省公安厅起草给省政府的报告。此后一切进展顺利。2004年2月，省政府下发《关于将辽宁省中药研究所整体资产划转辽宁公安司法管理干部学院的批复》，同意学院利用其闲置的300多亩土地建设新校区。作为代价，学院承担偿还其1560万元债务和安置近百名职工的责任与义务。从此，辽宁公安司法管理干部学院新校区正式在此地挂牌。

2004年7月，省公安厅在鞍山市召开全省公安工作会议。辽宁公安司法管理干部学院组建后的首任党委书记、时任公安部纪委书记兼督察长的祝春林专程从北京赶来参会。我利用会议间隙向他汇报了学院新校区建设的情况，他很高兴，答应会后跟我到新校区看看，并想借此机会见见老领导陈素芝。我将这个情况向老领导作了汇报。尽管当时她还有其他工作，但她还是毫不犹豫地同意了。她说，一是很长时间没有见到春林同志了；二是走出嘉陵江街66号，谋求学院新的更大发展空间，是省里几届领导和几代学院人的共同夙愿，现在学院找到了起死回生的出路，她也很想到实地看看，以减轻自己心里的一点牵挂。但是，当老领导和祝春林的双脚踏上这片被我说得天花乱坠的山地时，心中不免更加沉重了，因为我所兴高采烈宣传的新校区还只是个概念，或者说是个憧憬。当时这里山地起伏、满目杂草，几栋房舍破败不堪。两位老领导在心里深深地为我感到担忧。

然而这些并没有掩盖住我内心的喜悦。我把两位老领导引到一幢爬满了爬山虎的残旧二层小楼前，动情地介绍说，20世纪50年代末，老一辈无产阶级革命家朱德、董必武到沈阳视察时，就曾在这幢小楼里面听过辽宁省中药研究所领导的汇报。这里是一块留有伟人足迹的风水宝地。学院新校区选址在这里，也是一种对红色血脉和革命传统的传承。选址新校区建设虽然刚刚起步，而且未知的困难还很多，但我相信前途是光明的，我们的目标一定能实现。两位老领导看到我信心十足，便叮嘱道：

百姓心中的好人好官——追忆老领导陈素芝

不管遇到多大的困难，前进的步伐绝不能停顿，因为只有向前走，才会有出路；不管如何改革创新，辽宁公安司法管理干部学院这块金字招牌永远不能丢，因为这是前人留给我们的一笔巨大而无形的精神财富。

送走了两位同学院命运息息相关的老领导，我们进一步加快了对新校区建设的可行性研究和前期各项准备工作，然后及时上报省公安厅和教育厅。2005年4月，省政府在省公安厅、教育厅均已同意学院开发建设新校区的基础上，下发《关于辽宁公安司法管理干部学院利用资产置换建设新校区的批复》，同意学院对老校区进行资产置换，置换所得全部收入作为省政府对学院新校区建设的投入。省发改委也根据学院对开发建设新校区所作的可行性研究报告，在《关于下达2005年第一批省属基本建设自有资金投资计划的通知》中批准学院新校区一期工程建设立项7.5万平方米，建设资金预计7850万元，资金来源为自筹，建设周期36个月。新校区建设由此进入实质性操作阶段。

2005年9月，学院委托辽宁省国际咨询工程公司组织新校区建设规划设计招标，北京东方筑中建筑设计院中标。与此同时，学院委托辽宁隆丰评估事务所先后两次对老校区资产进行评估，最后一次评估置换价值为1.07亿元。

2006年11月16日，学院依据老校区资产评估价格与辽宁高校后勤建设集团就老校区资产置换、垫资进行新校区工程建设，以及老校区教工住宅拆迁安置等问题签署了框架协议。高校集团同意于2007年3月按照老校区上述评估价格垫资启动新校区建设，8月底达到交付使用标准；学院同意于10月30日前整体迁至新校区，老校区变成净地交由高校集团进行商品房屋开发。

2006年11月22日，学院党委将《关于辽宁公安司法管理干部学院新校区建设正式启动的报告》，上报主管部门省公安厅，同时抄送、抄报省教育厅和闫丰、鲁昕两位副省长。报告对关于新校区的建设理念、建设资金、建设形式、建设项目、建设时间和建设中的法律保障，都作了详尽的阐释。

按照省发改委2005年4月的立项批复，一期工程建设周期为36个月，项目必须在2008年5月完工，否则立项作废。但新校区建设刚刚启动就遇到了严重挫折。

2004年下半年，辽宁省政府和沈阳市政府决定建设沈阳世博园。2005年初，沈阳市政府副秘书长和棋盘山管委会主任将我约到沈阳市迎宾馆，宣布学院新校区占地属于世博园背景区，那里将全部实行绿化，要求学院另行选址尽快腾迁。当时我与他们据理力争，并充分阐述学院新校区建成后对世博园的辅助意义。最后官司打到了市政府，市长陈政高接受了学院的意见，新校区位置才得以保留，并在棋盘山管委会支持下，将原来分割成五块的零散土地整合为一体。作为对市政府和棋盘山管委会的回报，学院顾全大局，同意市政府关于在世博园开园之前不进行工程建设的要求，由此推迟了老校区置换和新校区建设的时间。

2006年底，沈阳世园会胜利结束，学院也与辽宁高校后勤建设集团就老校区置换、新校区建设达成了协议。2007年春节前，沈阳市土地储备中心正式将学院老校区宗地4.5万平方米挂牌公示出让。但正当辽宁高校后勤建设集团及其合作伙伴上海置业集团准备缴纳保证金履行摘牌手续时，皇姑区政府却因为更换了主要领导而突然改变了对北行地区的建设改造规划，市政府接受区政府意见，决定将学院老校区宗地与紧邻长江街的两块土地捆绑出让，出让面积由4.5万平方米增至7.5万平方米，商业开发比例从30%增至70%，导致辽宁高校后勤建设集团和上海置业集团放弃摘牌计划，使学院将近一年时间的辛勤努力付诸东流，老校区置换和新校区建设再次受阻。

2007年春节过后，为了继续推进老校区置换和新校区建设，我先后委托省政府驻上海、深圳办事处在长江三角洲、珠江三角洲以及港澳台地区为学院招商引资，学院教工也纷纷向学院推介开发商。此间，我们接触港澳和内地各路开发商30余家，但都对地方政府确定的70%商业开发比例难以接受，最终没能谈判成功。

2007年6月，沈阳市政府决定将工程建设审批权从区里上收到市里统管，要求学院将已经棋盘山管委会审批同意的新校区建设规划重新上报市规划局审批。市规划设计院从沈阳市政建设的全局考虑，决定在学院新校区内建设一条50米宽的市政公路，连通浑南与沈北地区。在新校区内可供开发建设的平整土地十分有限的情况下，这样做等于变相宣判学院从棋盘山地区出局。这对学院又是一个致命的打击。在招商引资无望、规划设计审批严重受阻、新校区建设时间节点日益临近的情况下，学院党委被迫于2007年12月18日，与沈阳市土地储备中心签署了老校区土地使用权收回协议，双方商定：市土地储备中心以4500元/米^{2}的价格，分三次向学院拨付土地使用权转让款计9200万元；学院于2008年10月31日前将老校区腾出交由市土地储备中心处置。

在沈阳市规划局迟迟不批准学院新校区建设规划的情况下，将老校区提前出让等于自断后路，破釜沉舟，风险巨大。但当时我们已经没有别的办法。因为新校区建设已经筹备3年多，再不启动，会面临三个方面的问题：一是要错过省发改委批准立项的建设周期，需要重新审批；二是学院办学条件再不改善，不仅有被公安机关和高等教育边缘化的危险，更要失去广大教工对党委的信任与支持；三是如果学院不能在2008年10月完成一期工程建设，实现校园整体搬迁，学院不仅不能如期开学，还要接受市土地储备中心的巨额违约处罚。

箭在弦上，不得不发。

为了确保新校区建设在2008年4月顺利开工，从2007年下半年起，学院领导班子成员按照分工，四处奔走呼号，求助相关部门支持，甚至不惜牺牲个人的体面与尊严。

在我们几乎走投无路之时，我再次向老领导汇报，请她帮我约见时任沈阳市委书记并即将担任省长的陈政高。虽然老领导早已退离省级领导岗位，但是陈政高却对老领导非常尊重。3月31日，也就是老领导打电话的第二天，陈政高便约我到他的办公室，一见面就开玩笑道："我们都很熟，你还要通过素芝老省长找我！"寒暄了几句便进入正题。我首先感谢他当年对保留学院新校区校址给予的鼎力支持，然后汇报了新校区校址确定之后遇到的一个个波折，阐述了新校区建设在时间上的紧迫性以及不能如期建设将要产生的严重后果，并提醒他："这个问题现在不解决，您担任省长后还得办，那时候的麻烦和困难更大。"

陈政高听完我的汇报后，让我放心，并立即给主管城建的副市长打了电话。

2008年4月10日下午，市长办公会正式批准了学院新校区建设规划。那一天是我57岁生日，当我听到这个消息后，心里五味杂陈，把自己关在办公室里痛哭了一场。

雨过天晴，劫后余生。新校区一期工程建设在被迫推迟35个月后，终于在2008年4月18日正式破土动工。此后，新校区建设工地上白天红旗招展，夜间灯火通明，工程建设者们夜以继日，全力奋战，工程进度突飞猛进。

在新校区建设进行中，老领导一再对我警钟长鸣，叮嘱我要以身作则，从严管理，防止工程建设中发生贪腐问题。对此我始终铭记在心。因为老领导一生严谨自律，尤其在金钱方面更是十分注意，有时甚至达到严苛的程度。我记得，在省总工会和省政府工作期间，省级和国家新闻单位对老领导的约稿比较多。有的是她亲自撰写，我代为誊写；有的是我或者相关职能部门人员代笔，最后由她把关定稿。不是她亲自撰写的稿子，稿费她从来都分文不取。她的原则是，谁起草的稿件稿费就给谁。那时稿费并不高，最多的100多元，最少的20元。但这体现了她的处世原则。有时为了送稿费，让我大费周章。还比如，那时到外地调研、开会，要交伙食费，在这个问题上，她一丝不苟，从不含糊，经常在临走时提醒我。受她潜移默化的影响，我在新校区建设的资金管理上也十分小心谨慎，因为当时揭露出来的高校腐败案件，大多发生在工程建设上。2006年9月，时任院长调离，省委组织部决定由我担任学院法定代表人，主管学院党政全面工作，责任更加重大。为了防微杜渐，我在党委会和中层干部会上，多次反复强调要"从我做起，向我看齐"，大家都要"想干事、能干事、干成事，而且不出事，绝不能出现大楼盖起来，干部倒下去的历史悲剧"。并在规章制度上加以严格约束，比如在财务管理方面，一万元以上的支出，必须经过院长办公会审批；十万元以上的支出，必须经过党委会集体研究决定。同时还成立了以党委委员、纪委书记耶永华为组长的学院招标领导小组和物资采购小组，防止个人说了算。

在新校区建设的日日夜夜里，我在前线指挥作战，老领导在后方给我撑腰打气。7月里的一天，骄阳似火。老领导率领省政协原副主席徐文才、省人大常委会原副主任张毓茂、省政协副主席高鹏，以及省人大、省政府有关部门领导王景兰、李慧贞、郭富春、孙桂真、李秀君等一行十余人，顶着烈日来到了正在建设中的新校区。他们头戴安全帽，行进在山间的小路上，一边查看各个单体建筑的形状和施工状况，一边感受青山绿水和鸟语花香带来的愉悦；同时也通过我声情并茂的介绍，体味着学院新领导班子率领广大教职工迎难而上、奋发向上的拼搏精神。当我介绍新校区建设遇到的重重磨难时，几次动了感情。老领导是第二次来到新校区，而且了解其中的过程，所以感触更深。她激动地对同行者们说，从新校区选址到现在紧锣密鼓的开发建设，虽然只有3年时间，但这其中的艰辛却让她感到时间那么漫长。这一路走来，学军他们真是太不容易了！同行者们心里清楚，她的话语里面充满了对自己的老秘书的赞叹与疼爱。

此后，学院与施工方、监理方、设计方通力合作，运用超常规手段和革命加拼命精神，大干苦干200天，完成了新校区行政办公楼、教学楼、后勤服务中心、警体馆建设和男生公寓等总计63000平方米的一期工程建设任务。加之此前于2006年底学院自建的13000平方米女生公寓，确保学院于当年10月25日完成了从老校区到新校区的整体搬迁，实现了当年施工、当年入住，创造了学院建设史上的奇迹。在此期间，我们还总结弘扬了以牺牲奉献为核心的"山上精神"，以改革创新为内涵的"速录精神"和以团队协作为主体的"世园会安保精神"，提升了学院的精神文明和红色文化建设。

一所具有60年红色革命历史的学院，从此涅槃重生，彻底摆脱了生存困扰，走上了健康发展的新路。

看到新校区建设的成功，老领导比谁都高兴，她主动给学院当起了宣传员，亲自给曾经主管政法工作的副省长、时任辽宁省人大常委会副主任闫丰留言，促成了他到新校区视察。军人出身的闫丰，在副秘书长郭富春的陪同下，健步围绕新校区的主体建筑走了一圈，又到院史馆认真参观，对学院的红色历史赞不绝口，对新校区建设称赞不已，最后向为学院的发展作出巨大贡献的学院全体教职员工表示深深的敬意！

2009年7月31日，公安部纪委书记、督察长祝春林，继2004年7月之后第二次到学院新校区视察，看到新校区宏伟的建筑群体和秀丽的自然风光，内心受到了强烈的震撼。此后不久，他在"辽宁公安司法管理干部学院建院61周年征文"《亲历》一书的序言中充满深情地写道：

> 站在宽敞、气派的教学行政办公楼前，饱览着风光无限、景色优美、建筑别致的新校园，我被学院领导班子在困境中坚守"忠诚、敬业、团结、创新"的核心价值理念，不屈不挠地实现"三步走"

省展战略的精神所感动；我被学院硬是凭借自己的力量完成了新校区建设和学院整体搬迁的奇迹所震动；我被学院用5年时间实现了一个新的历史性跨越所激动……望着那座旧建筑中唯一保留下来的朱德、董必武等伟人曾经到过的、在我心中留下深刻记忆的、目前正在被装修改造成学院校史馆的"小二楼"，我从心中不由得发出对那葱绿、浓密的爬山虎的无限感叹……爬山虎既没有青松和红梅的风骨，也没有牵牛花和吊兰的优雅，更没有牡丹和月季的艳丽。她依墙而就、顺势而上、蓄力待发，用她那纤细的枝蔓，年复一年地向上攀爬和扩展……她的枝叶逢春而生，入夏成荫，随秋而橙；紧紧依附在墙面上的枝蔓风吹不惊，雨涤不乱，饱经风霜而不脱落。

爬山虎所昭示和喻含着的与时俱进、奋发向上、生生不息的顽强生命力，不正是几代学院人精神力量的生动写照吗！

第二天，也就是8月1日，我请老领导和祝春林共庆八一建军节，《辽宁日报》著名摄影记者侯建华为我们留下了一幅珍贵的合影。其间，在谈起对学院新校区建设的感受时，祝春林兴奋地对老领导说：当年我和张鸣岐向您推荐韩学军当秘书，实践证明没有选错人吧？直到这时我才知道我离开团省委到省总工会的真相和最终给老领导当秘书的真实原因。所幸的是，我没有给这些信任自己的领导们丢脸。

2009年9月19日，学院举行新校区落成典礼和建院61年庆典。此前，我通过同时期担任省领导秘书，现分别在省委、省政府关键部门任职的老朋友的关系，请省委书记兼省人大常委会主任张文岳、省长陈政高、省政协主席岳福洪给学院发来贺信，省政府常务副省长许卫国于17日下午提前到学院视察，他在了解学院新校区建设曲折过程、亲见学院崭新建设成果后，感慨地说："我到过国内外很多大学，都是建在平地，你们借着真山真水，建设成具有特色的学校，这在全省都排在前

○陈素芝与祝春林（左一）、韩学军（右一）合影

面。""作为一所老干校，你们在那么困难的情况下，自力更生，艰苦奋斗，没给我添麻烦，令我非常感动！"

省委、省人大、省政府、省政协领导对学院新校区建设给予的高度评价和对学院建院61年光荣历史的祝贺，极大地鼓舞了全院教职员工。

19日庆典当天，老领导和省公安厅原厅长、时任省人大常委会副主任郭大维，省高级人民法院原院长张焕文等亲自到会祝贺，他们看到学院在短短的200多天里建造起的在东北地区首屈一指的长达300多米的教学和行政办公大楼、能容纳6000名师生就餐的生活服务中心，以及设施、设备完善的学生宿舍和别具一格的高级警官培训中心和警体馆，无不为之赞叹。

1948年5月，学院建院时的首任院长阎宝航的女儿阎明光专程从上海赶来参加院庆。当她看到地处沈阳世博园背景区里美丽、壮观、大气的新校园，深为父亲当年开创的事业得到后人更好的传承而感到高兴和

百姓心中的好人好官——追忆老领导陈素芝

日常。阎明光此前来沈阳时曾经受到老领导的接见，当她听说我是陈素芝的老秘书时，还特意躬身向陈素芝表示感谢和祝贺。

新校区建成后，我几次在学院教工大会和党委班子民主生活会上动情地说，新校区建设能够在极其困难的情况下最终取得成功，得益于省政府和沈阳市政府领导及相关部门的支持和帮助，但是第一要感谢的就是我的老领导陈素芝。因为没有她老人家在幕后的默默支持和鼎力相助，我们就难以解决横跨在前进道路上的一道道难题，就不会创造出新校区建设的奇迹。

从1988年5月16日，老领导以常务副省长身份促成辽宁公安司法管理干部学院成立并亲自为学院揭牌，到我担任学院党委书记之后，她又默默地凭借一己之力为学院走出困境、再创辉煌作出不可磨灭的贡献。从某种意义上讲，老领导是辽宁公安司法管理干部学院组建20多年来非凡历史的领导者、亲历者、见证者和助推者。

在新校区建设中，我始终是"如履薄冰，战战兢兢"。由于自己太过谨慎，尽管老领导对学院的发展作出了无可比拟的贡献，但我在在职期间竟然没有在新校区请老人家吃过一顿饭。这件事至今想起来还非常遗憾。但我相信，她老人家会理解我的。

老领导为辽宁公安司法管理干部学院作出的另一个重大贡献，是提升了学院的学术地位，扩大了学院在社科领域的影响。

在老领导的鼎力支持下，从1988年由学院邓小平理论研究中心发起兴办的"辽宁省政法系统邓小平理论研究大奖赛"，一直持续不断。2008年改为"辽宁省政法系统中国特色民主法治理论研究年会"，主办单位由最初的学院与辽宁社会科学院、辽宁省法学会拓展到辽宁省社会科学界联合会、辽宁省检察官学会、辽宁省法官学会、辽宁省警察学会。参赛论文从最初的百余篇拓展到1500多篇。截至2011年9月我卸任学院党委书记时，在上级没有任何投资的情况下，连续举办了12年，被辽宁省理论界称为"最具群众性的优势品牌"。12年来，老领导年年参加，次次讲话，成为这项活动的"顶梁柱"和"压舱石"。

○ 陈素芝在"辽宁省政法系统中国特色社会主义民主法治理论研究年会"上讲话

至今，我还保留着老领导在2009年以辽宁省法学会会长身份出席研究年会时亲自起草的讲话稿。这份讲话稿以她特有的流利的蝇头小字总共撰写了4000多字，里面深情写道：

在座的各位同志都知道，由省社科联、省法学会、省警察学会和辽宁公安司法管理干部学院主办，以"新华杯""盼盼杯"冠名的中国特色政法系统民主法治理论研究成果大奖赛，已经历时11年了。它以明显的行业特点、深厚的群众基础、丰富的研究内容，以及富

百姓心中的好人好官——追忆老领导陈素芝

有他们的研究成果为标志，在全省政法系统深入人心。对此，省委宣传部、省委政法委和省理论界的许多专家、学者，都曾给予中肯的好评。我也亲身感受到大奖赛和研究年会经久不衰、越办越好的这种喜人局面。我相信，在主办单位的共同努力下，特别是协办单位的积极操办下，本次年会一定会开得很成功！

2011年10月，因为年龄原因我从学院党委书记岗位上卸任，最后一次陪同老领导到铁岭市参加了"辽宁省政法系统中国特色民主法治理论研究年会"表彰大会。那一次，老领导依然热情洋溢地发表了令所有与会者激昂振奋的讲话，为第一线的政法工作者们从事理论研究加油、鼓劲……

第十章
关爱老年人和下一代

辽宁省是全国最早进入老龄化的省份。为了关爱老年人的身心健康，发展老龄事业，1984年省委决定成立辽宁省老龄委。1988年1月，老领导重返省政府工作后，便以常务副省长身份出任辽宁省老龄工作委员会副主任，从此她便把关心老年人和老年事业视为自己的分内工作，努力为实现老年人"老有所养、老有所医、老有所为、老有所学、老有所乐"的目标奉献自己的力量。

积极扶持辽宁省老年基金会

辽宁省委和省政府一直非常关心老年事业。为了促进全省人民重视、爱护和尊敬老年人，进一步发扬中华民族传统美德和社会主义道德风尚，更好地依靠和发挥社会各方面的力量，开展老年社会福利事业，使老年人老有所养、老有所医、老有所为、老有所学、老有所乐，从而达到健康长寿，安度晚年，为我国两个文明建设作出应有的贡献，1986年，在省委和省政府的主导下，经中国人民银行辽宁省分行辽银金字〔1986〕

百姓心中的好人好官——追忆老领导陈素芝

91号文件批准，成立了辽宁省老年基金会。辽宁省编制委员会还以辽编发〔1986〕140号文件批复给基金会6名全额事业拨款编制。

辽宁省老年基金会成立后，第一届名誉会长是省顾委主任戴苏理、省人大常委会主任王光中、省委副书记孙奇、省政府常务副省长白立忱；第二届名誉会长是戴苏理、王光中，时任省政府常务副省长的陈素芝担任名誉会长和会长；第三届名誉会长是戴苏理、王光中、陈素芝，会长为省委老干部局局长陈济安；第四届名誉会长是陈素芝。2015年起，辽宁省老年基金会改为辽宁省老龄事业发展基金会，陈素芝当选第一届名誉理事长。

——○ 陈素芝与省人大常委会原主任王光中（前排右二）等老同志在全国人大会议上的合影

辽宁省老年基金会成立后，先后挂靠在省劳动厅、省民政厅、省委老干部局、省老龄工作委员会办公室。

2004年2月11日，国务院通过《基金会管理条例》。按照其中第二章第八条的规定，设立或成立基金会，地方性公募基金会的原始基金不低于400万元人民币。按照这一条件，辽宁省老年基金会需要重新办理登记，因此停办7年。2011年4月14日，省民政厅以辽民人函〔2011〕46号文件批准辽宁省老年基金会重新登记。

不管是在哪个历史时期，也不管是担任名誉会长、会长还是名誉理事长，老领导都把积极筹措和依法使用辽宁省老年基金，当作事关老年事业健康发展的一件大事来做，并一以贯之。特别是辽宁省老年基金会重新登记以来，积极配合政府职能转变，努力成为政府职能的承接者、社会政策的执行者，为老年人服务开辟了新的领域。

为《辽宁老年报》保驾护航

《辽宁老年报》创刊于1987年，由辽宁省老龄工作委员会主办，全国发行。创刊之初，由于基础薄弱，加之隶属关系不明确，刚刚起步就困难重重。

老领导逝世后，辽宁老年报社原总编辑李元发表了题为《事业情意重，遇事敢担当——悼念陈素芝》的文章，详细介绍了老领导当年对《辽宁老年报》的关心与支持。

李元在老领导担任省总工会主席时，在省总工会主办的当代工人杂志社工作过，所以老领导对他很熟。李元在文章中写道，他调任辽宁老年报社总编辑时，报社正处于走投无路之时，他便找到了时任省政府常务副省长的陈素芝。陈素芝听完李元的汇报后，对报社的归属问题先后作了十多次批示，并争取到老领导郭峰、戴苏理、孙奇的支持，才使《辽宁老年报》得以健康发展。

李元在文章中回忆：1992年，为了拓展老年工作的视野，辽宁老年报社提议组织"赴东南亚老年事业考察团"，此事得到了陈素芝的支持。

百姓心中的好人好官——追忆老领导陈素芝

但同时她也向考察团领队李元提出了"约法三章"：一是考察结束后必须完成一份有分量的老年事业考察报告，二是坚决不许闯红灯区，三是确保全体人员的安全。

考察团第一站来到香港，有人提出想看看香港的夜生活，由于有陈素芝省长的"约法三章"在先，作为考察团团长的李元没有同意，事后他也因此被大家戏谑为"老正统"。

经过考察团全体成员的努力，最后圆满完成了陈素芝省长提出的三项要求。

不久，根据上级有关规定，各单位都开始清查公费旅游，陈素芝特别为这个老年事业考察团打了包票：肯定他们在国外期间是实实在在地学习了发展老年事业的经验，回来后又写出了很有分量的《关于东南亚各国发展老年事业的考察报告》，上报省老龄委，没有出现公款旅游的问题。

1993年3月，鞍钢党委为6万多名全民所有制企业离退休职工每月每人增加40元补助金，李元为此采写了一篇题为《让打江山的功臣尝到改革的成果》的专题报道，拟在《辽宁老年报》头版头条发表。清样印出后送给鞍钢总经理李华忠审查，李华忠担心文章发表后会引发其他企业攀比，起到负面影响。在迟疑之际，李元将此事向已经担任省人大常委会副主任的陈素芝汇报，陈素芝便以省人大常委会副主任、省老龄委主任的双重身份，在报纸清样上作出批示：

> 鞍钢经验好就好在，解决老有所养、发展老年事业，是从改革中探索发展社会主义老年事业的新路子，尽量不加大或增加企业的负担，发展的方向是对头的。
>
> 学鞍钢经验，要从解决对老同志的思想感情和强化对老年事业的改革意识入手，不要简单地攀比。

企业生产发展了，效益好了，让打江山的那一代人也尝到改革的成果，这是顺乎民意的。

在陈素芝的支持下，这篇文章于1993年5月24日在《辽宁老年报》头版头条发表，引起各方面的强烈反响，对企业更好地关心离退休老职工起到了积极的引导作用。

李元因为年龄原因离开辽宁老年报社总编辑岗位后，老领导仍然一如既往地支持报社的工作。1998年3月26日，为了配合国际老年人年活动，《辽宁老年报》在沈阳召开了"1998年度十大新闻人物暨尊老敬贤领导干部颁奖会"，老领导以省老龄委主任身份出席会议并讲话。

关心和尊重离休老干部

当年，省委老干部局隶属省委组织部，但是涉及很多政策问题需要省人事厅协调解决，这就必然离不开作为分管副省长的老领导的支持。因此在我的记忆中，那些年里，老领导接待省委老干部局局长陈济安的次数并不亚于她分管的省直机关厅局长。而且逢年过节，我都要陪同她走访看望原省委、省政府老领导黄欧东、徐少甫、李荒、李涛、杨克冰、沈越、章岩等，同时也要到陈济安家里慰问。由于老领导善解人意、体贴入微，所以每到一家，这些老同志都同她有唠不完的嗑，说不完的话，感觉特别亲近。

热心指导退休老同志健康生活

1988年7月，在老领导的支持下，辽宁省省直机关离退休干部管理服务站编写了《退休生活手册》，邀请老领导作序，老领导欣然接受，此后她在百忙中挤出时间为这本小册子写了题为"夕阳生辉"的序言。里面写道：

百姓心中的好人好官——追忆老领导陈素芝

从繁忙的工作岗位退居家室，这是人生的一个重大转折点，怎样认识而安排好晚年的学习和生活，是每个从工作岗位退下来的老同志思考的问题。有人认为青壮年时期是人生最美好最有作为的时期，青春充满生机和活力，而到了晚年则无所作为。这种认识显然是与时代不相符的……

我们当前正处在一个伟大的改革开放时代，这种形势迫切地需要老同志继续发挥光和热，有些老同志长期从事领导工作，在经济建设中积累了丰富的管理经验和领导能力，也有些人担任过专家、教授、工程师，具有较高的专业技术水平。这些老同志从工作岗位上退下来以后，只是脱离了原来的工作，而原有的知识、经验、技能并没有随之消失，相反，由于这些老同志大多数智力成熟、经验丰富、身体健康、精力充沛，还蕴藏着可待开发的智力资源，所以他们仍然是一部分不可忽视的潜在的社会生产力。

老领导引用古诗"老骥伏枥，志在千里"，"莫道桑榆晚，为霞尚满天"，热情激励广大离退休人员"夕阳生辉"，发挥余热，在晚年生活中充满活力，迈开自己的步伐，在各个领域里绽放出新的光彩。

而老领导本人则在晚年生活里亲身践行了她的这些期许和诺言，谱写了"老骥伏枥，壮心不已"的颂歌。

尊老爱幼，是中华民族的传统美德。因此，关心关爱下一代也成为老领导在职期间和卸任之后一项义不容辞的责任和义务。

1983年，老领导从省政府副省长转任省委常委、省总工会主席后，便开始兼任辽宁省儿童少年工作协调委员会主任，所以关心儿童和青少年的健康成长，成为她的分内之事。每年六一儿童节，她都要出席儿童节联欢会，与儿童们一起欢度节日。1986年六一前夕，老领导撰写了一篇题为《崇高的事业，神圣的职责——寄语少先队辅导员》的文章，里面写道：

> 少年儿童是祖国的未来，世界的希望。他们肩负着继往开来、开创伟业的历史重任。如果说，社会主义江山的创立，主要靠老一辈无产阶级革命者的努力，那么，社会主义现代化建设宏伟目标的实现，则有赖于一代社会主义新人的成长。因此，少先队工作是一项面向世界、面向未来的伟大工作。少先队辅导员肩负着培养千百万社会主义接班人的光荣使命。

陈素芝与辽宁省政协原主席徐少甫为少年儿童颁奖

百姓心中的好人好官——追忆老领导陈素芝

1988年,老领导担任省政府常务副省长后,由于分管公安和民政工作,所以经常到少管所、劳动教养院,还有儿童福利院,看望在那里的失足少年和孤儿,指示有关部门要以对少年儿童高度负责的态度,抓好他们的管理和教育,保证他们的健康成长。

1998年,从辽宁省人大常委会副主任岗位上卸任的老领导,开始担任辽宁省关心下一代委员会副主任、辽宁省儿童文学学会名誉会长、《少年科普报》顾问。她在关心离退休干部和老年事业的同时,又把身心投入到关爱少年儿童健康成长上。

1999年3月,在第九届全国人大第二次会议上,老领导提出了"尽快出台预防青少年犯罪法"议案。老领导在担任省政府常务副省长、分管政法工作时,就对预防青少年犯罪问题极为关心。她始终认为,青少年犯罪不是一般的社会治安问题,预防和减少青少年犯罪,培养一代社会主义新人,事关跨世纪奋斗目标和国家长治久安,事关经济发展、社会进步和民族振兴,必须把这项工作作为全社会的一项系统工程,齐抓共管,常抓不懈,并纳入法治轨道。她呼吁,各级党委和政府要把预防和减少青少年犯罪作为一项重大的政治任务来抓,纳入本地区经济和社会发展规划之中,切实加强领导,认真组织实施,从根本上减少和遏制导致诱发青少年犯罪的社会因素;要改革和完善教育机制,全面提高青少年思想道德和科学文化素质,增强青少年抵制犯罪的能力;各级政法机关要提高对拐卖、诱骗青少年的犯罪分子的打击力度,对那些危害严重的恶性犯罪、暴力性犯罪,要坚决打击,毫不手软。

1999年6月28日,第九届全国人大常委会第十次表决通过了《中华人民共和国预防未成年人犯罪法》,并于11月1日正式实施。作为主管辽宁政法工作多年的老领导,作为全国人大代表,作为这部法律议案的发起人,老领导对这部法律有着更深刻的理解。出于一种强烈的社会责任感,老领导在《辽宁法制报》上发表了长篇署名文章《预防未成年人犯罪是家庭、学校、社会共同的责任》。她在文章中说："未成年人是祖国的未来，民族的希望……《预防未成年人犯罪法》的实施，关系到培养跨世纪接班人的大问题，关系到把我们这个兴旺发达的社会主义中国跨入21世纪并立于世界民族之林的大问题。意义重大，目的明确。"她指出，《预防未成年人犯罪法》的出台，对于全社会做好这方面工作提出了更高的要求。要建立起家庭防线、学校防线和社会防线。只有通过家庭、学校和社会的共同不懈努力，预防和减少未成年人犯罪的目标才能实现。

为了鼓励和引导青少年健康成长，2001年9月15日，老领导为《少年科普报》题字："祝《少年科普报》立足辽宁，走向全国！"

2002年5月12日，老领导为沈阳市和平区朝鲜族幼儿园建园50周年题词："努力创造条件，让各民族儿童受到良好的早期教育。"

2019年7月5日，老领导在做完胃部肿瘤切除手术后的第八个月，以名誉会长的身份出席辽宁省关工委召开的"纪念辽宁省关心下一代工作委员会成立30周年会议"，并向获得荣誉称号的人员颁发奖状。

这是老领导向祖国的未来献出的最后一份关爱。

第十一章
在对外交流中展现风采

新中国成立以来，为配合国家的总体外交工作，辽宁省十分重视发展与朝鲜、苏联等社会主义国家的关系，在参与国与国之间的高层互访、巩固周边外交关系中发挥了重要作用。

20世纪80年代，由于国家实行改革开放，辽宁省与世界各国、各地区之间的友好合作进一步扩大和加强，从1979年起到1992年，全省各市先后同日本、美国、法国、德国、意大利、波兰、南斯拉夫和苏联等11个国家的43个城市建立了友好城市和地区关系，位居全国首位。其中，同辽宁省建立友好地区关系的有：美国的伊利诺伊州和北卡罗来纳州，日本的神奈川县和富山县，德国的巴登-符腾堡州，意大利的艾米利亚-罗马涅大区，南斯拉夫的克罗地亚省，波兰的卡托维兹省，俄罗斯的新西伯利亚和伊尔库兹克，罗马尼亚的布拉索夫县，韩国的京畿道，叙利亚的阿勒颇省和埃及的伊斯梅利亚省等。而同朝鲜、日本、韩国、美国等国的政府和民间交往、交流更为密切。

1983年，老领导从省政府调任省委常委、省总工会主席后，为了适

百姓心中的好人好官——追忆老领导陈素芝

应日益增多的外事工作需要，经省总工会党组研究，决定在办公室内设立外事科，选调二名工作人员，负责与省外办对接，落实省委、省政府下达给省工会系统的外事接待任务。

"外事无小事。"刚开始接待外宾，有些年轻领导往往比较紧张，穿什么样的衣服，接待中有什么讲究，说话需要注意什么，都要事先向外事科的同志打听得明明白白，生怕出现一些闪失。

而老领导毕竟在南也门担任了四年专家组组长，同大使馆及南也门总统有过频繁接触，是在外事场合见过大世面的人，所以在对外接待中表现得非常从容自信，工作人员也会轻松很多。

└─ 陈素芝率辽宁代表团赴日本札幌市访问

在我的印象中，老领导在日常生活和工作中从来没有化过妆，在接待外宾时也是如此。尽管她衣着朴素，但由于举止端庄大方，谈吐优雅风趣，使外宾们既感到气度非凡，又少了许多拘谨，所以无论是礼仪性的会见，还是实质性的工作会商，只要有老领导在场，结果一定会非常成功。

那个时代，中央对省级领导干部出国的审批非常严格，我印象中老领导在省总工会工作期间出访过朝鲜，回国后还给大家带回来一些小礼物。

还有一次，是1987年8月6日至17日，老领导以省委常委身份，率领辽宁省妇女代表团访问美国伊利诺伊州。伊利诺伊州位于美国中北部，面积约15万平方千米，芝加哥是该州的最大城市。制造业是该州的优势产业，除了制造业就是农业，主要农产品是玉米。总之，同辽宁有很多相近之处。那次出访，正值辽宁同伊利诺伊州结为友好省州三周年。两省州行政首长对此事都非常重视。全树仁省长特意委托老领导代他转交为两省州友好关系的发展作出突出贡献的汤普森州长一封亲笔信。汤普森州长也对辽宁省妇女代表团的到来给予极大的关注。辽宁妇女代表团的主要任务是参加伊利诺伊州政府农业部举办的农业博览会，并在博览会上展出我省东沟县农民妇女的水彩绘画。当时正值州长竞选的紧张阶段，尽管如此，志在连任州长的汤普森仍然抽出时间接见了代表团全体成员，还参加了博览会的开幕式。会见时，当老领导以团长身份将全树仁省长的亲笔信交给汤普森时，汤普森非常高兴，并对全树仁当选中共辽宁省委书记表示祝贺。接着，他兴奋地说："在美国，伊利诺伊州是第一个接待中国妇女代表团的。特别是辽宁农民妇女水彩绘画能够参加我们的博览会展出，我感到非常高兴！我祝愿展出成功！"

代表团在伊利诺伊州访问期间，广泛接触了地方官员，经济、教育、文艺等各界的妇女名流、专家学者，以及工人、农民和华侨等500多人。所到之处，受到伊利诺伊州各级政府和妇女组织的热情接待，地方新闻媒体给予深度报道。此次访问，扩大了辽宁省在伊利诺伊州的影响和知名度，对密切两省州的友好关系并加以持续发展，起到了重大的推动作

百姓心中的好人好官——追忆老领导陈素芝

用。同时，美国各界朋友也从老领导和蔼可亲的形象、大度率真的气质和雷厉风行的作风上，看到了中国妇女在国家政治、经济和社会领域中的崇高地位。很多美国朋友说："过去，我们不知道中国有个辽宁省，这次通过代表团的来访，真想有机会到中国的辽宁看一看。""中国妇女还可以出国访问，太让我们羡慕了！"

总之，老领导这次率团到美国出访非常成功，回来后我根据她们向省外办提交的出访报告和随团工作记录，改写了一篇通讯，发表在《当代工人》上。

1987年10月下旬，党的第十三次全国代表大会在北京召开。会上，老领导继党的十二大之后，再次当选中央候补委员。会议闭幕后，老领导和同为党的十三大代表的东北工学院党委书记费寿林，在省外办的安排下，专门给驻沈外国总领事、外国在辽宁工作的专家以及留学生介绍党的十三大盛况和个人体会，并就他们提出的一些问题进行了友好交流。在外国友人面前，完美地展示了在改革开放大潮中成长起来的中国地方女领导人的风采。

20世纪80年代后期，辽宁省的对外交往工作更加活跃，在省会沈阳市分别设有美国、俄罗斯、日本、朝鲜四个国家的驻沈阳总领事馆，重点负责各国与中国的经济、贸易往来和文化、体育、科技及民间友好交流。

那时老领导已经担任省政府常务副省长。按照领导成员的工作分工，外事工作由另一位常务副省长朱家甄分管，接待计划由省外办的礼宾处草拟，具体工作分别由朝鲜处、欧美处和日本处等承办。一般工作程序是礼宾处根据来访代表团的规格、性质、任务，代表省外办提出接待计划，包括省委、省政府领导出席的名单、参与的次数，以及陪同访问的时间、地点等，然后分别上报给秘书长崔玉坤和朱家甄副省长审批。如果代表团级别更高一些，还需省长李长春审批。朱家甄不在沈阳，这项工作多由老领导代批。

那时省外办礼宾处处长孟雅琴、副处长程胜菊,日本处处长陶景岩、副处长赵建国,朝鲜处处长王永贵等,都经常往返于省外办和小白楼之间,由于朱家甄副省长的秘书李学岐、省长李长春的秘书曹增和与我同在一个办公室,所以同我们几个秘书相处得也都非常好。当时,老领导参与接待外宾的任务比较多,而省外办的领导和几个业务处长也愿意她参加外事活动,因为她既随和敏快又优雅大气,关键时刻还能给补台,所以每次都能圆满地完成接待任务。

外事活动增多,也无形中加大了她的工作量。比如,1989年10月27日,老领导正在锦西市召开现场会,临时接到28日下午有接待朝鲜代表团的任务。那时还没有京沈高速公路,从锦西开车到沈阳得6个小时,所以第二天我们连早饭都没有正经吃,便起早赶往沈阳,到家后急匆匆地吃了中午饭,然后换好正装,终于准时到达友谊宾馆。晚上又参加了欢迎晚宴。29日按照原计划,老领导在沈阳参加反劫机演习,并主持召开省安全领导小组会议,30日再次接待朝鲜代表团,忙得不亦乐乎。

说到补台,我记得大概是1988年秋季,辽宁因为一件外事工作办理得不妥,受到国务院外事办公室的批评。但这其中有些误解,有必要向上级机关加以汇报并解释。当时分管国务院外事办的是国务院秘书长罗干。李长春省长考虑到罗干秘书长曾经担任过全国总工会副主席、书记处书记、党组副书记,陈素芝与他很熟,便委托她进京汇报。老领导接到任务后二话没说,赶忙向分管外事的常务副省长朱家甄以及省外办领导了解情况,统一思想,然后带着我和副秘书长张鸣岐连夜乘坐254次列车赶往北京。第二天一早下火车后,在辽宁驻京办事处简单吃了一点早餐,便前往中南海国务院办公驻地。由于没有事先预约,罗干秘书长破例挤出时间接待了老领导。那一次我才真切地感受到国务院领导办公条件的简朴——罗干秘书长和秘书两个人的办公室还没有我们省直机关厅局长的办公室面积大。见面后,老领导详细向罗干秘书长汇报了事情的原委，诚恳检讨了辽宁在这项工作中的失误，同时也消除了上级机关部门的一些误解，妥善化解了矛盾。

由于事情办得很顺利，老领导很高兴。汇报结束后，张鸣岐的老朋友，国务院机关事务管理局的一位局长，带领我们参观游览了紫光阁，并安排我们在总理接见外宾的会议室合影留念。当时，我们模仿总理接见外宾的场景，老领导坐在主位，张鸣岐坐在宾位，我坐在他们后面，充当翻译。那位局长拿着尼康照相机，"咔咔咔"地给我们照了好几张，然后说洗印好后便寄给我们。但由于老领导和张鸣岐都太忙，把这件事忘到了脑后。所以我始终没有见到照片，至今想起还感到遗憾。

受时代和环境的影响，老领导在省委、省政府工作期间对外出访的机会并不多。

进入20世纪90年代，随着改革开放不断深入，我省的对外交往更加活跃，政策也越发开放，所以省级领导走出国门的机会也增加了。

在担任省人大常委会副主任和全国人大专门委员会委员期间，老领导率团出访了欧洲、美洲和东南亚等27个国家和地区，进行了法律、民族、妇女等多方面的国际交流。

出国访问是讲究礼仪的，面对越来越开放的五彩斑斓的外部世界，老领导一如既往地保持着自己的本色，她仍然是素面朝天，衣着朴素，只是比80年代出国时多带了几套随时替换的衣服，而这些衣服却没有一件是名牌，很多是从沈阳五爱市场买的，更没有高档奢侈的首饰和包包，但她却以自己独有的气质、淳朴亲和的举止，给国际友人和海外同胞留下了十分美好的印象，并因此拉近了相互之间的距离，使所有同她接触过的人，都发自内心地感到亲切、舒服。

由于老领导的谦和、体贴，同她出国访问的随行人员都感到是一种享受。一次，她率团访问欧洲五国，随团的有省政府办公厅原主任胡继严、省人大常委会副秘书长李慧贞等人。接待方按照外交礼节，给作为

第十一章 | 在对外交流中展现风采

└──○ 陈素芝在日本参加神奈川县与辽宁省建立友好省县5周年纪念活动

代表团团长的老领导安排了一个套房,其他人均为两个人一屋的标准间。第二天吃早餐时,大家都发现胡继严脸色不好,就关心地询问,方知他睡眠不好,折腾了一宿,导致血压升高。不仅如此,由于胡继严睡不好觉,还打呼噜,同屋的人也没有休息好。老领导见状,立刻想办法解决。本来代表团中女士是双数,由于老领导作为团长住了套房,单出的李慧贞就住进了一张双人床的标准间。老领导便将属于团长的贵宾大套房让给了胡继严,自己和李慧贞挤在了一张双人床上。以后每到一地都是如此,此举令胡继严和全体团员都非常感动。

这件事后来被接待方知道了,他们都很惊讶。在他们眼中,中国是一个等级观念很严的国家,代表团团长将自己本应享受的贵宾套房让给下级,而且这个下级的年龄还比团长小,团长还是一位女士,这个举动令他们大为不解。通过这件事情,他们不仅更加敬佩老领导,而且对中国的民权问题有了更深刻的认识,同中国的关系更加友好了。

随着国家不断对外开放,晚年里老领导出国访问的机会更多了。最

百姓心中的好人好官——追忆老领导陈素芝

1994年2月，陈素芝出访欧洲

令人惊奇的是，一次老领导以中国妇联执委会委员身份，竟然独自到叙利亚大马士革参加了一个世界妇女论坛。事前，我听说了这件事，非常担心她的安全，曾经到家里劝她不要去，毕竟年龄大了，一路上没有人照顾，万一出点儿什么事怎么办？想不到老领导却非常坦然，还笑我白当了一回警察，胆子比她还小。事后我想，敢于承担这样大的风险，大概与她曾经在南也门援外四年的特殊经历有关。

老领导在国际舞台上最引以为傲的，是率领辽宁代表团出席联合国第四次世界妇女代表大会。

第四次世界妇女代表大会于1995年9月4日至15日在中国首都北京举行。189个国家的政府代表，联合国系统各组织和专门机构，有关政府间和非政府组织的代表共15000多人与会（其中政府代表近6000人，非政府组织代表约5300人，采访大会的新闻记者约4000人），参加非政府

第十一章 | 在对外交流中展现风采

1995年5月，陈素芝在北京与出席第四次世界妇女代表大会的非洲朋友合影（后排左三为时任辽宁省委常委、省总工会主席孙春兰）

组织论坛的达到31000人。

  第四次世界妇女代表大会是迄今参加人数最多的联合国会议，也是中国承办的规模最大的国际会议。约130个国家由部长以上高级官员率团参加了会议。中国全国人大常委会副委员长陈慕华率中国政府代表团与会，并当选为大会主席。中国代表团副团长、外交部副部长李肇星当选为副主席。本次大会的主题为：以行动谋求平等、发展与和平；次主题为：健康、教育和就业。会议审查和评价了《内罗毕战略》的执行情况，制定和通过了旨在提高全球妇女地位的《北京宣言》和《行动纲领》。

  中国代表团常务副团长彭珮云在大会上发言，介绍了中国执行《内罗毕战略》的成绩和提高妇女地位的主张及我国政府作出的承诺。各国政府、有关国际组织和非政府组织代表、中国和联合国秘书长的特邀客人等270多人在大会上发言，感谢和高度赞扬中国作为东道国所做的出色的筹备工作、为会议提供的良好设施和服务，以及对与会者的热情接待；阐述了提高妇女地位的主张，介绍了本国妇女工作的成绩和存在的

百姓心中的好人好官——追忆老领导陈素芝

问题；指出当前各国政府和国际社会的紧迫任务是消除贫困，提高妇女的教育和健康水平，消除对妇女的歧视和暴力，保护妇女人权，促进妇女参与经济发展和各项决策。

在这次盛会上，老领导代表辽宁妇女代表团作了精彩的发言，向世界展示了辽宁老工业基地妇女的光彩形象。

└──○1995年5月，陈素芝率辽宁省代表团出席在北京召开的第四次世界妇女代表大会

第十二章
为人大女委员站好最后一班岗

在老领导的人生乐章中，从来只有加强音而没有休止符。

2014年2月，陈素芝从辽宁省法学会会长岗位上光荣卸任，改任名誉会长。

"老骥伏枥，志在千里。"此后老领导又全身心地投入她亲自倡导成立的辽宁省各级人大常委会女委员联谊会工作中，并表示要给女委员们站好最后一班岗。

辽宁省各级人大常委会女委员联谊会于1997年7月11日在辽宁省人大常委会机关成立，这是迄今为止全国唯一的女委员联谊会。老领导先后担任第一届和第二届会长。

20多年来，老领导始终把加强女委员自身建设放在联谊会各项工作的首位，通过自己高尚的人格魅力和超凡的协调能力，使联谊会受到省人大常委会党组的高度重视，得到各市人大常委会的大力支持，逐步成为团结、组织、联络辽宁省各级人大常委会中的女主任、女副主任、女委员和女工作者的情感纽带，提高自身素质和履职能力的培训基地。

百姓心中的好人好官——追忆老领导陈素芝

为维护妇女权益建言献策

老领导身为女性，特别关心维护妇女的合法权益，努力提高她们的社会政治地位。在省人大工作的六年间，她敏锐地发现省、市、县三级女人大代表比例偏低，虽有呼吁，但是没有得到妥善解决。老领导对此一直念念不忘，放心不下。2002年，她带着女委员联谊会的一些同志，深入全省有关市县，对女人大代表比例偏低问题进行专题调研，然后在盘锦市举行座谈会，最后形成专题调研报告，上报省委组织部。由于报告事实清楚，论据充分，建议得当，所以受到省委组织部的高度重视，在2003年进行省、市、县三级人大换届选举时，适当增加了女代表的比例。这件事情，让女委员联谊会的成员很有成就感，也因此对老领导更加敬佩。

1998年，陈素芝与女委员在盘锦调研

254

最受女委员欢迎的主讲人

1998年10月，在老领导的亲自倡导下，联谊会在锦州市举办了第一期女委员培训班，老领导带头作了"努力提高自身素质，适应跨世纪伟大历史任务"的主题报告，受到女委员们的高度评价。自此，每年在各市举办一期培训班便成为联谊会的惯例，老领导不仅盛邀国内外著名专家、学者前来授课，她自己也成为最受女委员欢迎的主讲人。

翻阅联谊会成立以来的工作总结可以看到：

2001年9月，老领导在丹东市举办的第三期培训班上作了"人大有关监督问题"的辅导报告；

2002年9月，老领导在葫芦岛市举办的第四期培训班上作了"宪法是治国安邦的总章程"的辅导报告；

2003年9月，老领导在鞍山市举办的第五期培训班上作了"学习十六大精神，加强民主与法制建设"的辅导报告；

2004年7月，老领导在沈阳市举办的第六期培训班上作了"关于学习行政许可法的几个问题"的辅导报告；

2006年8月，老领导在营口市举办的第八期培训班上作了"关于建设社会主义法治理念"的辅导报告；

2008年8月，老领导在本溪市举办的第十期培训班上作了"关于中国'法治建设'白皮书"的辅导报告。

久而久之，每年举办一次培训班成为一种惯例和常态，女委员联谊会的活动也因此走上了正轨。

传播人间真善美

老领导一生艰苦朴素，但这并不影响她对美的追求。

2003年，正在筹备中的辽宁省服装设计师协会，想请一名省级老领

百姓心中的好人好官——追忆老领导陈素芝

○陈素芝在女委员理事会上畅谈学习体会

导担任顾问，他们几经考虑，最后将人选锁定为老领导，理由是在老领导身上，既蕴藏着中国妇女善良、宽容的传统美德，又散发着开放、向上的现代意识，是真善美的代表。

但是他们又有所顾虑，担心老领导不会接受他们的邀请。犹豫来犹豫去，还是不死心，最后便大着胆子上门邀请。想不到老领导二话没说，欣然接受，并鼓励他们的服装设计不仅要为女同胞服务，还要为男同胞服务；不仅要发扬中国传统文化，体现中国服装特色，还要走向世界，引领国际服装潮流。

10月25日，辽宁省服装设计协会召开成立大会，老领导不仅盛装出席，还发来贺电：

辽宁服装设计协会：

欣闻贵协会举办成立大会，表示衷心祝贺！

服装设计协会的成立必将带动辽宁省服装设计行业以及服装业、纺织业的发展，希望你们树立服装设计师的良好形象，与时俱进，敢于创新，争取佳绩。

　　我愉快地接受你们的邀请，做你们的顾问，和你们一道为振兴东北老工业基地作贡献。

　　预祝大会圆满成功！

此后，老领导还以服装设计为题，引导人大女委员们正确认识美，大胆追求美，做践行真善美的时代新女性。

永做生活中的强者

随着女委员联谊会建设日益成熟，从第三届开始，老领导便从会长岗位上卸任，将联谊会的工作交给了年轻同志。然而她的心却始终和女委员联谊会跳动在一起，直至她的晚年。

2017年11月，老领导的丈夫耶林不幸因病逝世，老领导在人生中经受了一次最为巨大的精神打击。此时她已经是86岁高龄，子女们非常担心母亲的精神被击垮。

然而，如同那些崇拜她的女委员们所称颂的那样，老领导拥有一颗非比寻常的大心脏，她永远是生活中的最强者。

不久，她便忍着悲痛，和女委员一起到丹东凤城大梨树村学习"全国优秀共产党员"毛丰美同志的先进事迹，在耸立山头的"干"字精神的鼓舞下，老领导迅速从痛苦中挣脱出来，重新焕发了以往的勃勃生机。

2018年9月，老领导又和女委员们到法库东北航空历史博物馆，参观学习中国空军抗日英烈的英雄事迹和爱国情操，以更加激昂的爱国热情迎接共和国成立70周年。

谁也不会想到，两个多月后，老领导竟然到北京301医院做了胃部

百姓心中的好人好官——追忆老领导陈素芝

陈素芝与省市人大女委员在一起

切除的大手术。

　　如同一年前她从丧夫之痛中迅速挣脱出来一样，自身的病魔也并不能使她屈服，更不能将她打倒。

　　2019年7月，为了庆祝新中国成立70周年，老领导再次整装出发，同女委员们到沈阳汽车工业园、沈阳造币厂和沈阳老龙口酒厂参观考察，亲身感受了新中国成立70年来辽宁工业发展取得的伟大成就，以及辽宁人民为东北振兴，积极创业和无私奉献的精神。

　　除了高鹏等少数人之外，没有人会想到，一路上谈笑风生的老领导，竟然是刚刚从北京301医院的特护病房走出来不到半年时间。

　　2020年7月15日，辽宁省各级人大女委员联谊会又一次换届，89岁高龄的老领导再次到会讲话。她思维敏捷，谈吐风趣，那师长般的深情鼓励，慈母般的殷切嘱托，极大地鼓舞和激励了在场的女干部、女委员。

她们有谁会想到，自己心目中崇拜的"女神"，此时正在同身体中的病魔作着激烈而又痛苦的抗争。

又是一年春风起。2021年3月，老领导最后一次参加女委员联谊会，再一次给女委员们送上春天的寄语。此时距离她离世只有5个月，但是她的声音仍然铿锵有力，底气十足，让到会的女委员们又一次领略了敬爱的老领导、亲爱的好大姐的迷人风采。

晚年里的老领导，在回首自己不平凡的人生经历时，曾经谦虚地说道："在我的人生里，经历了很多风雨。在党的培养和教育下，不论在基层，还是在省里，我始终忠于党、依靠群众、兢兢业业、勤勤恳恳地完成党交给我的各项任务，做了一些有意义的工作，可以说是一名合格的共产党员。"

人世间，没有人不惧怕衰老，也没有人不惧怕死亡。但是老领导对于生老病死却始终非常坦然。辽宁省各级人大女委员联谊会的女干部们，在同晚年的老领导亲密接触中，都自觉不自觉地为她所倾倒，以她为榜样，表示都要像陈素芝大姐那样，越老越优雅，越老越精神，做到健康地活着，优雅地老去。

第十三章
对身边工作人员的特殊关爱

　　从1978年5月被任命为省委常委到我接任之前，老领导还有两个秘书，其中：1978年5月至1982年3月兼任五三厂党委副书记期间，是欧学成；1982年3月任省委常委、副省长至1985年10月任省委常委、省总工会主席期间，是赵福荣。我于1985年10月同赵福荣交接后，陪同老领导从省总工会到省政府，一直干到1990年1月。在秘书中，由于我和老领导相识和为她服务的时间比较长，所以更加深刻地感受到她对身边工作人员的特殊关爱，也从中学到了一位忠诚的共产党员和优秀的高级领导干部应有的崇高品质和卓越风范。

　　"当秘书不能想着跟领导沾光。"这是老领导对所有为她服务过的秘书说过的最多的话。再具体些，就是"不要同别人攀比，不要怕吃亏，不要搞特殊"。在工作安排和提职晋级方面"不要借我的光，要自己干，我相信你们能干好！"但她也并不会因此便对秘书们撒手不管，而是在政治上、思想上、生活上给予特殊的关怀和帮助。

　　正是由于老领导的率先垂范，在她潜移默化的影响下，几十年来，凡是在她身边工作的人都健康成长起来，没有辱没她的名声和党的威信。

以我为例。

1988年初，我随她刚到省政府时，虽然因为省委规定省领导的秘书不能提拔为正处级，她也曾经劝我说："亏就亏点吧，反正你还年轻。"但她的心里却始终牵挂着这件事情。

我们到省政府不久，就赶上省长李长春和常务副省长朱家甄的秘书相继调离。因为他们在担任秘书之前都是实职副处级干部，几年之后，很多当初与他们同级别甚至低于他们的年轻干部都被提拔到正处级领导岗位了，而他们还是原地不动，心里肯定觉得委屈，而领导又不能带头打破规矩。

这两件事情对老领导的触动很大，她几次跟省政府办公厅主任胡继严和省委组织部有关领导同志谈，要根据每个秘书的不同情况，不搞"一刀切"，妥善解决他们的职级待遇，提高他们的工作积极性，更好地稳定秘书队伍。

省总工会党组对我的事情也很关心。原来他们想把我的人事关系留在省总工会，以便将来再回来，但省政府办公厅不同意。最后他们采取了变通的办法。因为我在给老领导担任秘书之前就是省总工会办公室副主任，级别待遇是通过行政职务解决的，而不是靠秘书身份。当年省总工会机关内部机构中，除了各部、处、室外，还有教育、财贸和公交基建三个直属产业工会，主席为正处级。我随老领导到省政府时，正值公交基建工会主席空缺，党组便任命我为公交基建工会主席，然后将我的人事关系转到省政府办公厅。1988年9月，省政府办公厅党组据此任命我为办公厅正处级秘书。由此我便成为省领导秘书中最早解决正处级职务的。

我的职级待遇问题解决了，老领导也去掉了一块心病。

1989年春季里的一天，辽宁公安司法管理干部学院主持工作的副

第十三章 | 对身边工作人员的特殊关爱

院长金德田向老领导汇报学院领导班子建设问题。学院成立后，金德田一直以副院长身份主持全面工作，由于名不正言不顺，工作中遇到很多困难。所以他迫切希望省委、省政府领导能够尽快解决学院领导班子建设问题，或者将他扶正或者另派院长。其间他谈道，学院一名党委副书记明年即将离休，鉴于领导班子成员年龄整体偏大，而且都是业务干部，建议我转业之后到学院任党委副书记。老领导对前一个问题明确表态，尽快同省人事厅沟通然后向省委常委会汇报，而对后一个问题则未置可否。

事后，老领导向我讲述了这件事情，征求我的意见。由于我已经解决了正处级职务，而且对省政府的工作也适应了，特别是看到老领导工作压力那么大，还真不忍心离开她。而且即使转业，我当时的首选还是回省总工会。因为学院虽属公安编制，但毕竟从事教育教学工作，自己担心学历学识不够，怕难以胜任。

那天，老领导推心置腹地跟我说了很多心里话。她说我为人正直，善于学习，工作勤奋认真，组织纪律性很强，当秘书这几年帮了她很大的忙，我们相互之间配合得也很默契。她说，从内心来说，很希望我再多跟她几年，毕竟自己年龄大了，需要有个人帮助她。但从现实情况看，省政府领导的秘书越来越年轻了，再不放我走怕耽误我的发展。她还说这次机会很好，是学院主动提出要你，比我向他们推荐强。而且学院是正厅级建制，党委副书记属于副厅级，还享受公安待遇。唯一不足的是，由于财政支持不够，学院条件差一些，历史上又是几家院校合并组成，各种矛盾多一些，但越是这样越锻炼人。她还说：我相信你去了一定能干好。听了老领导说的这些话，我心里立刻涌上一股暖流，越发不忍心离开这样一位心地善良、正派无私的好领导。最后在她的劝说下，我同意了她的意见。

随后，老领导便开始操作。她先同省人事厅主管干部工作的副厅长

百姓心中的好人好官——追忆老领导陈素芝

探讨了这件事的可能性和可行性，得知问题不大，她很高兴，但很快又犹豫了。

一天下班前，我按惯例到她办公室取回她当天审阅签批完的文件，她示意我坐下，然后郑重其事地说："关于你到学院任党委副书记的事情，我思来想去还是不能一步到位。因为，虽然学院不是热点部门，但毕竟是由公安厅代管的正厅级单位，更主要的是长春省长的秘书调走时才是正处级，你转业变成副厅级，我总觉得有些不好。"

老领导停顿了一下，说："我想让你平调过去，然后通过你自己的表现，过一段时间再提拔，这样不会出说道。而且我相信你一定会干好的！"

我一听，下意识道："如果是平调，我还是回省总工会吧！因为即使将来提拔不了，我还不至于干不下去。"

老领导见我如此说，便道："这事先不急，我再考虑考虑。"

后来，老领导向金德田表明了她的想法，金德田马上表示反对，说："你严格要求自己的身边工作人员，这是对的。可是学院情况那么复杂，韩秘书平调到学院，一旦最后提不起来，麻烦可就大了。"

老领导没有表态，此事便搁置下来。

过了一段时间，省公安厅厅长郭大维来向老领导汇报工作，顺便谈起这件事情。他说："听金德田说您想换秘书，那让韩秘书到公安厅来吧，正好厅机关党委副书记马上要退休了，这是个正处级岗位，可以先让他接任，半年后从厅机关党委副书记提拔为学院党委副书记，顺理成章。"

老领导一听很高兴，但郭大维随后提出一个建议："韩秘书到公安厅，公安厅再给你选个秘书。"

老领导对此表示同意，因为公安厅在政法系统影响大，从那里选秘书对她的分管工作有利。

由于是正处级职务平调，事情办得很顺利，9月末公安厅党委就正式下文，任命我为公安厅机关党委副书记。同时老领导也同意郭大维推荐的厅机关团委书记于俊东来接替我做她的秘书。

郭大维厅长平时同省领导秘书接触较多，知道当秘书的规矩，所以在于俊东上任之前将他提任厅政治部副主任，解决了正处级，并安排他参加由张鸣岐副秘书长率领的辽宁省中日青年友好代表团出访日本，让他10月初回国后立刻与我进行工作交接，然后心无旁骛地为老领导服务。

天有不测风云。国庆节后于俊东如期从日本回国，但他爱人却因患恶性肿瘤病危，这对年轻的于俊东而言，无疑是个巨大打击。老领导得知后，决定推迟我们之间的工作交接，让于俊东全力救治、护理病危的爱人。这样我又在老领导身边延期工作了几个月，直到1990年2月于俊东处理完爱人的后事，我才正式到公安厅工作。

同五年前我从团省委到省总工会相比，这次到省公安厅我心里还是有些压力的。因为我不懂公安业务，如果干不好，丢的是老领导的脸。

由于有心理压力，所以我到公安厅后一直秉承严于律己、谦虚谨慎的原则，坚持勤勉工作，低调做人。

也算是机缘巧合。我到公安厅不久，中央决定在全国开展党员重新登记工作，重点是清查党员在"八九"政治风波期间的表现。省公安厅机关及其所属的省边防局、消防局以及代管的公安部警犬基地共有党员1500多人，"八九"政治风波期间也有人政治立场不坚定，不仅有不当言论，个别人甚至上街参加游行活动。所以党员重新登记工作能否顺利完成，直接关系到公安厅在省委、省政府领导中的形象。而这项活动由厅机关党委负责，当时机关党委书记由厅长郭大维兼任，主持工作的常务副书记韩玉伦是位老同志，即将离休，全部考验便都压在了我的肩上。

临危受命，不能退缩。我把机关党委所属纪委、团委、工会、妇联和临时机构"卫工办"原秦办公室总计12人充分调动起来，将他们分成组织组、宣传组、联络组。然后鼓励大家献计献策，研究制定了详细的工作方案，明确各党支部、党总支和分党委书记作为活动第一责任人的职责任务，并依据中央和省委的部署，结合公安厅党员队伍实际情况，起草了郭大维厅长代表厅党委所作的动员报告。动员大会召开后，立即举办机关各处室以及直属和代管单位党组织主要负责人和政治协理员培训班，让各部门、各单位党组织第一责任人和实际操作者进一步熟悉工作流程，掌握政策界限，明确各自职责。同时把过去一直被边缘化的政治协理员队伍充分组织调动起来，发挥他们在信息反馈和组织沟通、协调方面的独特作用，进而形成畅通无阻的工作网络。通过上述举措，整个活动期间，党员参加率达到百分之百，一共编发了101期活动简报，省委还专门批转了省公安厅党委的工作经验。最后对6名在"八九"政治风波期间有各种不良表现的党员分别给予党内警告、严重警告或调离公安厅的党纪处分和行政处理。其他党员按照规定程序进行了严肃认真的重新登记。通过这项活动，广大党员受到一次最深刻的党性教育；受处分和被处理的党员心服口服；机关党委同志和政治协理员队伍在经受教育和考验的同时，提高了组织协调能力，厅机关党委的威信和地位明显提升。

通过党员重新登记活动，厅党委和机关干部进一步了解和认可了我，在年终工作总结中，我被评为厅机关"优秀处级领导干部"，并被推荐为厅级后备干部。看到这种情况，郭大维厅长改变了初衷，决定将我留在公安厅内发展。经厅党委研究，1991年初将我调任厅政治部副主任，分管宣传处、教育处和前卫体协，同时继续兼任厅机关党委副书记。

老领导得知这个消息后非常高兴，我也感到很欣慰，毕竟自己没有给老领导丢脸。

政治部宣传处、教育处和前卫体协的处长和秘书长都是公安厅的老同志。我分管后与他们相互尊重，密切配合，很快融为一体。其间，由于厅党委高度重视，特别是常务副厅长祝春林亲自主抓，辽宁省公安系统的宣传、教育和前卫体协工作都在全国名列前茅。

那期间，老领导作为常务副省长也对我分管的工作给予极大的支持。比如，我们树立了全国优秀公安局长宋达夫和全国优秀公安派出所所长苏亚军等先进典型，她都亲切接见，并给予极大鼓励。1992年上半年，营口市公安局打掉了作恶多年的"段氏四兄弟"黑恶势力，但也从中暴露出公安队伍内部的诸多问题，《辽宁日报》资深记者李宏林在披露这起案件的产生、发展渊源时，曾经犀利地提问：在"段氏四兄弟"横行作恶之时，"党组织哪里去了？公安机关哪里去了？"为此，厅党委决定对营口市公安系统进行彻底整顿，对同"段氏四兄弟"有勾连的"不适合"在公安机关工作的民警进行清理清除，对素质较低"不适应"公安机关工作的民警进行教育培训，并指派我带队坐镇营口帮助市公安局党委总结经验教训。我带领厅政治部宣传处和秘书处的李中抒、闫国安等几名同志，在营口待了两个月，总结出一整套典型经验，并拍摄了电视专题片《轻装健步走向正规化》。此经验引起公安部和省委、省政府、省人大的高度重视，公安部常务副部长白景富、省委副书记孙奇、省人大常委会副主任左琨、省政府副省长丛正龙和已经转任省人大常委会副主任的老领导，都先后来到营口市，全面听取市委、市政府和公安局的情况汇报，并专程到大石桥和盖县视察对"不适应"民警的教育培训情况。很多领导同志听说主抓这个典型经验的我曾经是陈素芝的秘书，不禁向她大加称赞。

由于我的努力特别是厅机关干部的认可，1991年底年终工作总结时，我再次被评为厅机关"优秀处级领导干部"。1992年底，根据群众推荐票数，我继续排在厅机关"优秀处级领导干部"之列，但由于省人事厅规定："连续三年在年终工作总结中被评为优秀的，自动晋升一级工资"，

百姓心中的好人好官——追忆老领导陈素芝

从丨个与同级干部在工资上拉开差距，产生才盾，我主动申请退出评选。

当年，由于省委组织部和省编委办对省直各单位的厅级领导职数控制得非常严格，省公安厅又是一个业务性很强的部门，作为一名非公安专业出身的干部想在厅机关内获得提拔是很困难的。此外，从1990年起，省直正厅级事业单位领导班子统一归省委组织部管理。由于金德田等老同志陆续退休，省委组织部于1992年底对辽宁公安司法管理干部学院领导班子进行了重新调整，配齐了班子成员。所以我只能在省公安厅继续担任政治部副主任。

1994年3月，因学院主管教学的副院长即将退休，省委组织部同公安厅党委商定我为继任人选，并派干部一处副处长车儒文带队到公安厅对我进行考核。事后得知，这次考核总计在厅机关找了38位处长谈话，大家对提任我为副厅级领导干部都表示赞成，这是近年来公安厅机关干部首次对拟提拔人选没有异议，而且很多人认为我留在厅内提拔更为合适。我听了之后，心里感到热乎乎的，从心底里感谢公安厅领导和机关同志对我的信任和肯定。

当年5月，我被省委组织部选调参加了在省委党校举办的为期一个月的"辽宁省第一期中青年干部培训班"，成员都是预提的副厅级后备干部，而我是其中唯一已经通过省委组织部考核的干部。学习班结束后，省公安厅副厅长王恩福找我谈话，建议我到大连担任省警官专科学校党委书记，并说党委书记是一把手，比到公安司法管理干部学院担任副院长更重要，而且它直属公安厅领导，将来回到厅里工作更容易。但是考虑到我爱人是辽宁社会科学院哲学所所长、院里的后备干部，女儿刚刚升入省实验中学，她们都不能随我去大连，长期两地生活肯定会影响工作，所以我宛言谢绝了厅领导的好意。这是我参加工作以来唯一一次没有按照组织意愿行事。

此后关于我的工作变动问题便没有了音讯，直到10月下旬，省委组织部才正式任命我为辽宁公安司法管理干部学院副院长。

在省委组织部副部长陈政夫同我进行任命前谈话的当天晚上，我去看望老领导。她首先向我表示祝贺，然后对我说，省委常委会研究后，组织部部长于均波便给她打了电话，说：你那个韩秘书在公安厅干得不错！厅党委一直想把他留在厅内提拔，但始终腾不出合适的职位，只能安排到学院。学院虽然不如公安厅，但担任主管教学副院长又觉得他没有受过普通高等教育，没有专业技术职称。所以就一直悬而未决，拖了很长时间。现在部里和郭大维同志的意见是先让他到学院干两年，将来再找机会回公安厅。

听到这个内情后我心里五味杂陈，既为兜兜转转时隔五年又回到了当初设定的原点而感到有些遗憾，又为自己"先天不足"对到学院工作有些担忧。说实话，从1980年国家恢复成人教育起，十多年来我一直没有间断过业余学习，先后获得辽宁省委党校哲学专业大专、辽宁大学中文函授大专和沈阳师范学院政教专业业大本科等成人教育学历，而且学习成绩优异，均被评为"优秀学员"和"优秀学生干部"，自感学识不差。没想到缺少普通高等院校全日制本科学历，成了我到并不被人看好的院校工作的短板。老领导听完我的牢骚后，开导说，这就是不同领导岗位的不同用人标准，你要想适应学院工作就得尽快补齐自己的短板。她还对我说，省人事厅对从机关调转到事业单位的人员在评定专业技术职称上有一个特殊倾斜政策，就是允许在五年之内破格评聘。她鼓励我要发挥文笔好又勤奋的特长，到学院后继续坚持业余学习，多写一些专业理论文章，争取早日评个职称。她还开玩笑道：过去你能给我写材料，现在给你自己写文章，这还有什么难的呢！

很长一段时间，在一些人眼里，我给老领导当了那么多年秘书，但在工作安排和职务晋升方面没有借到她的光，并且在学院一干就是20年，似乎是亏了点。

百姓心中的好人好官——追忆老领导陈素芝

老领导也曾经多次对一些熟人说过:"学军的成长进步,我没有说过话、帮过忙,都是他自己干出来的!"

但我自己心里非常清楚,我能有后来的进步和发展,与曾经在她身边工作过是密不可分的:一方面是有她的光彩映照,"陈素芝秘书"的头衔本身就是个"加分项";另一方面是在潜移默化中受到了她不计名利、公而忘私、廉洁勤政优良作风和崇高品德的感染和影响,得到了她的真传。其中有几件事情,我至今记忆犹新,终身难忘。

一是1973年7月至1977年10月,老领导先后担任援建南也门中国专家组副组长、组长。我曾经问过她:当时为什么派她去?后来为什么待了那么长时间?她告诉我,当时工厂处于军管时期,在位的革委会成员没有人愿意去,军管会就想到了她这位刚被"解放"、政治上没有问题,而且组织观念比较强的人选,原本是担任副组长,工作期限两年。想不到刚去不久,组长便因病提前回国,她接任组长;两年期满后,组员全部更换,组长却无人接替,她只能顾全大局继续坚持。在那个特殊年代里,老领导忍辱负重,无怨无悔,敢于担当,体现的是忠贞的党性原则。而且她在南也门苦中作乐,与官方和民间组织都相处得非常融洽,还成为南也门总统家的贵客,最终圆满完成了任务。也正因为如此,才受到五机部和外经贸部的表扬,并且有了后来的发展。这就是吃亏是福,只要付出总会得到回报。

二是1983年5月,老领导从省政府过到省委工作时,当时组织上曾给她三个选项:组织部部长、经济工作部部长和总工会主席,但她却主动选择了世俗眼中没权没钱的省总工会,这既体现了她的高风亮节,也反映了她的自知之明。因为老领导心里清楚,管干部虽然有权,但这个权力永远是不能随便滥用的。工会工作虽然清贫,但自己来自企业,出身于工人,是有用武之地的。正是因为她到了省总工会,才使辽宁的工运事业迎来了改革开放后的春天,也使她成为享誉全国工会系统的"女

270

中四杰"，并有了两届中央候补委员和三届省委常委的政治厚遇。

三是老领导的人生伴侣耶林，也是一名忠诚的共产党员，在"文化大革命"前就是14级行政干部，拨乱反正后担任省机械厅副厅长，按照他的资历、能力和人品，担任厅长是没有任何问题的，而且省委对此也有过考虑，但是老领导却坚决不同意，明确表示："只要我在省里工作，老耶头就不要提拔，不能官都被我们家当了。"我知道这件事后很不理解，那年头没有跑官要官一说，党员领导干部都以服从组织安排为准则。既然资历、能力都够，又是党组织的正常安排，为什么不可以呢？而耶林同志对此没有任何怨言，仍然在工作岗位上勤勤恳恳，甘当副手；在家庭里面任劳任怨，甘当绿叶。他多次对我说过，咱们家老陈走到现在这一步不容易，我帮不上忙，但绝不能给她添麻烦。一切以党和人民的利益为重，这就是一对优秀共产党员的崇高风范。

正是老领导这种坚定的党性原则和高尚的思想情操，使我坚定了理想信念，始终以她为榜样，不论在任何时候、任何岗位，都自觉地坚守勤勉、廉洁、自律、好学的精神和美德。时刻告诫自己：你给老领导当秘书虽然是过去时，但是你同老领导的关系却永远是现在进行时；你的所作所为不仅关乎自己的形象，也直接影响老领导的声誉。所以你永远不能有非分之想，更不能走歪门邪道；绝不能因为自己的不慎和过失给老领导脸上抹黑。基于这个准则，长期以来我一直谨言慎行。我到学院工作后，有些了解内情的领导和朋友曾经多次劝我：既然省公安厅和省委组织部主要领导都承诺你到学院工作两年后再回公安厅，你自己也要努努力，不能干等着。我心里清楚，他们所说的"努努力"，就是要顺应潮流，"跑一跑""送一送"。因为"不跑不送，原地不动"。这种情况在现实中虽然不乏实例，但是于我而言，无异于丧失了为官的底线和做人的原则。我把这个情况向老领导汇报后，她赞赏道："这才像我的秘书！"

俗话说，有所失必有所得。我虽然离开了令人趋之若鹜的省公安厅，

百姓心中的好人好官——追忆老领导陈素芝

在学院辛辛苦苦地干了20年，但是这段特殊经历，却使我的人生更加丰满。

首先，这段经历弥补了我的人生缺憾。在"生在新社会，长在红旗下"的我们这代人心中，加入少先队、共青团和中国共产党是人生的三大崇高政治生命，而当一名光荣的中国人民解放军战士，则是有志男儿梦寐以求的共同理想。虽然受历史环境影响，由于自己家庭出身不好，在成长进程中遭遇了很多挫折和磨难，但最终还是如愿地实现了对上述三大政治生命的追求。1974年3月，当我正式成为一名光荣的共产党员时，在欣喜之余曾经一度以为，自己一生唯一的遗憾，就是与中国人民解放军彻底无缘了。没想到由于给老领导当了秘书，后来才有机会进入公安系统，在人民警察实行警衔制后还被授予"一级行政警监"警衔，成为共和国的高级警官。在"军警一家"的时代里，从警等于圆了我年少时的从军梦。在我的人生里，下过乡，进过厂，上过学，从过警，"工农商学兵"各个行业，除了经商，我全都经历了，从此再无遗憾。

其次，这段经历提升了我的人生境界。中学时代我也是个"学霸"，后来"文化大革命"毁灭了我上大学的梦想。从事公安教育工作后，我以老领导活到老、学到老的精神为榜样，努力挖掘自身潜能，利用业余时间潜心研究学问，著书立说，发表研究成果，不仅于1999年9月依照省人事厅制定的机关分流人员评聘技术职称政策，被破格评为哲学教授，还分别于1997年和2002年攻读了辽宁省委党校经济管理专业、北京大学法学专业研究生课程，并在2005年9月到2008年12月，通过三年半的秉烛夜读、刻苦研修，结合我的工作实际，完成了10余万字的《应用型创新人才培养模式研究》的论文撰写与答辩，最终获得了武汉理工大学管理学院管理学博士学位，补齐了自己在学识方面的短板。此外，还被上级有关部门评选为"辽宁省优秀专家"和"国务院政府特殊津贴专家"。我的博士论文以《应用型创新人才培养暨职业类高等教育体系构建》为名，被中国人民大学出版社出版发行，并在业内获得好评。

最后，这段经历实现了我的人生价值。发端于1948年5月成立的辽北学院，辽宁公安司法管理干部学院是中国共产党在东北地区建立的第一所干部院校，拥有厚重的红色基因。改革开放之后，学院进入了一个新的历史发展时期。一代人有一代人的使命和责任。在新世纪里，当学院面临严峻的生存考验之际，我临危受命担任学院党委书记，冒着巨大的政治和经济风险，带领全院教职员工在极为困难的条件下完成了新校区建设，使学院具备了成为全省政法系统教育培训中心、科研指导中心和法律服务中心的客观条件，实现了几代政法教育工作者的梦想，我也因此当选第十届辽宁省政协常委、省政协文化和文史资料委员会副主任。尽管在我卸任时还有一些问题没有来得及彻底解决，留给了后人，不免有些遗憾，但我对于学院的建设和发展，做到了鞠躬尽瘁，竭尽全力。

虽然我只给老领导当了短短五年的秘书，但我在政治、思想和品德上所受到的教育和启迪却是终身受益，而且还惠及我的家人。2003年5月7日，我父亲在老家辽阳庆阳化工厂因病去世，当时正值非典疫情暴发初期，辽阳当天已经发现两个病例，整个城市笼罩在恐慌之中，所以我严密封锁了父亲去世的消息。但是老领导还是从女儿耶永华那里得知了情况，中午时分，在时任秘书王献耀的陪同下，冒着风险从沈阳专程赶到庆阳化工厂医院向我父亲的遗体告别，然后又到家里慰问了深陷悲痛之中的母亲。这件事情让母亲和兄弟姐妹们大为感动，也让周围邻居和亲朋好友亲眼见证了省领导关爱下属、爱民亲民的崇高形象，一度在庆阳化工厂传为佳话。在此后的10多年里，老领导对我的老母亲非常关心，每次见到我都要打听她的起居和身体情况。2018年5月18日，母亲因病医治无效在辽阳老家去世，我没有告诉任何人。事后老领导得知，还狠狠地批评了我……

回首往事，历历在目。可以毫不夸张地说，老领导是我走出人生逆

百姓心中的好人好官——追忆老领导陈素芝

培育亲人、廉洁勤政的楷模和正道前行的导师。

和我一样，在老领导身边工作过的其他人，也都在政治上、事业上和生活上得到老人家无微不至的关心、爱护和照顾。

于俊东是老领导的第四任秘书，他比我小4岁，警察世家出身，聪明孝道，能文能武，而且性格活泼外向，甚至有些顽皮，所以深得老领导偏爱。

于俊东接替我时，妻子刚刚病逝不久，老领导不仅对他的工作给予了很大帮助，而且对他的婚姻大事以及与他相依为命的老母亲也格外关心，使他在精神遭受创伤时受到了极大安慰。几经周折之后，他又重新组建了家庭，夫妻双方感情很好，孤寡半生的老母亲也安度晚年，老领导终于放心了。

于俊东当秘书时由于职务起点高，因此被推选为省政府秘书党支部书记。他在老领导身边工作了两年，陪同老领导圆满完成了在省政府任期内的工作。面对20世纪90年代初期辽宁改革开放的新形势、新任务、新要求，他和老领导一起深入少数民族地区，全面落实民族区域自治政策；走访慰问解放军军营，深入开展"双拥"工作；关心支持基层民政和残联组织建设，推进残疾人和老年人事业健康发展；推动人事和人才工作改革，加大海外人才引进力度；贯彻落实依法治国和依法治省方略，大力推动公安政法系统体制、机制创新，努力维护辽宁的社会稳定。特别是在省长李长春调任河南省工作之后，亲眼见证了老领导作为省政府党组副书记，立党为公、顾全大局，努力维护省政府新领导班子团结，真心实意支持新省长岳岐峰工作的高风亮节。

1992年3月老领导转任省人大常委会副主任后，于俊东回到省公安厅，先是担任政治部副主任，后来就担任警卫局局长，转为武警现役军人，并被授予武警大校军衔。在任期间，他多次出色完成党和国家领导人以及重要外宾接待中的安全保卫任务。再后来因为年龄原因退出现役，转业到省审计厅任副厅长，凭借着自身的优势，为审计厅的建设和发展付出了很多心血，作出了很大贡献。

老领导看到于俊东在政治上不断成长进步，家庭生活愈加美满幸福，从心底里感到高兴。

老领导逝世当天，于俊东抒写长诗感恩在老人家身边工作时所受到的教育、培养和关照，深情写道：

> 是的，
> 您是省长，
> 我是秘书。
> 是的，
> 您是母亲，
> 我像刚开始的人之初。
> 教导，
> 呵护，
> 成长，
> 进步。
> 在您的身边工作，
> 是一种偏得和幸福。

这是他发自内心的感激。

杨军是老领导的第五任秘书，帮助老领导完成了由地方国家最高行政机关向地方国家最高权力机关的华丽转身。

除了工作关系之外，他们两家还曾经当过邻居。

百姓心中的好人好官——追忆老领导陈素芝

20世纪50年代，杨军的父亲同老领导的丈夫耶珊同为省总工会机关干部。1960年一同住在位于和平区中华路附近的省总工会宿舍，俗称"大红楼"二楼。杨军比老领导的大儿子耶永伟小三岁，小时候经常在一起玩耍，两家关系处得很近，杨军也从小称老领导夫妇为"陈姨"和"耶叔"。从一定意义上说，老领导是看着杨军成长起来的。

1988年1月，老领导重新回到省政府，任省委常委、常务副省长、省政府党组副书记。不久，32岁的杨军从省法院调到省政府办公厅综合二处，协助副秘书长张鸣岐为老领导服务，关系就更近了。所以杨军是我们这些人中认识和为老人家服务时间最长的。

杨军为人忠厚，工作认真，老领导对他的要求很严格，杨军也将老领导视为最尊敬的师长，在老领导的言传身教和潜移默化下，学到了很多可贵的品质和优良的作风。令我非常敬佩的是，在我担任秘书期间，杨军和郭富春都通过自学考取了司法职业资格证书，这在当时是一件很难的事情。

杨军在为老领导服务期间，陪同老领导深入基层公检法和行政机关，调查研究，总结经验，为加强地方立法工作和推动政法工作改革付出了巨大心血；亲眼目睹了老领导为民政慈善、残疾人事业以及"双拥"工作办了很多好事、实事，解决了很多难题，特别是帮助辽宁武警总队机动支队解决运兵车等装备问题，使武警总队在关键时期为辽宁的经济发展和社会稳定作出了重要贡献。

杨军离开老领导后，曾经担任过省司法厅纪检组组长、省民政厅纪检组组长，在副厅级岗位上干了很多年。按照任职先后，他在省民政厅领导班子中排名超过了几位副厅长。后来一些资历不如他的干部都被提拔了，他还原地不动，我们都替他抱不平。一向主张"不要怕吃亏"的老领导却一再提醒他正确对待。后来杨军被省委组织部任命为正厅级省农村经济委员会副主任。辽宁省人大出现贿选案后，他当选省人大常委会代表资格审查委员会委员和省人大农业与农村委员会主任委员。这或许就是"吃亏是福"。

由于父一辈子一辈的特殊关系,杨军对老领导感情很深。老领导逝世后,他几次感慨:老人家为人坦诚直率,敢于坚持原则和真理,敢于同不良行为和风气作斗争,但在处理问题时又能动之以情、晓之以理,妥善化解各种矛盾,所以基本没有对立面,这一点在高级领导干部中是难能可贵的。

杨军也非常感激老领导对他的关爱与帮助,感叹自己能有后来的进步,得益于老领导的日常教诲与以身作则,得益于她廉洁奉公、密切联系群众的好作风,得益于她不忘初心的坚定信念和勇于实践的奋斗目标。

杨军还特别感恩老领导夫妇对他们家一如既往的关怀。即使后来老领导担任了副省级领导干部,两家不再是邻居,杨军家里有什么事情,两位老人只要是知道了肯定参与。比如杨军的儿子结婚,他们亲自参加婚礼,表示祝贺;杨军的母亲过88岁生日,他们前去祝寿;杨军的父亲去世,他们前往家里吊唁。两家人可以说是同欢乐、同悲伤。所有这些,令杨军一家三代人十分感动。

王献耀、郝昕、赵凤民分别是老领导的第六、七、八任秘书。他们出生于20世纪六七十年代,在秘书中属于年青一代,也更有知识和文化。他们服务于老领导担任省人大常委会副主任和省法学会会长期间。老领导对他们的关怀集中体现在提高政治思想觉悟和业务能力上,使他们都很快成长起来。

王献耀离开老领导后,先被分配到省监狱管理局任办公室主任,临行前老人家殷殷嘱咐他到新的工作岗位后一定要严格要求自己,做到认真工作,谨慎交友,远离是非之地和是非之人。记得有一年国庆节期间,她还带着我到监狱局看望王献耀,向局领导了解他的工作情况。王献耀

百姓心中的好人好官——追忆老领导陈素芝

没有辜负老领导的关怀和嘱托，不断成长进步，离开省监狱管理局之后，先被省委组织部安排到省纪委担任室主任，后来又被选派到省国资委任纪检组组长，并当选省纪委委员。2020年又被省委组织部任命为铁岭市委常委、市纪委书记，担负起更加重要的责任。2022年底，被省委组织部任命为省委巡视组组长，成为正厅级领导干部。与此同时，他的爱人刘凤楠也被推选为沈阳市浑南区政协主席。遗憾的是，此时老领导已经永远地离开了我们。

郝昕担任秘书时间比较短，老领导一直把她当孩子看待。由于年纪轻、学历高、素质好，她在政治上进步很快，离开老领导后被省委组织部任命为省计生委纪检组组长、省民政厅纪检组组长，后来又被提为省委巡视组正厅级巡视专员，在三位年轻秘书中最先被提拔为正厅级。

赵凤民原来是沈阳化工学院团委书记，当年在省人事厅组织的面向社会公开招聘公务员考试中，以优异成绩考入省政府办公厅。考上厅长助理后，被办公厅推荐给老领导当秘书。赵凤民为人朴实、憨厚、正直，工作认真负责，协调能力很强，老领导对他很满意。离任时，他想到省公安厅工作，但是老领导不太赞同，认为那里权力大、接触人员杂，存在很多不可预知的风险。赵凤民接受了老领导的建议，被安排到省地税局担任人事处处长。上任前后，老领导反复提醒他，地税系统分布广，人员杂，人事部门负责整个系统的干部人事工作，权力大，风险也大，在那里一定要严谨、自律，与人交往中要多长个心眼儿，什么时候、什么情况下都不能收钱、敛财。赵凤民牢记老领导的教诲，工作中办事公正，善于沟通，乐于助人，很快得到局领导和机关干部的认可。在职期间通过与省人事厅和省编委办的协调、沟通，为地税局机关干部办了很多实事、好事。赵凤民在省地税局人事处长岗位上整整干了10年，这期间不少与他同时期的干部被提拔到副厅级领导岗位。老领导深知年轻干部的心理，专门把赵凤民找到家里谈话，策略地问他，你感觉在退休前能不能解决副厅级调研员？赵凤民诚恳地回答，应该不成问题。老领导说，既然是这样，那你就老老实实地干活，绝不能搞歪的邪的。赵凤民明白了老领导的意思，继续勤勤恳恳地工作，后来终于被省委组织部选拔为省海洋与渔业厅纪检组组长，走上了副厅级领导岗位。由于工作出色，又先后被省委组织部和省纪委调任省经信厅纪检组组长、省发改委纪检组组长，负责的业务范围和掌管的权力更大了。

实践证明，三位年轻秘书离任后没有辜负老领导的期望，都在各自新的工作岗位上作出了优异的成绩，为老领导增了光，添了彩。

由于他们三人年纪轻，孩子小，家庭负担都比较重，所以在当秘书期间乃至离任之后，老领导对他们的妻子、孩子也比较关爱。每逢出差特别是出国，总要给他们带回一些小礼物。后来孩子们长大了，老领导又非常关心他们的学业进步，听说谁考上大学了，谁开始攻读研究生了，她都要在第一时间表示祝贺。所以这些孩子都亲切地称老领导为"奶奶"或"姥姥"。

赵凤民到地税局第二年，父亲不幸因病去世，老领导公务在身走不开，便第一时间委托我代表她前往开原老家参加吊唁，她在第二天回沈后又风尘仆仆前往开原看望，赵凤民的母亲非常感动。赵凤民的妻子原来在沈阳化工学院工作，表现很优秀。赵凤民担任秘书后，家务事无形中全部压在她一人身上，加之上下班路途太远，有些不堪重负。老领导便亲自出面向辽宁大学党委书记推荐，辽宁大学经过考核，同意将其调入，赵凤民夫妇为此甚是感激老领导。

有道是知恩图报。赵凤民的女儿参加工作领到第一笔工资后，爸爸妈妈问她想怎么花，她毫不犹豫地回答：我要给陈奶奶买份礼物。在老领导术后康复期间，秘书们为她举办了一次聚会，王献耀特意把在北京上学的女儿带来，隔辈人相见，让老领导格外惊喜。老领导去世后，还在铁岭工作的王献耀，经常利用业余时间独自到老领导的墓前，献上一

百姓心中的好人好官——追忆老领导陈素芝

束鲜花，表达一份思念。

同样，老领导对曾经为他服务过的五名司机也格外关心。

20世纪80年代，老领导任省委常委、省总工会主席时给她开车的是纪希彬。老领导到省政府后，纪希彬跟过来一段时间。记得有一次，老领导参加完朝阳市委领导班子民主生活会后，又到凌源劳改支队和凌源钢铁公司搞调研。工作结束时已是中午12点，老领导另有任务着急回沈阳，所以匆匆吃过午饭便往回赶路。那时候没有导航设备，结果纪师傅开到义县便走错了路。按照当地司机提供的路线，应该在晚上6点左右到达沈阳，结果天越来越黑，路越走越糊涂。由于大家心里着急，所以一路上连口水都没喝。直到晚上8点才在黑暗中看到一点光亮，我让纪师傅把车停到路边一个西瓜棚子前，买几块西瓜解解渴，然后询问了一下路线，才知道我们刚到新民县。这时，纪师傅突然说汽车快没油了，我立刻紧张起来。那时候汽车加油很不方便，又没有手机等现代化通信工具，我费了好大劲儿才找到县政府，跟值班人员说明了情况。他听说是陈素芝副省长，便要向县长和县委书记汇报，老领导坚决不同意，说已经太晚了，不要惊动他们了。在县政府工作人员的帮助下，将车加满了油，等回到沈阳送老领导到家已经是夜里11点多钟了。为这件事情，我同纪师傅还闹得挺不愉快，我批评他事先不把路线弄清楚，他说已经问了，是当地人告诉错了。我说他问的不对，应该问人家回沈阳怎么走，他问的是到义县怎么走，目的地不同，走的路线就不一样。他狡辩说，到了义县就认识路了……尽管耽误了老领导的工作，但是老领导却没有对纪师傅说过一句埋怨的话。从那之后，再出远门，我又多了一份职责，帮助纪师傅寻路、记道。纪师傅人好，憨厚、嘴严，开车是把好手，但毛病就是烟瘾大，不管走到哪里，只要一停车，立刻把烟点上，而且是一支接着一支抽。我开玩笑说他抽烟省火柴。由于他爱抽烟，弄得身上车里到处都是烟味,最为严重的是,有时还在车里抽。我气管不好,一闻烟味就咳嗽,怕他再熏到老领导,便提醒他注意点。他听了嘿嘿一笑,非常不情愿地把烟掐了。这时候总是老领导替他打圆场:"抽吧,没事,咱家老耶头也抽烟,我闻惯了……"我心里清楚,老领导是怕纪师傅不抽烟犯困,开车不安全。纪师傅有两个孩子,爱人收入不高,家里生活比较困难,后来老领导帮助他联系了出国劳务。纪师傅出国后,家里的大事小情,老领导只要想得到,总是要帮助办理。记得我还替老领导给纪师傅家送过大米,他家住在省总工会家属院四楼,我硬是将一袋100斤重的大米袋扛到了四楼。

纪师傅离开后,老领导又先后从省武警总队借调来张国军和刘佳新两名司机。由于有服役年龄限制,他们回到部队和转业后的工作,老人家都在力所能及的情况下尽力帮助。而他们自己也很努力,回部队后提了干,张国军后来选择自主择业,刘佳新转业到沈阳市大东区政府办任职,由于工作优秀,被任命为街道党委书记,后来又担任巡察办巡察组组长。

第四任司机高洋,是在老领导担任省法学会会长期间接任的。2004年老领导办理离休手续之后,为了给国家节省开支,主动向省委提出不再配秘书,让高洋担任司机兼任秘书。这无疑是对高洋在政治上的最大信任。老领导在生活上对高洋也是关心备至。2006年4月末,高洋患胆囊息肉需要住院手术,由于父母不在身边,不免有些紧张。当时老领导正准备到北京参加中国法学会会议,看到这种情况,她当即给中国法学会常务副会长刘飏打电话,说自己的小司机马上要在医院做手术,她不放心,决定在手术结束后再前往北京。高洋手术成功后,守在手术室外的老领导不仅送上了慰问和祝福,还亲自将陪护的事情安排妥当,然后才赶往沈阳桃仙机场。这件事情不仅受到金秋医院领导和医护人员的交口称赞,而且在中国法学会也传为美谈。在老领导的指点帮助和关怀下,高洋的政治觉悟、思想水平和沟通协调能力都有很大提高,离开老领导

百姓心中的好人好官——追忆老领导陈素芝

后到省司法厅公证处担任办公室主任，干得很出色。

高洋虽然后来离开了老领导，但对老领导的服务还是尽心竭力，他也是我们这些曾经的秘书、司机中同老领导接触最为密切的。老领导对他家里的事情也极为关心，每逢过年，都要给高洋的儿子买一件新衣服作礼物。孩子上学后，老人家便鼓励他好好学习，遵守纪律。老人家逝世后，已经是中学生的他哭得比谁都厉害，还告诉爸爸妈妈："陈奶奶送给我的衣服你们不许给扔了，我要永远留作纪念！"

最后一名司机，是省政府机关事务管理局的小王。为省级离休领导干部配备司机，是党和国家给予这些老干部的一种特殊待遇。司机的主要任务就是照顾领导的生活。但是老领导考虑到小王的孩子小，家务负担重，所以凡是节假日、双休日，她有事轻易不用小王，一般都是让自己的女儿开车办理。这既体现了老省长对司机无微不至的关怀，也反映了她一贯严格自律的思想作风和高尚品德。

└─ 陈素芝与曾经的身边工作人员及其家属合影留念

第十三章 | 对身边工作人员的特殊关爱

老领导的身边工作人员，还有在我之前的两位老秘书欧学成和赵福荣。

欧学成当年曾经跟随老领导到南也门援外，所以有同甘苦、共患难的感情。1979年9月至1981年底，老领导任省委常委、沈阳五三工厂党委副书记兼厂长时，选他担任秘书。欧学成是技术干部出身，长得帅气魁梧，性格也很直爽。老领导离开五三工厂到省里工作后，他逢年过节都到家里看望老领导，所以我和他见过几次面。由于我当年在辽阳庆阳化工厂工作过，与五三工厂同属五机部领导，所以便有一见如故的感觉。那时老领导称他为"老欧"，因为他大我几岁，我便称他为"欧大哥"，虽然我们见面不多，但是能唠到一块儿去。20世纪80年代末，军工企业纷纷下马，五三工厂也开始不景气，后来干部下岗、工人买断工龄，老领导总是念叨老欧家里的困难。一年大年初四，我在老领导家里见到欧大哥和当时的五三工厂几位领导，他们又谈起工厂面临的困境。他们走后，老领导还一直为工厂和工友们的事情发愁。

赵福荣是我的前任，他是老领导从五三工厂带出来的，原来是厂党委宣传部的干部。赵福荣年长我6岁，由于同属秘书，我称他"福荣"，这样显得亲切。福荣从工厂出来，为人正派，性格直爽，有时难免同机关的一些做派不相融。老领导重新回到省政府后，担任省总工会副秘书长兼办公室主任的他，在协调上下级关系时出现了一些矛盾，被调整为副秘书长兼生产部部长。老领导得知后，将他叫到家里，指点他既要正确对待组织的安排，又要认真总结自己的经验教训，提高思想水平和工作能力。再后来，福荣被提任辽宁工运学院党委书记，成为副厅级领导干部，老领导得知后非常高兴。早些年，福荣逢年过节都要去看望老领导。后来因为年龄大了，耳朵有些背，特别是他爱人病逝后，慢慢地就没有了来往。但是老领导时不时还会同我念叨福荣，尤其是到了晚年。

说起老领导对身边工作人员的特殊关爱，不能不提当年在省政府时

百姓心中的好人好官——追忆老领导陈素芝

协助她工作的副秘书长张鸣岐。

张鸣岐与老领导的结识，源于1983年他从沈阳市总工会副主席调任团省委副书记。那时老领导作为省委常委分管群团工作。1984年，张鸣岐和同是团省委副书记的祝春林在省委党校培训班脱产学习两年。老领导当时兼任省委整党办副主任，在省委党校二号楼办公，由于距离很近，接触就更多一些。1986年从省委党校毕业后，祝春林重新回到团省委，继续担任副书记，张鸣岐被调任省政府交际处处长。由团省委副书记去省政府当一名处长，而且还是一个业务面窄、定向性很强的部门，很多人感到不理解，但是张鸣岐却愉快地服从了。后来省委组织部发现这样安排有些不妥，便任命他为省政府办公厅副主任兼交际处处长。张鸣岐向来对个人的职务升迁和沉降不计较，他总是说他什么都能干，干什么就要干好。1988年1月老领导任常务副省长后，张鸣岐以省政府副秘书长身份协助她工作，关系就更加密切了。

陈素芝与张鸣岐（左二）到基层听取群众意见

张鸣岐和老领导一样，为人正直，工作勤奋，廉洁自律。在沈阳黎明机械厂担任团委书记、公司党委常委兼工会主席时，工厂几次分房，他都发扬风格，将机会让给了老同志。在担任省政府副秘书长时，他还住在当年和爱人王桂香结婚时岳父给腾出的一间11平方米的小房子里，而且这时一儿一女两个孩子已经长大了。

老领导看到这种情况实在于心不忍，便跟省政府机关事务管理局研究给张鸣岐解决住房问题。张鸣岐起初还不同意，担心影响不好，老领导便说，你是副秘书长，跟着我管政法、管民政，平时突发事情很多，一旦有了急事，你家住大东区，省政府在皇姑区北陵附近，路途那么远，耽误工作怎么办？

张鸣岐最怕耽误工作，所以只好乖乖地听从老领导的安排，将家搬到了省政府南门附近。

1992年8月，张鸣岐被省委组织部任命为沈阳市副市长，并准备在来年春节后召开的市人代会上参加政府换届差额选举。老百姓都明白，换届差额选举是大事，不可等闲视之。张鸣岐当然知道这件事情的轻重和其中深藏的奥秘，他事先曾经同我和几个知心朋友说过，由于到市里工作时间太短，很多人对他不了解，担心选不上。我们当时还安慰过他。

张鸣岐是极其自律和清高的，他深知选举前的这个春节是联络上下感情，增加选举筹码的好机会，但他却一反常态，决定春节回哈尔滨老家陪父母过年。别人不理解，他却说，平常咱们在一起最看不起那些削尖脑袋不顾一切往上爬的人，觉得那些人没有人格，失去了做人的尊严。如今轮到咱了，咱咋好意思为自己低三下四去拉票？反正我是张不开那个口！

沈阳市人代会举行选举的那天晚上，我急于知道选举结果，吃过晚饭便去了张鸣岐家，这时他家已经搬到省政府院内，与老领导家离得很近。当时祝春林也在。谁都不会想到，那天的选举竟然出现了非常戏剧

百姓心中的好人好官——追忆老领导陈素芝

性的一幕。

沈阳市政府换届选举，共有七个候选人，需要差额一个。张鸣岐不是市人大代表，选举那天上午他主动回避，没有列席会议，独自在办公室处理文件。10点多钟，市政府秘书处给他打来电话，告诉他比第七名候选人多5票成功当选副市长。谁知过了一会儿，又打来电话，说刚才报的选举结果不对，选票漏掉了一组，多出的那5票是另外一名张姓副市长候选人的。而张鸣岐同另一名马姓副市长候选人同票，均为348票。现在已经休会，大会主席团还要开会研究解决办法。

听完张鸣岐轻描淡写的描述，我们都感到不可思议，他却十分冷静地说出四个字：退出选举。随后给出四条理由：第一，我到沈阳仅仅半年时间，沈阳市人民代表这样信任我，给了我这么多选票，我很感谢，也很满足；第二，在共青团系统，我曾是团省委副书记，马姓副市长候选人曾是团市委书记，我是他的上级，上级不能跟下级争；第三，我这个人是万金油，干什么都行，党只要给我个工作，我就满意，而且保证干好；第四，如果重新选举，还要再召开会议，大家都很忙，浪费人力物力，我于心不忍。

祝春林见他主意已决，没有再劝阻。但是我提醒他：你是省里派下去的干部，你退出选举后还要由省委重新安排工作，所以你还是应该先向省领导汇报一下，然后再作决定。

张鸣岐接受了我的建议，他第一个想到的就是向陈素芝老领导汇报。老领导根据自己多年来对张鸣岐的了解，相信他说的是心里话。但毕竟这是一件非常特殊的事情，她还需要仔细考虑一下。

老领导经过深思后，对张鸣岐道：既然这样，我支持你。你赶快把你的想法向岳省长和全书记汇报一下，因为这涉及今后省委对你的工作如何安排。

张鸣岐出了老领导的家门，便径直来到省长岳岐峰家，此时已是晚上10点多钟。岳省长听完张鸣岐的想法后当即表态同意，并称赞他主动退出选举是帮助沈阳市委解决了一个难题。岳省长还说，这次选举的内情我们都知道了，你受了委屈，这些组织会考虑的。

紧接着，张鸣岐又到省委书记全树仁家作了汇报，全书记非常赞同他的想法。

得到省主要领导的支持和鼓励，张鸣岐的心情好了许多，他连夜向沈阳市人大会议主席团提交了退出选举的书面报告。

第二天，张鸣岐退出选举的消息在沈阳市人代会上引起强烈反响，很多代表对张鸣岐的高风亮节表示钦佩，同时也为沈阳市错失了一位好领导而感到惋惜。

如同岳岐峰省长所言，由于张鸣岐主动退出选举，化解了沈阳市委的一个大难题，市委书记主动向省委书记全树仁表示，要妥善安排好张鸣岐同志的工作，为省委负责，为张鸣岐同志负责。后来张鸣岐担任了沈阳市委常委、政法委书记。

7个月后，也就是1983年11月底，省委组织部任命张鸣岐为锦州市委书记。虽然沈阳市委常委同锦州市委书记在行政职级上是平调，但是主政一方，还是体现出省委对他的器重和信任。张鸣岐也因此感到身上的担子更重了。

张鸣岐到锦州赴任的那天一早，天降鹅毛大雪。已经转任省人大常委会副主任的老领导，站在自家窗前，望着外面飘洒的雪花，不免担心起来，便给张鸣岐家里打了电话，劝他等雪停了再走或改坐火车去锦州。张鸣岐在电话里说：谢谢老领导的关心，我已经给锦州那边打电话说了今天去，既然定了的事情，咱下刀子顶锅盖也得去啊！老领导知道张鸣岐的倔脾气，也不好再说什么了。

那天，张鸣岐在省安全厅厅长迟金山等人的陪同下，冒着鹅毛大雪，终于艰难到达锦州，并及时向老领导报了平安。

百姓心中的好人好官——追忆老领导陈素芝

张鸣岐一心为公，廉洁自律，作风民主，办事认真，不会在政治上、经济上和生活上犯错误，这一点老领导是放心的。她最担心的是张鸣岐工作不惜力、不要命。

1994年春节过后，张鸣岐因患糖尿病及做色素瘤手术，住进了沈阳的医院。手术后刚拆线，他就急着出院。3月27日，张鸣岐刚回到锦州，听说观音洞牛心山起山火，便跳上指挥车前去指挥灭火，由于动作太大，并未完全愈合的伤口被挣裂开了，伤口渗出的鲜血顷刻间染红了纱布，大家发现后劝他立刻去医院，他坚决不同意，直到山火被彻底扑灭。

5月3日，凌海市遭受严重风灾，两万多亩蔬菜大棚被毁坏。张鸣岐及时赶到灾区，一边查看灾情，一边鼓励农民振作精神，重新恢复生产。同时指示有关部门，用最短时间筹集了20多吨农用塑料薄膜，送到重灾户手中。

老领导听到这些事情，曾经严厉批评张鸣岐，说他不怕牺牲的精神是好的，关心受灾农民也是对的，但别忘了自己是市委书记，职责不是冲锋在前，而是掌管全局，指挥若定。

张鸣岐红着脸满口答应，表示一定虚心接受，让老领导放心。

然而，让老领导担心的事情还是发生了。

1994年7月13日上午，张鸣岐正在沈阳辽宁大厦参加省委召开的市委书记、市长会议，突然得知国务委员李铁映在兴城视察，很想见他。张鸣岐原本准备中午散会后立刻返回锦州，因为据天气预报，这几天大小凌河有汛情。听到老书记李铁映到来的消息，他临时改变了计划，中午散会后急忙到餐厅简单吃了点东西，便让司机开车前往兴城。由于着急，车开得非常快，六个多小时的车程五个小时就到了。张鸣岐在兴城看望李铁映后，已经是晚上6点半，这时接到锦州市长助理、市政府秘书长刘学汉打来的电话，告诉他大小凌河汛情又有新的变化。张鸣岐顾不上吃晚饭，从餐厅拿了个豆沙包，便和司机一起往锦州赶……

14日上午10点左右，我先后从不同渠道听到张鸣岐失踪的消息。当晚，我和省人防办主任缪泽江相约去看望老领导，她面色凝重，立刻带我俩来到张鸣岐家，共同安慰已经失魂落魄的王桂香，然后委托我俩代表她明天一早前往锦州事发地点，实地了解情况，随时向她报告。

我和缪泽江于15日凌晨5点从沈阳出发，上午10点到达张鸣岐前一天夜里察看汛情最后失踪的位于大凌河边的凌海市尤山子村，当时，由武警和公安民警组成的搜救队正在紧张搜救，但是没有任何信息。下午，在锦州市委、市政府的协调下，解放军某部又增派了潜水员。我随时将现场的情况向在沈阳焦急如焚的老领导汇报。此时，老领导已将张鸣岐的爱人王桂香接到自己家中时刻陪伴。

在接下来的时间里，我和缪泽江、锦州市公安局副局长李世昌、原解放军第40军石油厂厂长李印廷（后来转业到公安系统，老领导晚年称他为"编外秘书"），白天在距离指挥部不远的一块高地上，站立不安，坐卧不宁；晚上夜不能寐，分分秒秒地期待着搜救队能够传来好消息。而老领导则在家里像母亲一样照顾着撕心裂肺、痛不欲生的王桂香。

直到16日凌晨5点，缪泽江接到锦州军分区参谋长王玉民打来的电话，告知：由于水位下降，搜救队员在距离大凌河河堤大约百米处，发现了张鸣岐的遗体：他身穿连身雨衣雨裤，俯身在河水里，由于被河水浸泡时间太长，面部已经有些浮肿。

我们得知这个消息，心中五味杂陈，痛不欲生。天亮之后，我将这个噩耗报告给老领导，因为她准备陪同王桂香乘火车赶往锦州。从电话那一端的回声中，我真切地感受到老领导此时此刻心中的痛苦。

尽管老领导已经肝胆俱裂，但是在赶往锦州的路上，还是强忍着悲痛不断地做王桂香的思想工作。此时她心里痛楚的滋味是难以诉说的。

当天下午，在杨军、郭富春和辽宁金秋医院院长张菊香的陪同下，老领导和王桂香以及她的一双儿女来到锦州，我和缪泽江到火车站迎接。

百姓心中的好人好官——追忆老领导陈素芝

王桂香见到我,一句"学军,你见到鸣岐了?"我顿时无语凝噎,强忍着泪水重重地点点头。老领导见状立刻和张菊香左右搀扶住王桂香,陪着她默默地向前走。我这才发现,仅仅两天不见,老领导已经苍老了许多。

锦州市政府将所有客人都安排在北山宾馆。安顿下来后,老领导一边和前来指挥抢救的常务副省长肖作福同锦州市委、市政府商讨善后事宜,一边悉心照料王桂香,生怕她出现意外,一个已经73岁的老人成为无可替代的"壮劳力"。

17日下午,省委组织部市县干部处处长赵志文组织召开座谈会,了解张鸣岐事迹,我和郭富春、杨军参加,向他详细介绍了我们所了解的张鸣岐。

7月18日一早,张鸣岐同志遗体告别仪式在暴雨中举行,锦州上千名老百姓自发前来送人民的好书记张鸣岐最后一程。江泽民、李鹏、朱镕基、胡锦涛等党和国家领导人对张鸣岐以身殉职,表示深切悼念。

当参加遗体告别仪式的人们离去,告别大厅里只剩下王桂香和她的一双儿女,以及老领导和我们这些身边工作人员时,那悲痛欲绝、肝胆俱裂的场面,至今想起来还令人万分悲痛。

此后的那些天里,老领导像老妈妈一样时刻守候在王桂香身边,直至将后事安排妥当。同时她又积极向省委、省政府主要领导呼吁,要在全省大张旗鼓地宣传张鸣岐的英雄事迹。

事后不久,如老领导和锦州人民所愿,辽宁省委顺应民心民意,授予张鸣岐"党的优秀领导干部"称号,辽宁省政府授予张鸣岐"革命烈士"称号,中共中央组织部向全国各级党组织发出了"向党的优秀领导干部张鸣岐学习"的号召。其间,我还接受了解放军报记者邢军记和曹岩的来访,1995年1月,他们合著的长篇报告文学《锦州之恋——记锦州市委书记张鸣岐》,由解放军出版社公开出版。

尽管党和人民赋予了张鸣岐崇高的政治荣誉，但是张鸣岐的意外遇难，却是老领导和我们心中永远的痛。从那一年起，每年清明，我都要到张鸣岐的墓地为他献上一束花；每年春节，老领导都要在秘书聚会时将王桂香请来，抚慰一下她那孤寂的心……

老领导身居要职，德高望重，但是于我们这些身边工作人员而言，却是亦师、亦友、亦母。也正是因为这个原因，在她晚年时我们私下里常会为她没能解决省部级正职而耿耿于怀。每当提及这件事，她总是严肃地说：知足吧！我是工人出身，如果不是中央和省委的信任，将我从五三厂调到省里工作，我不和企业那些领导干部一样吗？她还不忘借机警示我们，人心不足蛇吞象，欲壑难填。自己心不静、行不端、身不正，爬得越高摔得越重。

老领导的这些谆谆教诲，也成为引导和保障我们这些人一生健康成长的座右铭和护身符。联想到近年来那么多曾经非常熟悉的领导干部，因为通过不正当手段和渠道走上高位而最后坠入犯罪深渊的鲜活事例，越发感到老领导一生坚守信仰和初心的自觉、坚定与睿智。

第十四章
完美的人生角色

晚年，老领导在接受记者采访，回忆自己的人生经历，总结事业成功之道时，曾经这样说过：回顾我所走过的历程，可以很高兴地说，如果没有党的培养和教育，就不会造就我。

而我更认为，老领导的自信以及人格力量，也是她走向成功的重要保证。

人的一生，特别是女同志的一生，离不开家庭与社会。从一定意义上说，女同志的自信和人格力量，源于在家庭和社会这两个领域里扮演好自己应有的角色。

老领导逝世后，辽宁军旅诗人王鸣久怀着一腔敬意，取老领导之名，情深意切地撰写了一副挽联：

素心长存，当好官做好事好老太太千古；
芝兰永在，怀人情得人心人亦念念百年。

百姓心中的好人好官——追忆老领导陈素芝

○ 永葆本色

　　这应当是对老领导一生最具诗意也是最恰如其分的总结。

　　挽联中提到的"素心"取之于大理素心兰，"芝兰"取之于蕙兰和白芷，它们同属兰花科。素心兰的花语是活力与开朗，芝兰的花语是正气与清雅，都象征着美好与纯真。

　　所谓名如其人。老领导一生喜欢花，尤其喜欢兰花。

　　20世纪80年代，她家里最先侍养的是君子兰也称达木兰，这也是那个时代很多东北人的最爱。此后便是水仙花，第一盆是我陪她到福建考察时福建省总工会林主席送给她的礼物，以后每年春节家里都要置办一些。到了晚年，她家里摆放的多是蝴蝶兰，走进家门，一股清香扑鼻而来。

　　正是这些兰花，滋润了老领导的心田，赋予她恬静、高雅、素洁的品质，使她更具涵养和魅力，成为全省女领导干部心中完美的人生楷模。

她们既敬佩老领导身上蕴藏的大德、大爱、大智、大勇，更羡慕老领导将多种角色完美集于一身的魅力人生。

老领导逝世后，与她相交甚深的辽宁省政协原副主席高鹏不止一次地感叹："其实，多大的官也是人，过人的日子和过官的日子是不同的。在外面当个好官，在家当个好儿媳、好女儿、好妻子、好母亲，确实需要'艺术'。素芝大姐完美的家庭生活也是她一辈子高超的'经营艺术'创造出来的。"

高鹏主席这里着重说的是陈素芝完美的家庭角色。

在我同老领导相识的近40年里，亲眼目睹了这个和谐、美满家庭的日常生活，可以毫不夸张地说，虽然老领导大半辈子身处省级领导高位，一生以事业为重，为家庭所付出的精力有限，但她在家庭中却是一位婆婆心中的好儿媳、丈夫心中的好妻子、儿女心中的好母亲、孙辈心中的好奶奶好姥姥。

相知相爱的好夫妻

老领导与丈夫耶林相濡以沫、互敬互爱了60多年。共同的命运使他们风雨同舟，经受住了共和国成立以来所遇到的各种考验，意志品质锤炼得更加坚强，爱情基础也凝结得更加牢固。

如果说结婚之初，他们两人还属于中国传统婚姻中的男强女弱，婚后的20年间，则是比翼齐飞，同甘共苦。而当历史的巨轮驶入改革开放的大潮之后，夫妻两人在家庭中的角色发生了重大变化，老领导走上了副省级领导岗位，成为家庭中的"红花"，丈夫耶林则心甘情愿地退居幕后当起了"绿叶"。他们之间的夫妻之爱，更多地体现在共同的政治理想和崇高的价值观上。老领导将工作和事业放在第一位，牢记初心使命，为党和人民尽心竭力；耶林也以党的利益为重，在做好本职工作的同时，成为家庭生活的付出者和个人政治进步的牺牲者。

百姓心中的好人好官——追忆老领导陈素芝

耶林是解放前参加革命的老同志,"文化大革命"前是14级行政干部,改革开放之初便走上了副厅级领导岗位。但由于陈素芝的廉洁自律和高风亮节,作为丈夫的耶林一直到离休仍然是副厅长。在世俗人的眼光里,因为妻子身居高位,丈夫便不能得到应有的政治进步和待遇,似乎过于吃亏了。但耶林对此却毫无怨言,他曾私下里多次同我说过:"老陈做的对,这样做可以少让别人说闲话。"

在我的记忆里,我们党的历史上,敬爱的周恩来总理曾经在出任新中国首任政务院总理后,主动将夫人邓颖超从"内阁"名单中删除;伟大的毛泽东主席在党的九大时,坚决反对女儿李讷当选党代会代表。虽然老领导不能同党的领袖人物相提并论,但是作为共产党人,他们的思想境界同样是高尚的。

所以,自从老领导走上副省级领导岗位后,丈夫耶林便对自己的政治仕途无欲无求,在工作上不给妻子添一点麻烦;在家庭里默默奉献,尽职尽责地当好"贤内助",不让妻子为家事操一点心,使她心无旁骛,全心全意地为党工作。

我给老领导当秘书时,耶林是省机械厅副厅长,所以我一直习惯称他"耶厅长"。在我的印象中,耶厅长一直都是那样谦虚谨慎、热情厚道,没有一点"派头"或"架子"。

那时他们住在省政府大院"东新村"里的一栋旧式别墅,同党外副省长彭祥松为邻,两家相处得非常和谐。楼外有个小院,耶厅长总是利用星期天、节假日把它侍弄得井井有条。老领导喜欢花,他就在里面种上四季蔬菜和鲜花。在实践中,耶厅长侍养鲜花的手艺也不断提高。无论是最初的达木兰,还是后来的水仙花,在他的精心侍弄下,都能应季、应时开花。所以他们家的室内室外,总是满目素雅的绿色,散发清淡的花香,充满生机与活力。

耶厅长和老领导一样,待人诚恳,家里来往的客人大都是来见老领导的，或是汇报工作，或是特来探望，每逢有客人来，他都是热情招呼，然后便退居幕后，分寸把握得非常好，真正做到了"有为不越位"。

耶厅长喜欢吸烟，很多女人因此同丈夫发生矛盾，但是老领导却对此并不反感。她曾经对我说过，老耶头一辈子没什么嗜好，所以我并不反对他抽烟，只要别过量别影响身体就好。

耶厅长离休后，空闲时间多了，便增加了一个乐趣——钓鱼。对此老领导非常支持，因为钓鱼可以修身养性。当年老领导到老山前线慰问时见到的北京军区空军导弹营营长贾中民，轮战结束后调转到沈阳军分区分管后勤，后勤部在沈阳郊区有个养鱼池。一年开春，他邀请耶厅长前去钓鱼，老领导也破天荒地陪同前往，这是我看到的老两口第一次这么悠闲、惬意。

凡事都有利弊。一次耶厅长应朋友之邀到新民县的一个农村钓鱼，不幸途中发生了车祸，我闻讯和司机纪师傅第一时间赶到事发现场，后来张菊香带着省人民医院的医生将耶厅长接回沈阳救治。那次耶厅长伤得很重，老领导既担心又自责，觉得自己光顾忙于工作而没有照顾好老伴。俗话说"好人有好命"。耶厅长福大命大造化大，术后康复得很好，没有留下任何后遗症，但是钓鱼这个爱好也就此放弃了。

耶厅长平时喜欢喝点小酒，还曾经培养过我，但在我给老领导当秘书时没有成功。他晚年时发现我的酒量有了长进，非常高兴，因此一有秘书聚会他必须同我干上两杯，看到他高兴的样子，我也满心欢喜。再后来由于他做了心脏搭桥手术，我们大家都对他的饮酒量进行了适当限制。

在老领导的秘书中，年龄有大有小，无论是像我这样称呼他"耶厅长"的，还是像王献耀、赵凤民、高洋等称呼他"耶大爷"的，都同老人家相处得非常好。我们从心底里羡慕这对幸福度过"钻石婚"的高级领导干部夫妻之间那种纯真的感情。

2014年老领导离休后，尽管还身兼数职，属于退而不休，但是毕竟

百姓心中的好人好官——追忆老领导陈素芝

有了自己可以支配的空闲时间，所以她陪老伴儿一起出去活动的时间多了。过去老领导的活动都是公务，即使邀请耶厅长参加，一向低调的他也主动避嫌，从不出头露面。现在没有这方面限制了，所以他们经常一起出去走一走，转一转，包括参加省人大女委员联谊会组织的一些活动。

2016年夏天，耶厅长在体检中发现肺部长有恶性肿瘤，老领导非常心痛，深为自己过去因为忙于工作和事业没有照顾好老伴而内疚。她曾经对很多熟人说过，老耶头那年遭遇车祸动了大手术，她由于工作太忙没有办法陪伴。现在自己不在位了，一定要尽心尽力加以补偿。那期间，她亲自四处寻医问药，当听说天津有一所医院对这种病症的治疗效果好，便让小儿子耶永涛抓紧联系。耶厅长入院后，她又冒着酷暑在天津陪伴了一个多月。由于吃不好睡不香，外加心里上火，已经85岁高龄的老领导体重掉了好几斤。尽管这样，她仍然坚持不麻烦任何人。当时孙春兰同志在天津担任市委书记，早年间孙春兰是老领导担任省委常委、省总工会主席时亲手树立起来的先进典型，孙春兰走上省级领导岗位后，两人相互尊重，相处得很好。有人建议老领导同孙春兰书记打个招呼，或许可以得到一些关照，但是她坚决不同意。而且还不让耶永涛麻烦当地的朋友。不仅如此，甚

↳ 伉俪情深

第十四章 完美的人生角色

至对我们这些秘书都保密,直到他们从天津回来我们才知道实情。

老领导过去一心忙于工作,很少同外人谈论家里的事情。到了晚年开始怀旧,每当一些女干部称赞她和耶林之间的深厚感情时,老领导总是由衷地感谢丈夫对自己的无私付出与奉献。在耶厅长生病那段日子里,她常对我们说:老耶头一辈子都理解我、支持我,帮我照顾好了这个家,现在他病了,咱不得好好陪陪人家啊!

耶厅长出院后定力很足,严格遵从医嘱,将吸了一辈子的烟戒掉了。老领导看到老伴儿的身体康复得很快,非常高兴,更加尽心尽力地陪伴他。一段时间里,老领导很想陪老伴儿到香港去转一转,或者到国外玩一玩,以弥补自己过去对丈夫关心不够的缺憾。但作为省级领导干部,即使是离休了,出国甚至离境都要经过省委和中央组织部的双重审批,当老领导把这些手续都办齐全时,却发生了意想不到的事情:2017年10月19日,耶厅长终因病医治无效逝世,享年89岁。

那一刻对于老领导来说,犹如天塌地陷。老领导一生中经历过很多磨难,都坚强地挺了过来,唯有老伴儿去世对她的打击是致命的。因为老耶头是她生命中的精神支柱。她虽然在事业上是个强者,但在生活中也和常人一样,需要家庭的幸福港湾,需要丈夫的终生陪伴。耶厅长在世时,家里的大事小情都由他操持,老领导什么心都不用操,现在老伴儿不在了,她甚至不知道户口本和工资卡在哪里,家里存有多少钱,一天三顿饭怎么做。最难过的是大年三十,这一天是耶厅长的生日,也是传统的全家团聚的日子。从20世纪50年代初她和耶林结婚开始,60多年来,这个家庭由最初的夫妻二人变成两代五口人,再到三个子女结婚四个家庭八口人,最后到四代同堂七个家庭十七口人。年龄越大,家里越热闹,老两口的幸福感也越强。可是这种天伦之乐才刚刚开始,相濡以沫65年的老伴儿却离她而去。所以在相当长的一段时间,老领导显得那么孤独和无助,凡有亲朋好友来看她,她总会情不自禁地回忆起与丈夫

百姓心中的好人好官——追忆老领导陈素芝

相守60多年的一幕幕感人情节，倾诉着她对老伴儿的由衷感激与无尽的怀念，让听者无不为之动容。

俗话说"少年夫妻老来伴"，这个道理对谁都是一样的。幸好有女儿耶永华日夜陪伴在身旁，才使她度过了一生中最为心痛的时光。但是她毕竟也年近古稀，心理承受能力已经大不如前。

老领导去世后，我们这些身边人曾经私下里总结道：一向健康、豁达、乐观的老领导，按照她的心态和身体状况，活到一百岁应该没有问题。之所以会在突然之间生病乃至离世，与老伴儿去世后给她精神上的打击有直接关系。这老两口一辈子相濡以沫，是一时一刻也不能分开的。

亲如母女的好婆媳

由于工作变动和职务提升，老领导搬过几次家，但不论住在哪里，她家都被居民委员会评选为"五好家庭"。当选的主要原因，与老领导作为家庭中的女主人尊敬公婆、夫妻和睦及教子有方密不可分。

当年，老领导和耶林结婚，特别是大儿子和女儿出生后，他们也和很多同龄人一样，面临忙于工作同照顾家庭、养育孩子之间的矛盾。在那个年代里，党的事业高于一切。为了不影响工作，1960年老领导将远在凤城的婆婆接来帮助料理家务，照看孩子。那时中医世家出身的公公正值壮年，还要在老家行医，不能一同前来。为了帮助儿子和儿媳，婆婆和公公便长期两地分居。

婆婆的到来，对于老领导和整个家庭而言，可以说是雪中送炭。那时，已经担任沈阳五三工厂党委宣传部副部长的老领导，被推荐到辽宁大学哲学系毛泽东思想研究班学习，经常住校，婆婆便承担起了家里的全部家务——照看刚刚上小学的孙子和孙女的起居、学习和安全，买菜做饭、打扫卫生，还有拆洗被褥和换洗衣服。早些年家里没有洗衣机，全靠一双手加个搓衣板，其中的辛苦和劳累，现在想想都让人发愁。

然而更困难的日子还在后头。1961年8月小孙子耶永涛出生,当时国际国内矛盾交织在一起,国内三年困难时期虽然已过去,但国民经济仍处于爬坡时期,老百姓粮食不够吃,鱼肉蛋更是凭票供应。为了保证新生儿的营养,当奶奶的可是操碎了心、费尽了力。

后来随着国民经济的调整、巩固、充实、提高,人民的生活逐步开始好转。但没过多久,"文化大革命"开始了,老领导被造反派打成"资产阶级保皇派",下放到车间接受"劳动改造",丈夫耶林也到昭乌达盟"走五七道路",婆婆带着不满6岁的耶永涛跟随去了偏远的农村,耶永伟和耶永华则和妈妈留在沈阳家中相依为命。一家人分隔两地,感情之煎熬、生活之困难,可想而知。

熬到1971年,老领导重新恢复了工作,担任五三工厂"革命委员会"政工组副组长,1973年丈夫耶林也从昭乌达盟回到沈阳,一家人终于团聚了。可是好日子并没有开始,当年7月,老领导又被五机部派往南也门担任援外专家组副组长、组长,一去就是四年,家里的大小事情全靠婆婆操持。

老领导每当回忆起那段艰苦的时光,都对婆婆充满了敬意和爱意。

老领导的婆婆是典型的回族人。在我印象中,老人家个头不高,慈眉善目,干净利落,是个持家的好手。而且老人家还非常开明、大度,在饮食等生活习惯上,她严格遵照回族的习俗,一点也不含糊,但是对儿媳妇和孙子、孙女却可以网开一面,所以家里的氛围特别和谐。

婆婆越是通情达理,老领导越要尽力补偿。所以她无论是在五三工厂当厂长,还是调到省里当副省长,只要下班早一点或者是公休、节假日,只要是在家里,都要主动拖拖地、洗洗衣服,帮助婆婆和丈夫做点力所能及的家务事。每逢出差回来,都会给婆婆买点小礼物。

由于爱屋及乌,老领导对凤城公婆家里的叔叔、姑姑也格外热情、关心和体贴。每当老家来人,她都热情接待,临走时还要给他们带回些

百姓心中的好人好官——追忆老领导陈素芝

东西，所以几个小叔子、小姑子都非常喜欢这个当"大官"的嫂子。后来几个晚辈长大了，老领导对他们的读书、工作也都给予了力所能及的关心。

1989年秋冬之际，婆婆病危，住进了五三工厂医院，老领导每天都要挤出时间到医院陪护、照看。

老人家临走的那天夜里，所有亲人都到齐了，只有远在外地当兵的小孙子耶永涛没有回来，老人家的呼吸已经很困难了，但就是迟迟闭不上眼睛，大家都说这是奶奶在等孙子呢。一直等到后半夜，耶永涛终于风尘仆仆地赶回来了，他扑倒在病床前哽咽地喊了一声："奶奶，我是小涛，我回来看您啦！"旁边的人都情不自禁地落下了眼泪。不久老人家就安详离世了。

老人家去世后，老领导遵从婆婆的遗愿，按照回族的风俗习惯为她送葬、安葬，体现了对老人家的尊重与孝敬。当时，我目睹了老人家病危、去世和送葬的全过程。

老人家的墓地选在了沈阳市回民公墓。送葬那天，阳光普照。仪式由沈阳清真寺的大阿訇主持，那种场面我是第一次见，回族地区的人们信仰伊斯兰教，老人去世后实行土葬，主张速葬、薄葬。整个流程包括停尸、善面（如同汉族的遗体告别）、备殓、净身、殡礼、下葬，都是在极其庄重的氛围中进行的，非常有仪式感。

当时送葬的人很多，既有回族也有汉族，大家共同目睹这一场景，无不敬佩老领导这样的"大官"对身为回族人的婆婆的尊敬和孝道。而回族人也从心底里由衷地感谢国家实行改革开放给少数民族带来的福祉，因为这些民俗在过去曾经是被严令禁止的。

晚年的老领导，在给一些女干部分享人生感悟时，总是感激婆婆帮她带大了三个孩子，使她能够安心工作，才有了政治上的进步和事业上的发展。她用自己的亲身经历告诫大家："在外面工作，在台上，你就好好表演；回到家里，你可不能当官，特别是在婆婆面前，一定要做个好媳妇，得好好表现！"

言传身教的好母亲

老领导和丈夫耶林对三个子女的要求非常严格，特别是在老领导走上副省级领导岗位之后，绝不允许孩子有丝毫优越和特殊的表现。这也是当年我在沈阳第一机床厂第一次从团委书记阎世文那里听说耶永伟是女省长陈素芝儿子时，难以置信的根本原因。我记得当秘书后第一次到领导家时，老领导便让三个孩子管我叫"韩叔"，因为过去他们都管我的前任赵福荣叫"赵叔"。我比耶永伟和耶永华只大二三岁，特别是我在团省委工作时曾在沈阳第一机床厂蹲点两个多月，同担任厂团委副书记的耶永伟已经成为无话不说的朋友，所以相互间都不好意思，便心照不宣地回避了这个称呼，只有耶永涛由于年龄小稀里糊涂地叫了一阵子。后来他突然发现叫我"韩叔"，而对我爱人孙洪敏却叫"孙姐"，觉得有些不对劲，慢慢地也就不叫了。

俗话说，老儿子大孙子，老太太的命根子。由奶奶一手带大的耶永涛从小自带娇气，还有些淘气，所以长大后被父母批评的时候多一些。我记得当年耶厅长曾经严令禁止他学抽烟、喝酒，直到从部队转业到地方工作后还是如此。

三个儿女在父母的严格要求和言传身教下，都继承了父母的优秀基因和光荣传统，参加工作后，无论是在工厂、机关还是部队，都勤勤恳恳、本本分分，一步一个脚印，通过自己的努力在各自的工作岗位上作出了优异成绩，并走上领导岗位。其中，女儿耶永华先后担任辽宁公安司法管理干部学院纪委书记、省人防办纪检组组长、正厅级巡视员；小儿子耶永涛从部队转业到地方后，先后在省国家安全厅、省委政法委和沈阳市法院工作，后来担任省司法厅政治部主任、副厅长；大儿子耶永

百姓心中的好人好官——追忆老领导陈素芝

伟则几次放弃到省、市机关和事业单位工作的机会，一直工作在沈阳第一机床厂，后到省里一家外贸公司担任总经理，退休后还担任辽宁省清真商业食品管理协会秘书长。他们都用自己的品行给父母争了光，为家族添了彩，为党和人民的事业作出了自己应有的贡献。

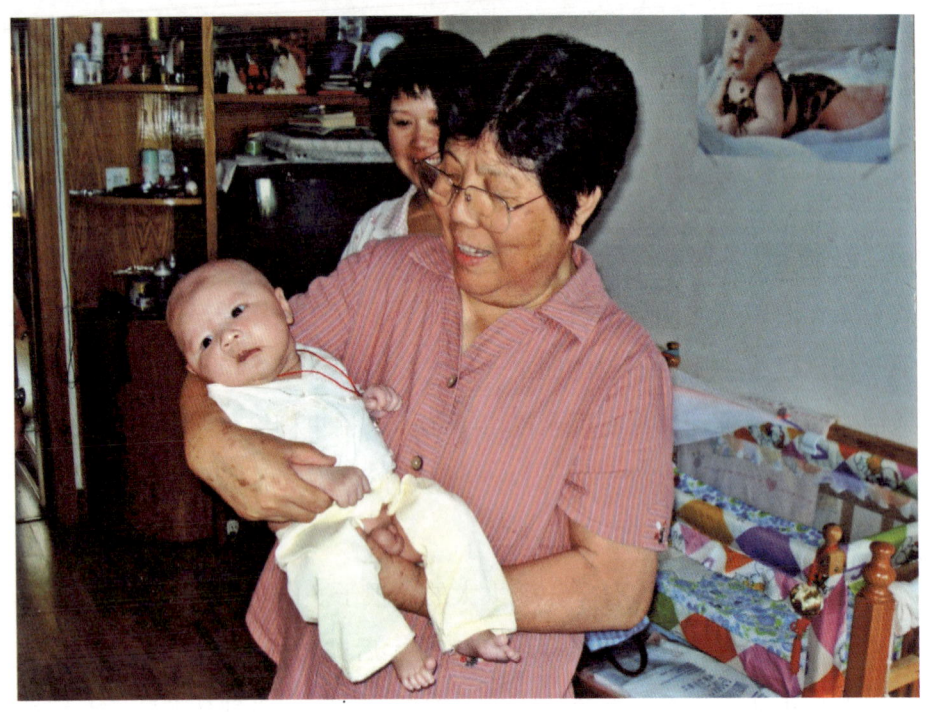

┗━▶天伦之乐

老领导逝世后，耶永涛曾经回忆道，他结婚后特别是到了敏感部门工作后，老妈总让他周六回家吃饭，开始他以为是老妈想他了，结果到家后才发现是老妈对他不放心，怕他管不住自己犯错误，想利用这个机会检查他的思想和工作。耶永涛虽然心里不情愿，但也只能一五一十将一周的工作和思想情况如实向老妈汇报。汇报完毕，必须嬉皮笑脸地加上一句："老妈，你放心吧！有你当纪委书记，你儿子不会犯错误的。"

后来，老领导之所以同意耶永涛到省委政法委而不是到更热门的省公安厅工作，也是考虑那里权力太大，风险太高，她不想为儿子的工作担惊受怕。

由于老领导的三个子女以及儿媳妇和女婿没有一个是经商挣大钱的，所以她也遇到过同普通人家一样的经济困难。老领导和耶林也像天底下所有的父母一样，要为子女操心，为晚辈尽力。21世纪初，老人家的外孙子到加拿大留学，由于女儿的经济能力有限，老两口只好把一辈子的积蓄拿出来资助。那些年里她几次跟我念叨："幸亏我和老耶头挣得多点，平时没有什么花销，不然在关键时刻还真帮不上忙。"但尽管这样有时还不够，老领导不得不向小秘书们"借钱"。由于当时我女儿在澳大利亚留学，所以对老领导所遇到的难处感同身受，但却无能为力。直到几年后她的外孙子从国外回来工作，有了收入，老领导才在经济上慢慢地缓过劲儿来。如果不是曾经在她身边工作过并且保持着长期的联系，有谁会相信一个享受离休待遇的省级领导干部，会为外孙子的出国留学费用而发愁呢！也正是因为老领导终其一生的廉洁自律，在无形中为子女树立了榜样，才促使他们健康成长。

老领导逝世后，一直把这位老领导视为良师益友的辽宁省政协原副主席高鹏回忆道："素芝大姐

○四世同堂

百姓心中的好人好官——追忆老领导陈素芝

一辈子风风火火地干事业，大多数时间和精力没用在家庭，但恰恰是她营造出的良好的家庭环境，造就了她事业的成功和一生的幸福。"

同家庭角色相比，老领导的社会角色更加光鲜亮丽。

辽宁省委印制的《陈素芝同志生平》中，对老领导的一生给了了高度赞誉：

> 陈素芝同志作为一名解放前参加工作的优秀党员，参加工作70多年来，忠于党、忠于共产主义事业，一生追求真理，坚持实事求是，在大是大非面前立场坚定，旗帜鲜明。无论是社会主义建设时期，还是在改革开放新时期，都始终坚持共产主义理想信念，政治敏锐，认真执行党的路线、方针、政策，在思想上、政治上自觉与党中央保持高度一致。时刻顾全大局，不计个人利益得失，对党和人民的事业鞠躬尽瘁。她勤政廉洁，淡泊名利，严于律己，对家人和身边工作人员严格要求，从不搞特殊化。她工作务实，作风深入，处事果断，坚持原则，敢抓敢管。她襟怀坦白，刚直不阿，光明磊落，为人豁达，平易近人，关心爱护同志。她德高望重，群众观念强，密切联系群众，关心群众疾苦，真心诚意为群众办实事、办好事。她的高尚品质、革命精神和优良作风赢得广大干部群众的好评，深受大家爱戴。

↑不忘初心

306

陈素芝同志的一生，是为共产主义事业奋斗的一生，是全心全意为人民服务的一生，是对党和人民无私奉献的一生，是永葆本色、不忘初心的一生，是清正廉洁、光明磊落的一生。

凡是曾经在老领导身边工作过或是同老领导有过接触的人，都从内心里感到，党对陈素芝的这些评价，实事求是，恰如其分。

老领导逝世后的几个月来，怀念她的文章、追思她的话题始终不断。这些人当中既有已经离退休的省级领导，也有厅局级干部，还有普通群众。大家共同缅怀她的业绩，赞颂她的人格，感念她生前做过的好事，言语之间，似乎她并没有离开，还在同大家朝夕相处。

俗话说："金无足赤，人无完人。"但从我与老领导相识的近40年中，除了知道有人误解她"工人出身，文化较低"之外，似乎没有听到对她的非议之声，这在当今复杂的社会环境中是难能可贵的。

金杯银杯不如口碑。老领导逝世后，人们对她的思念和赞誉，足以证明她社会角色的完美。

在领导班子中，陈素芝是胸怀坦荡的好同志

老领导从沈阳五三工厂调到省里工作后，分别在省委、省总工会、省政府和省人大四大领导班子工作过，并担任"班长"和"副班长"。凡是同她共过事的人，无论是德高望重的老革命，还是资历相近的同辈人，或是后来居上的中青年干部，对老领导的评价几乎一致：在名利面前，不争不抢，从不动别人的奶酪；在问题矛盾面前，不推不躲，一向敢于承担；在大是大非面前，坚持原则，从不随波逐流……这也是她能够连续当选三届省委常委、两届中央候补委员，以及第六、七、八、九共四届省人大代表和第八届全国人大内务司法委员会委员、第九届全国人大民族委员会委员的主要原因。

百姓心中的好人好官——追忆老领导陈素芝

在"官场"里，同级领导人的排名位次很敏感，也很讲究，所以才有了依据同级职务任职先后或者姓氏笔画为序的做法。但老领导向来不在意这些，1988年1月，她第二次回到省政府工作时，省委已经明确她为常务副省长、省政府党组副书记，辅助李长春省长工作，她却力荐主管经济工作的年轻副省长朱家甄为常务副省长，且排名在她前面；1992年初，她转任省人大常委会副主任时，按照担任副省级领导职务时间先后，她任职时间最早，应该排在省人大常委会主任之后，担任"二把手"，但当年却是依据姓氏笔画排序，老领导只能以省人大常委会党组副书记身份，排在第三位。有人替老领导最终没能解决正省级抱不平，她心平气和地说：知足吧！省委如果不把我调离五三厂，我连副省级还做不到呢！她说的完全是真心话。因为在她心里，对于所谓的"名利"向来不以为然。

正是由于老领导的大胸怀、大格局、大气魄，所以在她逝世后，同她在一个领导班子中共过事的老领导都发自内心地表达了对她的钦佩与怀念。

辽宁省政协原主席孙奇，从1985年至1992年在老领导担任省委常委、省总工会主席和省政府常务副省长期间任省委副书记，曾经共同在省委常委会班子中共事7年，一起经历了辽宁省改革开放中的风风雨雨。当年，孙奇在撰写的《孙奇日记——省委工作八年记事》中写道："陈素芝同志是在省委常委中，为数不多的能够坚持原则，敢于实事求是讲真话的人。"老领导逝世后，他更是逢人就说："素芝同志是个难得的好人啊！她走了，太可惜了！"

辽宁省委原副书记王巨禄，在老领导任省委常委、省总工会主席期间担任团省委书记，直接由老领导分管。后来他走上副省级领导岗位，成为省委常委会班子中的副班长，与担任省政府常务副省长的老领导共同分管政法工作。虽然职务地位提升了，但是对老领导的尊重却丝毫没

第十四章 | 完美的人生角色

有改变，而老领导也尽心竭力地支持王巨禄的工作。后来王巨禄调任鞍山市委书记，老领导经常去看望他。直至王巨禄调到全国政协任副秘书长和担任黑龙江省政协主席后，两个人还保持着联系。王巨禄一得到老领导逝世的消息，便立刻从北京赶到沈阳，向尊敬的老大姐作最后告别。

辽宁省政协原副主席林声，当年曾经和老领导在省政府一个班子中共事。林声年纪比老领导大一点，入党时间比老领导早一年。他们的从政经历也不同：老领导长期在企业工作，属于工人干部；林声从共青团起步，很早就担任过省委宣传部部长和阜新市委书记，属于学者型领导。但是由于他们"三观"一致，脾气相投，在工作中互相尊重、互相支持，相处得一直很融洽。离开领导岗位后，由于两家住在前后楼，所以时常相见，还能相谈甚欢。陈素芝突然间走了，林声顿时觉得心里空落落的。陈素芝遗体告别那天，因为身体原因，他让女儿搀扶着来到沈阳回龙岗向老朋友作最后的告别。随后的日子里他总是站在窗前，凝望陈素芝家的方向，似乎还想同她说点心里话。一次，高鹏主席打电话问候他，两人又情不自禁地谈起了陈素芝，竟然流着热泪相互诉说了近一个小时。

辽宁省政协原副主席李国忠，是老领导任省委常委、省总工会主席时亲自从军工企业选拔上来的优秀中青年干部，并担任常务副主席。老领导重新回到省政府后，李国忠担任省委常委、省总工会主席。老领导逝世后，他发自肺腑地说："我一直视素芝为人生的楷模。她不忘初心、牢记使命，为辽宁和我国的国防工业作出重要贡献！素芝是一位充满人格魅力，有感染力和影响力，德行厚重的好大姐！愿素芝大姐一路走好！"

老领导在省总工会时亲手选拔和培养起来的副主席王专、崔文信，后来都走上了副省级领导岗位，对她更是充满敬佩和感激之情。后来虽然不在一个班子中工作了，但还是同老领导保持密切往来。老领导逝世

百姓心中的好人好官——追忆老领导陈素芝

胸怀祖国

后，他们分别到家中和回龙岗革命公墓，向老领导表达深深怀念之情。

在下属干部中，陈素芝是情真意暖的好领导

老领导遗体告别仪式那天，那么多省直机关干部和社会各界人士不顾新冠疫情风险，前来同她作最后的告别，不是因为她的职务，而是感动于她的人格魅力。高鹏主席在怀念文章中写的"政声人去后，民意闲谈中"，概括得非常准确。

其实，高鹏主席并没有同老领导共事过，她们认识时老领导已经转任省人大常委会副主任，高鹏主席完全是凭借着对老领导人格魅力的崇拜，而心无旁骛地追随起这位与母亲同龄的"好大姐"。当年，高鹏同志从抚顺调到省妇联任主任，由于初来乍到，很多事情不了解，她就向老领导请教，老领导总是不厌其烦地给她提建议，嘱咐她应该注意什么、多学习什么，使其受益匪浅。由于高鹏政治上成熟，工作上努力，为人

第十四章 | 完美的人生角色

正直、低调,后来转任省委统战部部长,并被列入副省级领导干部后备名单,那时省直机关已经出现了"拉票"甚至贿选的不正之风,在推荐大会召开之前,高鹏内心很纠结:一方面她从骨子里厌恶官场上的"厚黑"习气,自己也没有财力去拉票;另一方面又担心什么也不做,会让别人觉得自己过于清高。无奈之下,她给老领导打了电话,老领导明确告诉她:你就稳稳当当在家待着,什么也不要做。我们是给共产党干事,组织和群众信任我们,我们就好好干,不信任我们,说明自己还有差距,再努力。绝不能走歪门邪道。高鹏听从了老领导的建议,最终还是当选了省政协副主席。再后来,辽宁一些领导干部因为拉票贿选而受到党纪国法的制裁,高鹏更加钦佩老领导在政治上的敏感、坚定与成熟,进一步认清了"人间正道是沧桑"的真理。

实际上,多年来得到老领导在政治上、思想上和生活上关怀、爱护的中青年领导干部何止高鹏一个。

20世纪80年代初期,由于受各种复杂的政治和历史因素影响,团省委书记田育广被降职安排到县级市铁法市任副书记,心里很委屈。后来通过不懈努力,重新崛起担任盘锦市副市长,但思想问题长期没有解决。一次,老领导到盘锦市调研,他借机向老领导诉说了自己的委屈。老领导一方面安慰他要正确对待组织,经受住各种考验,帮助他解开思想疙瘩;另一方面在全面了解情况后,向省委主要领导和组织部门反映他的正当诉求。后来经过省委组织部的考察,先后任命他为省旅游局局长、省交通厅厅长,使他在新的工作岗位上发挥了更大的作用。与田育广同时期担任团省委副书记的缪泽江、杜铁,在转业时工作安排得也不理想。老领导不仅在担任省委常委分管群团工作期间对他们特别关心,到省政府后还记挂着他们的事情,多次向省委组织部反映情况,提出建议,后来杜铁任省监察厅副厅长,缪泽江任省人防办副主任。在新的工作岗位上,他们各自施展才华,很快作出了优异成绩。再后来杜铁升任省文化厅厅长，缪泽江升任省人防办主任。

那时，省妇联副主席格日勒和万军分别是从辽阳和大连选调上来的，到省里工作后一时有些不适应、不舒心，老领导便亲自做她们的思想工作，帮助她们解决生活中的实际困难，最终两人都轻装上阵。

对犯了错误的年轻干部，老领导也从不歧视，而是真心实意地给予政治和生活上的关怀。当年那届省委常委中，担任省纪委书记的高姿是最年轻的，后来不慎犯了错误，被调到大连市总工会任副主席，曾经一度悲观失望，对未来失去了信心。老领导对他不歧视、不放弃，经常同他保持联系，最终帮助他卸下思想包袱，重新焕发工作热情。老领导逝世后，高姿在第一时间发表怀念文章，感恩"好大姐"在自己最为失落时给予的真诚关爱与帮助。

总之，凡是曾经在她领导下工作过的人，不论后来走到什么样的领导岗位，都会从老领导、好大姐身上，感受到人生最真挚的温暖与关爱。这一点，连党外的辽宁省政协原副主席张毓茂都看在眼里，他曾经对高鹏直言：陈素芝"老太太就像'老母鸡'一样，把你们这些'鸡崽子'护得严严实实的，对哪个她都喜欢"。

20世纪八九十年代，老领导经常到朝阳参加市委班子民主生活会，顺便再搞些调研，所以同朝阳市的很多领导和基层干部都很熟，包括时任北票市市长周孝成，甚至连原市委老书记的儿子、市公安局政治部宣传科科长李向晨她都熟悉，不仅见面主动打招呼，还嘘寒问暖，帮助他们解决思想和工作问题。当年，喀左县委书记鲍振东和县长鲍晓华都是蒙古族干部，当地人称喀左"二鲍"。老领导对这两位少数民族干部都很关心。鲍振东是全国人大代表，同老领导接触得多一些。他为人正派，性格直爽，疾恶如仇，眼睛里容不得沙子，对省里一些领导干部的不正之风颇有微词，但是对老领导却一直敬佩有加。他调任辽宁社会科学院院长后，一度兼任省法学会副会长，对老领导的工作非常支持。老领导也对鲍振东的为人和能力给予很高评价。

在大是大非中，陈素芝是仗义执言的好党员

2010年起，由于即将迎来省委、省人大、省政府、省政协四大领导班子换届，在几次副省级后备干部推荐中出现了拉票现象，而且愈演愈烈，辽宁的政治生态环境开始恶化。老领导对此非常气愤，私下里她不止一次地向我表达了对时任省委书记王珉在工作作风和政治担当上的不满。在我的印象中，老领导向来自觉遵守党的政治纪律和组织纪律，从不背后议论领导同志，但那时她真的是忍无可忍了。一次推荐大会后我到家里去看她，她气愤地对我说：现在的人都疯了，拉票电话都打到我家里了！我也发牢骚道：您没听说吗，现在是不跑不送原地不动，要想得到提拔重用就得厚着脸皮去拉票。老领导叹息道，现在的风气太不好了！党中央真得下决心解决这个问题了，否则辽宁就彻底完蛋了！此后，在一些相关会议上，她也毫不隐晦地发表自己的观点。受她的启发和影响，后来我写了一篇政协提案《加强政务诚信建设，解决社会诚信缺失和道德失范问题》，并在2012年1月召开的第十届辽宁省政协第五次大会上作了大会发言，历数了近年来辽宁政治生态中出现的跑官要官、拉票贿选、数字造假以及一些干部乱作为、不作为等问题。由于切中时弊，后来被评为大会发言二等奖。所谓正义可以迟到但不能缺席。不是不报，时辰未到。在党中央的高度重视下，在日益严厉的惩治腐败斗争中，宋勇、陈铁新、苏宏章、王阳、郑玉卓、李文科、刘强等当年通过拉票贿选走上副省级领导岗位的干部，以及带头破坏辽宁政治生态环境的原省委书记王珉，相继落马，最终都没有逃脱党纪国法的制裁。看到这些曾经熟识的领导干部最终走向自己的反面，老领导在痛心之余，也为党不断清除自身的腐败问题，永葆党的先进性、纯洁性而拍手称快。

百姓心中的好人好官——追忆老领导陈素芝

在劳动模范中，陈素芝是知冷知热的贴心人

老领导工人出身，又曾经在省总工会工作过，所以对劳动模范有着一种天然的情感。

老领导在省总工会期间，同辽宁人民广播电台一起大力宣传了被称为"矿山铁人"的全国煤炭战线和省市劳动模范、抚顺矿务局龙凤煤矿采煤四区105钻井队副队长孙树忠的先进事迹。孙树忠是一位普普通通的煤矿工人，他入矿27年来，始终坚持以煤为业，以矿为家，一直在千尺井下奋战到生命终结的前七天，把毕生的精力都献给了我国的煤炭事业；他不怕牺牲，舍己为人，多次冒着生命危险抢救阶级弟兄的生命，自己却六次负伤、七次骨折，并因此落下多种疾病；他不求索取，甘于奉献，常年带病坚持工作，直到生命垂危时刻，还嘱咐妻子儿女不要给组织添麻烦。孙树忠在人生征途上只度过了短短的47个年头，他没有作出什么惊天动地的业绩，生前也没有留下一句豪言壮语，但他的事迹却振聋发聩、催人奋进。他就像一块优质煤，燃烧了自己，温暖了别人。他用自己的生命实践了"爱祖国、爱人民、爱劳动、爱科学、爱社会主义"的道德规范。为了大力弘扬孙树忠身上所闪耀的工人阶级的优良品质、共产党员的高尚情操和社会主义公民的"五爱"精神，省总工会作出了《关于开展向孙树忠同志学习活动的决定》，老领导在动员大会上发表了"向孙树忠同志学习，争做'两个文明建设'的先锋"的讲话。此举在全省工会系统造成很大影响。

到省政府工作后，老领导对公安战线的英雄模范极为关心，到各地调研或者开会，只要有时间，她一定要看看当地的公安英模。大连金县公安局民警毛子圣，从警40余年时间里，亲手抓获各类犯罪分子3620人，破获案件4260起，缴获赃款200余万元，茶叶19000斤，车辆1600余辆，手表230余块，大烟和大烟膏3斤6两，虎骨2斤。1980年4月和

1985年4月，先后被中共中央和公安部授予"优秀共产党员"、全国公安战线二级英雄模范和一级英雄模范荣誉称号，并被评选为辽宁省十大功勋警官。老领导了解这名老民警的事迹后，对他关爱有加，不仅亲自慰问、看望，还嘱咐大连市委、市政府和公安局领导，要照顾好他和家人的身心健康。1989年毛子圣光荣离休，老领导特意关照有关部门邀请他出席每年五一和新年召开的劳模座谈会。曾经同样被公安部授予全国公安战线二级英雄模范荣誉称号的王立军，早年从铁法市小南派出所所长成长为辽宁省公安系统先进典型，并走上铁岭市公安局副局长的领导岗位，老领导也给予他很大的关怀与期望，并对他当交警的妻子和上小学的女儿都很关心。但是王立军后来权欲熏心、利令智昏，终究没有经受住权力、物欲和美女的诱惑，一步一步地走向自己的反面。2012年9月24日，成都市中级人民法院对王立军案作出一审宣判，对王立军以徇私枉法罪、叛逃罪、滥用职权罪、受贿罪，数罪并罚，决定执行有期徒刑十五年，剥夺政治权利一年。老领导对这名曾经的优秀人民警察最终走向违法犯罪的深渊，既痛惜又气愤，越发感到对英雄模范和先进人物警钟长鸣，不断进行反腐倡廉教育，紧紧扎牢拒腐防变篱笆的极端重要性。

正是由于老领导同劳动模范心心相印，著名全国劳动模范、原沈阳联营公司总经理王云峰，始终把老领导视为良师益友。20世纪80年代，省总工会与沈阳联营公司只隔着一条中华路，王云峰只要有空就穿过马路来到省总工会，而且从来不事先跟我预约，都是直接进入老领导的办公室，或是有了工作成绩向省总工会主席陈素芝报喜，或是遇到了烦心事向老大姐陈素芝诉苦求助。好事老领导向她表示祝贺，难题一定尽力帮助她解决。这种友谊没有因为老领导离开省总工会而间断。晚年的王云峰腿脚不好，听说老领导病重，她曾经让儿子开车，坐着轮椅到家里探望。老领导去世后，因为丧事从简以及考虑到她的身体原因，没有告诉她。事后她得知，不禁老泪纵横，追悔莫及。

百姓心中的好人好官——追忆老领导陈素芝

老领导重病期间以及谢世之后，曾经获得"全国人劳动模范和女先进工作者"荣誉称号的辽宁金秋医院名誉院长张菊香，一直守候在身边，这除了她长期为老干部服务的职责之外，还与她同老领导的特殊感情和友谊有关。20世纪80年代初期，老领导从沈阳五三工厂调到省政府工作时，张菊香是辽宁省人民医院干诊科长，专门负责省领导的医疗保健工作，两人因此相识。此后，张菊香的乐于助人和老领导的平易近人，缩短了她们之间在职务和年龄上的差距，使她们成为相知甚深的好朋友。

20世纪90年代，作为曾经的工业大省和东北的政治经济中心，辽宁的老干部数量排在全国第2位，其中解放前参加革命工作的离休干部占比更大。为了做好干部保健和老年人医疗服务工作，1993年省委决定成立金秋医院，并任命56岁的张菊香为筹备组长。已经转任省人大常委会副主任的老领导，见证了金秋医院在张菊香领导下从诞生到飞跃发展的全过程。

当年，张菊香接手筹备建院的全部家当是一栋停水、停电的老门诊病房楼和几台简陋的医疗设备。为了筹集资金和医疗设备、仪器，张菊香不辞辛苦，凭着个人的热情和人脉，到处找领导支持，拉企业赞助，向其他医院求借。设备和仪器进来后，为了节省搬运费，张菊香和医护人员一起拆箱搬运，硬是用人工将数吨重的设备、仪器安装到位。经过两年的紧张筹建，1995年1月金秋医院正式挂牌成立，当年就出色地完成了省直机关老干部年度体检任务。此后金秋医院迅速走上健康发展的快车道，张菊香也因此被评为辽宁省劳动模范。

2016年4月金秋医院成立了院士专家工作站，老领导满怀真情亲笔题字："金秋医院以创新精神，用智慧、辛勤汗水，全心全意服务老年人，为党和政府发展老年事业做出了新贡献。"张菊香退休后担任金秋医院名誉院长，成立了"张菊香劳模创新工作室"，加大疑难老年病综合诊治及急危重症病抢救创新力度，身为辽宁省老龄工作委员会主任的老领

第十四章 完美的人生角色

导给予张菊香极大的支持。在我的印象中，相比医大、辽宁中医等沈阳几家知名医院，老领导对金秋医院更加情有独钟。

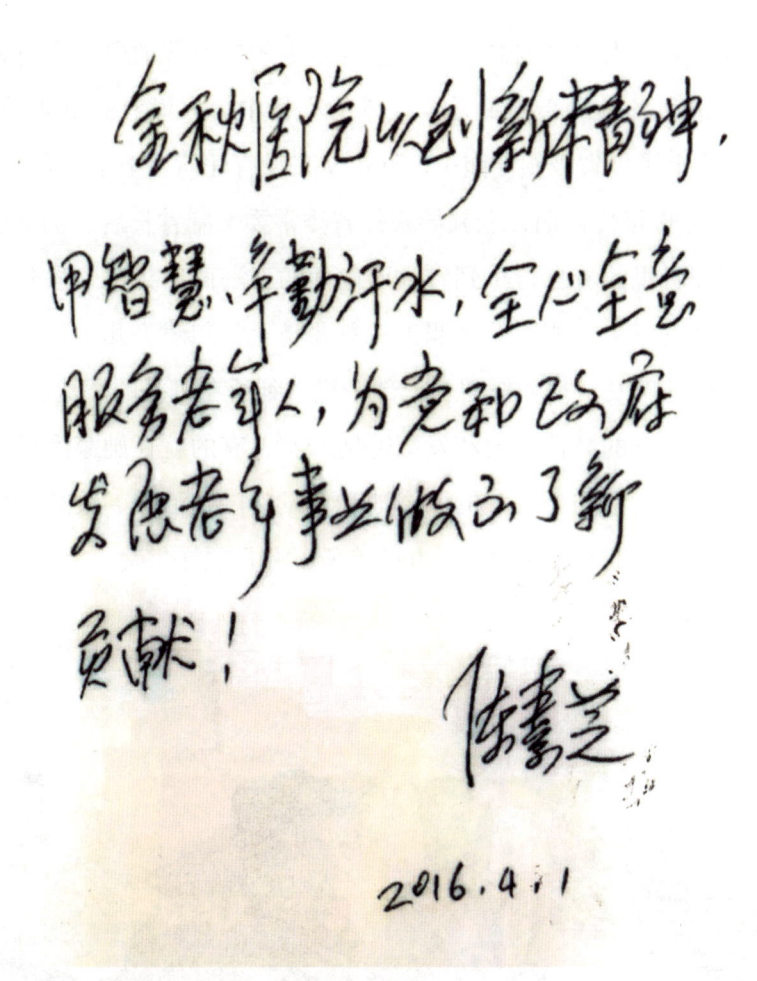

> 金秋医院以创新精神、
> 用智慧、辛勤汗水，全心全意
> 服务老年人，为党和政府
> 发展老年事业做出了新
> 贡献！
> 　　　　　　陈素芝
> 　　　　　2016.4.1

——陈素芝为辽宁金秋医院"院士专家工作室"题词

长期以来，张菊香把老领导当作知心大姐，无论是家事中的烦恼还是工作中的困难都要向她诉说，同时悉心关照她的健康。自从老领导做了肠镜检查发现恶性肿瘤后，张菊香一再自责没有早些动员她做检查。老领导病重期间，她一直陪伴左右，并反复提醒前来探望的老干部一定

百姓心中的好人好官——追忆老领导陈素芝

要定期做肠镜检查，防患于未然。

在普通群众中，陈素芝是充满大爱的好干部

作为一名工人出身的高级领导干部，老领导对普通群众有一种深入骨髓的亲情和发自内心的关爱。在她的心目中，人没有高低贵贱之分，所以即使走上了副省级领导岗位，她也从来没有任何"架子"和优越感。

20世纪80年代初期，老领导担任省委常委、副省长后，仍然会在星期天和节假日里骑着自行车到省政府南面的五一商店买菜，遇到省政府机关干部和五三工厂相熟的老职工，总要唠上几句嗑。几十年来，她无论是洗澡还是理发，都和普通女干部一样，到所在机关的浴池和理发室。晚年时，社会上的高档浴池和发廊遍地开花，有的就在她家附近，可是她仍然到省人大常委会机关的大浴池和理发室。她治牙、镶牙也是到原沈阳五三工厂一位退休女牙医开办的诊所，并且照样付费。

○ 心系百姓

第十四章 | 完美的人生角色

老领导在省总工会工作期间,负责打扫三楼主席办公室的女清洁工叫"老赵太太",老伴儿去世,自己带个女儿,家境很一般。老领导平时对她关怀备至,每次见面都要嘘寒问暖,关心她家中的困难。记得一次老领导从朝鲜出访回来,还给老赵太太带了份小礼物。这事,让老赵太太非常感动。1987年下半年,省总工会机关分房子,在老领导的提议下,分房委员会将我腾出的属于团省委的位于和平区南五马路沈阳团市委后面小"蒙古包"的17平方米房子分给了老赵太太。这种做法,让很多人意想不到。当老赵太太领到房屋钥匙,让我带着她和女儿去看房时,母女俩感动得痛哭流涕。

晚年里的老领导,慈母之心更加强烈。辽宁省"三八红旗手"、沈阳大清宝泉矿泉水饮品制品有限公司总经理张敬华,怀着一颗慈爱之心,在2008年设立了援爱基金,规定:每卖出一桶水都会拿出一部分资金资助受困的送水员兄弟,并以此形成"用良心做健康水,为子孙后代负责"的经营理念和企业文化。老领导偶然结识张敬华后,便对这个"小丫蛋"颇有好感,甚至成为忘年交。张敬华怀孕后,老领导关心备至,经常问候,而且年年都要给她送点小礼物,让张敬华从心底里感受到一种特殊的母爱。

老领导逝世后,原籍沈阳的河南省工会原主席顾志平在微信群里看到高鹏的怀念文章,不禁回忆起30多年前自己刚结识老领导时的难忘往事:"1979年初,陈素芝被提拔到副省级领导岗位不久,进入中央党校学习,我当时也刚考进中央党校理论班开始一年半的学习。人家是副省级领导,咱还是个30岁小青年。有一次她因事回沈,还主动联系我,问家里是否有事或想捎什么东西不?她说她骑自行车很方便,离我家也不远,千万别客气。当时让我十分感动,真是工人阶级本色不变的好干部!"

辽宁省人大常委会机关有四名临时清洁女工,老领导感念她们常年

百姓心中的好人好官——追忆老领导陈素芝

的辛勤劳动，每个春节前都要自掏腰包请她们吃顿饭，让这四名普普通通的中年妇女备受感动。不仅如此，她们的子女就业问题，老领导也在力所能及的情况下帮助解决。其中赵秀云和朱洁新的儿子结婚时，老领导不知道怎么听说了，不仅亲自前去参加婚礼，还分别给她们送了1000元礼金。参加婚礼的亲朋好友目睹这个场面，既难以置信，又深受感动，无不对老领导投去赞许的目光。她们听到老领导逝世的消息，在悲痛之余，最大的愿望就是能够送恩人最后一程。老领导遗体告别那天，这四名女清洁工分别让自己的家人开车到沈阳回龙岗，与她们心目中敬爱的好干部、好领导告别。

老领导对普通群众的关心、关爱是发自内心的，并且已经成为一种习惯。

━━▶ 关爱群众

第十四章 | 完美的人生角色

省人大常委会办公厅原调研员杨淑清，2004年10月患乳腺癌住院做手术，老领导知道后冒着大雪到医院看望，让杨淑清感动不已。当夜，她拖着虚弱的身体，眼含热泪写了一篇日记——《难忘的记忆》：

> 10月5日，今天是沈阳冬天下的第一场大雪，我还在医院继续滴流进行化疗。上午10点50分左右，原省人大（常委会）副主任陈素芝老领导不顾70多岁高龄，在省人大民侨外（委员会）主任李慧贞的陪同下，迎着寒风，踏着积雪，不顾道路的泥泞，驱车前来医院看望我。她来到我的病床前，我的眼睛被泪水模糊，她嘱咐我好好治病，不要有思想负担，要有战胜疾病的信心。我虽然身患重病，但得到了德高望重老领导的厚爱，我已足矣。我的母亲已去世多年，老领导给了我母亲般的关怀，她给了我战胜疾病的勇气和力量，我将永生难忘。照顾我的妹妹，看着眼前慈祥的老人，感动得不知道说什么能表达她的心情，她觉得一位省领导能来医院看望普通工作人员，是意想不到的。她代表我们，深情地说：我们全家感谢您老领导。

这篇日记所记录的故事，体现了人间的真情大爱——老领导虽然身居高位，但却从不高高在上，随时随地关心人民群众的冷暖，真真切切地表现出党的优秀领导干部的优良传统和作风。

我在给老领导当秘书期间，最佩服她的认人和记人能力，无论走到哪里，无论是省直机关的普通干部还是市县的基层干部，甚至在沈阳、北京等地开会所住宾馆的服务人员，只要同她有过接触，她大多都能记住名字。我印象最深的是，每次陪同她出差，无论是到沈阳火车站还是桃仙机场，贵宾室里的工作人员一看见老领导来了，便像女儿见到母亲那样喜气盈盈，围前围后。而老领导返回时也经常会给她们带些女孩子

百姓心中的好人好官——追忆老领导陈素芝

喜欢吃的糖果。现在想来，我们看人是用眼，所以过目就忘；她看人是用心，所以记忆深刻。

在党外人士中，陈素芝是肝胆相照的好朋友

老领导在省政府、省人大工作期间，同很多党外人士共事过，而且能够相互尊重，相互支持，相处得特别好。

1988年初省政府换届时的党外副省长王文元，与老领导同龄，原来是辽宁大学经济学院院长、教授，到省政府后分管文教。老领导向来对文化人高看一眼，加之20世纪50年代末她在辽宁大学哲学系学习过，所以对王文元非常尊重。作为常务副省长和省政府党组副书记，老领导对王文元分管的工作非常支持，经常征求和听取他对省政府机关建设的意见和建议，特别是在"八九"政治风波中，老领导同以王文元为代表的各民主党派人士同舟共济，肝胆相照，共同维护了辽宁的稳定。王文元由于长期在学校工作，过去对老领导并不熟悉，通过在省政府工作期间的接触，对老领导平易近人、朴实正派的作风和廉洁自律、率先垂范的品质，发自内心地钦佩。1992年，老领导转任省人大常委会副主任，王文元调往北京，先后担任最高人民检察院副检察长，九三学社中央副主席、常务副主席、名誉副主席，1998年3月当选为第九届全国政协副主席。只要老领导到北京开会，他们之间仍然要互相慰问和看望。

1992年，老领导转任省人大常委会副主任、党组副书记后，开始同党外副主任高继中共事。老领导的热情、正派，高继中的率真、坦诚，使他们很快拉近了彼此的距离。不仅在各自分管的工作上互相支持，还各取所长，共同合作，在任期内完成了辽宁人民大厦的兴建工作。

辽宁省政协原副主席、党外人士张毓茂比老领导小4岁，20世纪60年代初毕业于北京大学中文系，曾任辽宁大学中文系教授，出版十几部

学术著作，发表文章数百万字，在萧军及东北现代文学研究领域享有盛名，多次荣获国家及省部级奖励，成为中国现代文学史研究的知名专家和辽沈地区的文化名人。作为优秀党外人士，他先后担任过沈阳市政府两届副市长和辽宁省政协两届副主席、民盟中央三届副主席，所以在工作上并没有同老领导有过太多交集。但由于老领导是第八、第九届全国人大专门委员会委员，张毓茂是第八届、第九届全国人大常委会委员，所以从1993年到2003年，他们连续10年共同参加全国人大会议，相处得非常融洽，甚至可以像姐弟般开玩笑。张毓茂在学术界颇有名望，但对工人出身的老领导却非常钦佩，不仅称赞"老太太"是一个敢讲真话的党外"传声筒"，而且敬佩她严谨的工作作风，经常对相熟的人夸赞老领导在全国人代会上的表现："'老太太'在会上的发言从来都是经过认真调研，有分量，有水平，代表了辽宁的形象。"我在给老领导当秘书期间，同张毓茂没有谋过面，在他晚年时，却通过其他渠道与老先生有过多次接触，当他听说我曾经给陈素芝当过秘书，在赞叹陈素芝高风亮节的同时，也对我高看一眼，令我非常感动。

这三位优秀的民主党派人士，都先于老领导离世。三位老先生与世长辞时，老领导都通过送花圈、参加遗体告别仪式等不同方式，表达了对这些党外朋友的哀悼与怀念。

老领导在担任省人大常委会副主任期间，出访过港澳台地区，每次回来，随行人员都能讲述几件她作为团长同港澳台同胞真诚相待、友好相处的事例。在追忆老领导往事时，曾经陪同老领导访问过台湾的高鹏讲述了这样一件事情：1999年，辽宁组织妇女儿童代表团出访台湾，高鹏时任省妇联主席，担任团长。由于海峡两岸之间的特殊关系，对外没有公开老领导的政治身份，只是作为随团顾问。但在访问交流期间，老领导以她坦诚热情、和蔼可亲和乐观向上的形象，向台湾同胞传递了两岸一家亲的友谊之情，赢得了台湾接待方的一致好评，很多台湾女同胞

百姓心中的好人好官——追忆老领导陈素芝

发自内心地喜欢这位来自大陆的慈祥、幽默的老大姐，甚至公开表示要做她的"粉丝"，直到临别时还同这位"陈大姐"紧紧相拥，恋恋不舍。高鹏盛赞："这就是素芝大姐独有的人格魅力！"

在现实生活中，陈素芝是纯真善良的重情人

同老领导相交很深的人都亲身感受到她的心细如丝、待人热情和重情重义。逢年过节，好朋友到家里看望她，不管是空手还是拿了礼物，她都要在临走时给你带回一些她家里的东西，不管大小多少，都是一片心意。但有一条底线，她直至逝世前还叮嘱子女们不能突破，就是不管什么时候、什么情况下都绝对不准收别人的钱，即使对我们这些身边工作人员也是如此。这一点，她严格传承了辽宁省委原书记郭峰同志的优良传统。郭峰一辈子廉洁自律，晚年患病期间仍然严格要求自己，特别向亲朋好友提出了"六不"要求，即不送不收慰问金，不送不收保健品，不送不收有关涉及保健的用品、用具，不送不收大盆鲜花，不送不收熟食，不送不收贵重、进口水果。郭峰这"六不"要求，得到了中央领导人的高度赞扬，中纪委、中组部、中宣部专门发出了《树清廉风气，做自律表率》的通报，号召广大党员干部向郭峰同志学习。2005年4月7日，郭峰因病医治无效，在沈阳逝世，享年90岁。当年我去看望老领导时，她特别向我讲述了郭峰同志的事迹。

老领导一辈子讲究知恩图报。原副省长谈立人是老领导于1982年初到省政府后的第一位工作搭档，当年她曾谦虚地称自己是"跟谈省长当学徒"。老领导同谈立人虽然在省政府仅仅共事一年，但她一直视谈立人为可亲可敬的前辈和师长。离开省政府后，她每年春节都要亲自登门给"谈老"拜年。1987年12月谈立人离休，老领导作为省老龄委副主任，对他更是倍加关照。谈立人晚年长期因病住在金秋医院，老领导只要一有时间就去探望。两个人之间的感情一直持续了几十年。2021年

8月25日老领导逝世，110天后的12月15日，谈立人也与世长辞，享年105岁。

莫文祥是老领导的政治引路人和婚姻介绍人，老领导对他更是无比尊敬。

1952年，莫文祥离开了五三工厂，此后担任沈阳航空发动机修理厂党委书记、厂长，沈阳航空发动机厂厂长，沈阳飞机厂厂长，沈阳市委第二工业部部长，沈阳市委委员、市委书记处书记。"文化大革命"期间，担任沈阳市革委会副主任兼国防工办主任、党的核心组组长。粉碎"四人帮"后，莫文祥被中央组织部调到北京，先后担任第三机械工业部副部长、党组副书记、部长、党组书记，航空工业部部长、党组书记。1999年离休。

不论莫文祥走到哪里，担任什么职务，政治上处于顺境还是逆境，也不论老领导后来如何成长、进步，他们之间的联系一直都没有中断。莫文祥在沈阳工作期间，逢年过节，老领导不是电话问候，就是同丈夫耶林一起登门看望。莫文祥调到北京后，她便利用到北京出差或者开会之机，拜访这位老领导。

改革开放之后，莫文祥先后当选党的十二大、十三大代表和党的第十二届中央委员会委员，而老领导也在党的十二大和十三大上当选中央候补委员，此后他们又共同当选第八届全国人大代表和第八届全国人大常委会专门委员会委员，见面的机会就更多了。

晚年里的莫文祥，深为自己慧眼识珠，为党和国家培养了一位优秀的女领导干部而感到自豪；而老领导也深为自己在参加革命之后能够遇到一位伯乐和良师而感到荣幸。

2013年3月12日，莫文祥同志因病医治无效，在北京逝世，享年90岁。在他病重期间，老领导曾经到北京探望或打电话慰问。

百姓心中的好人好官——追忆老领导陈素芝

老领导在参加革命和"光荣在党"70多年的非凡历程中，用中华民族女性淳朴善良、正直无私的传统美德，优秀共产党员坚定执着、初心不改的党性原则和光明磊落、大爱无疆的高尚情操，生动诠释了她完美的人生角色。她的一生，是光荣的一生、革命的一生、奉献的一生、为人民服务的一生。她不愧是中国共产党的优秀战士，中国工人阶级的杰出儿女和人民群众喜爱的优秀高级领导干部。

陈素芝荣获共和国成立70周年纪念勋章

如今，老领导虽然已经离开我们三年了，但是每当和熟悉的或不熟悉的人们谈起她，听到的还是对她的赞不绝口和由衷念念。我想，这其中的唯一答案，就是源于她处世的纯真、人格的高尚以及同人民群众的血肉相连。一句话,她是老百姓心中的好人、好官!

在我追忆和怀念老领导往事的时候,常常会情不自禁地感慨:女军工、女厂长、女省长、女工会主席、女省人大常委会主任、女省法学会会长,"全国三八红旗手"、三届省委常委、两届中央候补委员,老领导一生平凡而又辉煌的经历,不就是辽宁作为共和国长子所体现出的艰苦奋斗、自强不息、忘我奉献、勤学不惰、开拓创新、奋发向上精神的缩影吗!

著名诗人臧克家有一句名言:有的人活着,他已经死了;有的人死了,他还活着。

可见,对于人来说,活着与死去的区别,不在于躯体,而在于灵魂。

坚定理想信念,毕生追求真理。

为党鞠躬尽瘁,勤政忠诚磊落。

关心人民疾苦,践行群众路线。

廉洁无私奉献,永葆使命初心。

老领导虽然永远地离开了我们,但却在辽沈大地上高高耸立起一座不朽的丰碑!她将永远与日月同辉,与山河同在,与天地永恒!她非凡的一生和不朽的精神,将永远激励我们这些有幸在她身边工作过的后来者,在人间正道上守正创新,阔步前行……

后　记

老领导陈素芝在世时一向谦虚、谨慎、低调。

我的两位"师弟"王献耀和赵凤民在为她服务期间，曾经多次鼓动她出文集、写回忆录，都被她严厉拒绝。

2011年10月，由于年龄原因，我从辽宁公安司法管理干部学院党委书记岗位上卸任，转任第十届辽宁省政协常委、省政协文化和文史资料委员会副主任。为了不辱职责，先后透过学院院史馆中珍藏的三幅历史照片的折射，撰写了"学院首任院长阎宝航""毛泽东主席访问苏联回国途经沈阳，学院教工秘密到东塔机场执行保卫任务""朱德总司令到辽宁省中药研究所视察"等历史故事后，便在心底里萌生出一种冲动——将对为学院涅槃重生作出特殊贡献的老领导陈素芝，如何从一名军工企业普通女工走上副省级领导岗位的传奇经历变成文字，讲述给更多的人听，并由此开始着手搜集、整理我为她服务期间积攒的资料。老领导逝世后，我便化悲痛为力量，从撰写悼词开始进行写作。

同我不谋而合，赵凤民也准备为老人家制作一个影像片，给家人和

后　记

秘书们留念。

为了把对老领导的追忆、怀念变成永恒的文字和影像，我们成立了由辽宁省政协原副主席高鹏牵头的"筹备组"，参加人员除了老领导的几个秘书外，还有与她在工作中接触较多的原省人大常委会副秘书长、民侨外委员会主任李慧贞，省法学会原秘书长毕征等。

通过筹备组的反复论证，我更加深刻地认识到，讲好陈素芝的故事，留住对这位德高望重老领导的深切怀念，传承她不忘初心使命的崇高风范，是所有曾经在她身边工作过的以及受过她关爱的人们的共同意愿。

冬去春来，波及全球的新冠疫情反复在沈阳肆虐，给人们的正常生活和国家经济社会发展造成严重影响。但由于足不出户，却给我心无旁骛地回忆和写作提供了难得的机遇。从2021年11月起，我历时200多天，不分昼夜地伏在电脑前，敲击着充满感情的词句，终于在老领导逝世一周年前夕完成了本书初稿。此后，经过筹备组成员的集思广益，我又进行了几次较大的修改、调整和补充。在老领导离开我们三周年前夕，在漫山遍野洁白梨花盛开之际，我挺着僵直、疼痛的腰背，在键盘上敲下最后一行字时，终于有了一种如释重负的感觉。

虽然我同老领导陈素芝相识和接触的时间较长，但毕竟也有分开的时候。为了更加完整准确地反映老领导的非凡人生，我除了充分利用自己积攒的史料和深藏的记忆外，也充分参考了王献耀和赵凤民在担任秘书期间整理制作的《陈素芝同志档案》《陈素芝同志公开发表文稿选编》（1993年1月—2002年12月）、《陈素芝同志简报汇编》，以及李慧贞、毕征提供的有关陈素芝在组建辽宁省各级人大女委员联谊会和领导辽宁省法学会工作时的大量资料，并加入了于俊东、杨军、王献耀、赵凤民、郝昕、高洋等曾经的秘书、司机同老领导相处时的感人故事，力求使人们更加全面、深刻地了解这位真实可敬的陈素芝。

尽管如此，由于自己认识水平和掌握历史资料的局限，仍然很难完

百姓心中的好人好官——追忆老领导陈素芝

全反映出老领导陈素芝非凡人生中的光彩形象，以及身边工作人员和至爱亲朋对她的思念之情。特别是有些史实、事件还可能存在一些差异或者瑕疵，凡此种种，务望知情者见谅。如果有思想认识方面的错误，敬请不吝赐教，予以批评指正。

在此书即将付梓之际，我真诚感谢辽宁省作家协会原党组书记陈巨昌、原主席刘文艳，在本书撰写过程中给予的政治把关、文学指导和精神支持；真诚感谢辽宁舟度集团董事长张连帅对筹备组工作期间给予的无私帮助；真诚感谢国家行政学院出版社对于本书出版作出的积极贡献！

韩学军

2024年5月6日定稿于

鞍山汤岗子疗养院贵宾楼302室